HSK
新标准
成语学习手册

崔淑燕 ◎ 编著

首都经济贸易大学出版社
Capital University of Economics and Business Press
·北 京·

图书在版编目（CIP）数据

HSK新标准成语学习手册/崔淑燕编著.--北京：首都经济贸易大学出版社，2023.1

ISBN 978-7-5638-3422-8

Ⅰ.①H… Ⅱ.①崔… Ⅲ.①汉语-词汇-对外汉语教学-水平考试-自学参考资料 Ⅳ.①H195.4

中国版本图书馆CIP数据核字（2022）第173551号

HSK新标准成语学习手册
崔淑燕 编著
HSK XINBIAOZHUN CHENGYU XUEXI SHOUCE

责任编辑 陈雪莲
封面设计 砚祥志远·激光照排 TEL：010-65976003
出版发行 首都经济贸易大学出版社
地　　址 北京市朝阳区红庙（邮编 100026）
电　　话 （010）65976483 65065761 65071505（传真）
网　　址 http://www.sjmcb.com
E-mail publish@cueb.edu.cn
经　　销 全国新华书店
照　　排 北京砚祥志远激光照排技术有限公司
印　　刷 唐山玺诚印务有限公司
成品尺寸 170毫米×240毫米 1/16
字　　数 393千字
印　　张 23.25
版　　次 2023年1月第1版 2023年1月第1次印刷
书　　号 ISBN 978-7-5638-3422-8
定　　价 78.00元

前　言

本书收录《国际中文教育中文水平等级标准》中所有的成语（包括部分四字词语，如“多劳多得、官僚主义、一般来说、从早到晚等”）。大致体例是：字形、注音（后有易错读音、易错字形的提示）、英语释义、汉语释义（包括重点字词的解释）、语法功能（语性、在句中充当的成分以及可使用的特殊句型）、使用说明（常用搭配、常用于何种句式中等）、近义反义成语、语用（语体色彩、感情色彩等）、近义成语辨析、HSK6 级真题及留学生的典型偏误及分析等。

本书的特点如下：

1. 对《国际中文教育中文水平等级标准》中的成语进行详细的全方位的说明，包括成语的适用对象、适用场合、组合搭配、语体和感情色彩等方面；

2. 简单明确地进行成语释义，释义的用语更合乎学习者的水平；

3. 精心选择或者编造例句，对每一项语法功能至少提供一个例句；

4. 增加了现有成语词典所没有的 HSK 真题和使用偏误分析。

本书适合中级汉语水平以上的汉语学习者使用，也可供汉语教师讲授成语时参考。

目　　录

凡　　例

一、立目。本书收录了《国际中文教育中文水平等级标准》中所有的成语（包括个别四字词语，如“多劳多得、官僚主义”等）395条，为中高级汉语水平考试必备词汇。

二、注音。标注成语单字的标准普通话读音，不标连读变调。

三、释义。成语后附上英语译文和字形字音的注意事项，成语下面是中文释义。一般先解释字、词，然后讲成语的原义或者本义，再说比喻义或者引申义。考虑到学习者的汉语水平，为减少学习负担，不说明成语的来源或典故。

四、引例。以“用法说明”标记。先说明语性，然后说明充当的句子成分和可使用的特殊句型，最后以句型为分类标准，每一类下列有几个例句。例句来自BCC语料库、CCL语料库、媒体语言语料库、造句网及自编句等，为了方便学习者理解和运用，例句的文字根据难度和常用度进行了调整，例句的数量视该成语的使用频率高低而定。

五、使用语境。这里主要是指该成语的使用场景、语体色彩、感情色彩和适用范围等。

六、近义词、反义词。书中给出了大部分成语的近义词和反义词及部分近义词的辨析（近义词的辨析内容参考了商务印书馆国际有限公司出版的《成语大辞典》，并有所增删和改动），学习者可以集中记忆，灵活运用。如果该成语没有恰当的近义词和反义词成语，就不列此项。

七、HSK真题。部分成语在往年的HSK真题中出现过，本书搜集到了部分相关试题，学习者可以借此了解考点及考试题型。

八、外国学习者使用偏误。外国学习者在使用成语时有一些偏误，本书选取的全部典型偏误来源于北京语言大学的“HSK动态语料库（2.0）”，用以提醒学习者在使用成语时避免出现此类错误。有些成语在动态语料库中未搜寻到用例或者使用偏误，此项就缺失。

九、排列。本书按汉语拼音字母顺序排列。首字同音的词目，按首字笔画数顺序排列。

成语的用法

成语虽谓“语”，但其句法功能相当于一个实词，充当句子的某一个成分，也有动词性、形容词性、名词性等之分。考察《国际中文教育中文水平等级标准》中所有的395个成语（包括四字词语）后，我们发现动词性和形容词性成语最多，因为这两类词语的用法有很多相似点，所以词性标注时我们统称谓词性，共有356个，占90%。其次为名词性成语，共有33个，占8.4%。副词性成语和其他6个，占1.6%。谓词性成语可以充当主语、谓语、宾语、定语、状语、补语、独立成分等成分。名词性成语主要作主语和宾语，也作定语、状语、谓语。副词性成语和其他主要作状语。因为谓词性成语所占比例大，所以下文简单介绍一下谓词性成语的语法功能。

谓词性成语的最主要功能是作谓语或定语，其次是作状语、补语，作主语、宾语和独立成分相对少。大部分成语前不受程度副词修饰，少数成语可以，如“非常引人注目、太目中无人了、很不以为然”等。除了个别谓词性成语（发扬光大、念念不忘、难以置信、耳闻目睹等）后可加宾语以外，大部分后面都不能加宾语。有些成语可以借助介词“对、对于、和、与、把”把宾语提前，如“对……爱不释手、对……记忆犹新、与……和平相处、把……发扬光大”等。谓词性成语作谓语时具体又分为：可独立作谓语（如“中国的万里长城举世闻名。”）、前可加某些副词修饰（如“有些不同寻常、更加丰富多彩”等）、前可加能愿动词修饰（如“应该以身作则、要想方设法”等）。作定语时一般须加结构助词“的”修饰后面的名词性中心语（如“爱理不理的样子、半信半疑的神情、举世闻名的万里长城”等），来说明中心语的性质特点或者描述中心语的状态。作状语时一般要加“地”（如“理直气壮地说、齐心协力地解决问题”等），不加“地”的情况少（如“翻来覆去讲了好几遍、诚心诚意请你吃饭”等），主要用来描述动作者的情态或者动作的状态、方式等。谓词性成语作补语主要表示动作、心理情感变化的状态或程度，结构助词“得”后面直接加成语即可（如“听得津津有味、玩得不亦乐乎”等）。谓词性成语充当主语和宾语的情况较少，且对谓语有极强的选择性，谓语多为判断动词和表系属意义的动词（是、属于等）、表示心理活动和感知意义的动词（喜欢、感到等）、表示效用意义的动词（便于、有利于等）、表示需要的动词（需要、要求等）等。

拼音索引

挨家挨户 āi jiā āi hù（from door to door）

挨：按顺序。户：人家。按住户的顺序从一家到另一家，一家不漏。也作：挨门挨户。

用法说明：谓词性；多作状语（后“地”可加可不加）。

S（主语）挨家挨户（地）V（动词）。

①为了交学费，这个穷小子**挨家挨户**地卖东西。(作状语)

②万圣节（Halloween）时孩子们会**挨家挨户**地要糖果。(作状语)

③医生**挨家挨户**上门看病，省去了许多老年人去医院的麻烦。(作状语)

④他借了很多人家的钱，出院后，他**挨家挨户**地把钱还给人家。(作状语)

使用语境：中性词，指不漏掉一户。

爱不释手 ài bù shì shǒu（can't keep one's hands off sth.）

注意：“释”不要写成“择”。

爱：喜爱。释：放开，放下。喜欢得舍不得放开手，表示对某事物十分喜爱。

用法说明：谓词性；常作谓语，也作状语；不能带宾语；可用于兼语句。

1. S（对……）爱不释手。

①我轻轻抚摸着崭新的课本，**爱不释手**。(作谓语)

②他拿着新买的文具盒看了又看，**爱不释手**。(作谓语)

③她的作品很受大家的喜爱，一百多年来各国读者对她的作品**爱不释手**。(作谓语)

2. S 令/让/叫……爱不释手。

①这本小说太吸引人了，真让我**爱不释手**。(兼语句)

②这个东西漂亮极了，真叫我**爱不释手**。(兼语句)

③同学的生日礼物真是别出心裁，令我**爱不释手**。(兼语句)

3. S 爱不释手地 V（动词）。

①他**爱不释手**地又摸又看，想拿回家去给妈妈也看看。(作状语)

②他**爱不释手**地戴上去又摘下来，真不知道怎么办了。(作状语)

③她拿起那块玉，**爱不释手**地把玩着。（作状语）

使用语境：含褒义，用于指某人喜欢手中物品，不舍得放下。多为书画、玩具、手表、手工艺品、乐器等可拿在手中、可随意并反复欣赏的物品，不能用于大件物品及人。

近义：爱不忍释

反义：弃若敝履

使用偏误：

➢本人喜欢绘画，尤其对服装设计更**爱不释手**。（“爱不释手”是对喜欢看的、玩的物品喜欢得不舍得放下，而不是对某件事情。）

➢吸烟者当中当然有很多喜欢吸烟，（对烟）**爱不释手**的人。（“爱不释手”前面要加具体物品。）

➢记得我小时候，我哥哥有一次买了一盒歌颂毛主席的录音带，我听了之后，**爱不择（释）手**，非要一天听到晚才肯罢休。（“释”错写成“择”。）

HSK 真题：

2018 版听力选项中：青年对古董**爱不释手**。

爱理不理 ài lǐ bù lǐ（treat sb. coldly）

不爱答理。比喻对人冷漠，没礼貌。

用法说明：谓词性；常作谓语、状语，也作定语。

1. S 对……爱理不理（的）。

①你对他非常热情，对我却**爱理不理**。（作谓语）

②他始终是一副很冷淡的样子，对我**爱理不理**的。（作谓语）

③我跟你说话，你对我**爱理不理**，我很难过。（作谓语）

2. S 爱理不理（的）。

①对于她不喜欢的人，她总是**爱理不理**。（作谓语）

②他对人总是忽冷忽热，一会儿热情似火，一会儿**爱理不理**。（作谓语）

③我给他递东西时，他神情冷漠，**爱理不理**的。（作谓语）

3. S 爱理不理地 V……。

①我向他问好，他**爱理不理**地“嗯”了一声。（作状语）

②我问营业员有没有大衣，他**爱理不理**地摇摇头，又继续忙他的事了。(作状语)

③我跟他打招呼，他看了我一眼，**爱理不理**地点了点头。(作状语)

4. （一副）爱理不理的N（样子、态度、神态、语气等）。

①无论我怎么跟他打招呼，他都一副**爱理不理**的样子。(作定语)

②从小她就喜欢跟在他的后面，而他总是摆着一副**爱理不理**的样子，根本不把她当回事。(作定语)

③他坐在那儿读报，对来来往往的人摆出一副**爱理不理**的态度。（作定语）

使用语境：含贬义，用来指一个人对别人态度不热情。

近义：爱答不理

反义：含情脉脉

使用偏误：

➢有些父母更是对孩子**爱理不理**（不管不问），让孩子变“野”。(“爱理不理”是对别人的态度不热情，句中指父母不教育孩子。)

半途而废 bàn tú ér fèi（give up half way；leave sth. unfinished）

注意：“废”不要写成“费”。

途：道路。废：停止。半路上就停下来了，比喻事情没做完就停止了，不能坚持到底。也作：中途而废。

用法说明：谓词性；常作谓语，也作定语、补语、宾语；可用于是字句、兼语句。

1. S不能/不要/不可/不应/从不/不肯/别+半途而废。(常与激励他人坚持到底的词语对比使用)

①做事情应有始有终，不应**半途而废**。(作谓语)

②运动必须持之以恒，不可**半途而废**。(作谓语)

③因为没有别的选择，这件事不能犹豫，不能**半途而废**，只能坚持下去。(作谓语)

④既然你愿意就好好干，别**半途而废**。(作谓语)

2. S 会/有可能/想半途而废。

①他的想法很难变成现实，很多计划常常**半途而废**。(作谓语)

②做事情贵在坚持到底，不能遇到困难就**半途而废**。(作谓语)

③工作是一场赛跑，赛程单调且苦恼，也曾想**半途而废**，可想到终点的奖杯，我会加倍努力。(作谓语)

3. S 使/致使……半途而废。

①他没有恒心，致使工作**半途而废**。(兼语句)

②中国的离婚率越来越高了，是什么原因使如此多的婚姻**半途而废**？(兼语句)

4. 其他。

①**半途而废**对于双方都不利，所以应该坚持下去。(作主语)

②二位怎么舞得**半途而废**呢？继续舞下去吧。(作补语)

③那里有一截**半途而废**的房基，很多年过去了，房子都没盖好。(作定语)

④我不是**半途而废**，而是发现自己不适合走这条路。(是字句)

使用语境：含贬义，常用来批评那些做事不能坚持到底的人，做事有始无终，多用于事业和工作上，也可用于学习和研究上。可用于口语和书面语。

近义：浅尝辄止（重在“浅”，不深入）

反义：持之以恒

HSK 真题：

2018 版听力选项：做事不能**半途而废**。

2018 版阅读选项：以史为鉴，才能避免（**重蹈覆辙**）。对历史我们要心怀敬畏，心怀良知。(超纲词)

A 画蛇添足　B 半途而废　[C] 重蹈覆辙　D 南辕北辙

使用偏误：

➢我们应该**半途而废**（结束）这样的状况。（“半途而废”后不能带宾语。)

➢**半途而废**将是你的污点了。(“半途而废”只是表明做事不能坚持到底，用“污点”语义太重。)

半信半疑 bàn xìn bàn yí (half believe and half doubt; be uncertain as to what to believe)

一半相信，一半怀疑。又信又不信，表示对事情的真假不敢肯定。

用法说明：谓词性；常作谓语，也作状语（后加“地”）、定语；可用于兼语句、是字句、是的句。

1. S对……半信半疑。

①妈妈告诉我，好好吃饭就能长个子，对此我**半信半疑**。(作谓语)

②很多人对绿色食品**半信半疑**，都是抱着试试看的态度。(作谓语)

③人们对他的话**半信半疑**，但又没有证据说出不信来。(作谓语)

2. S半信半疑。(可独立作谓语)

①对于这件事，我一直**半信半疑**，听了他的解释，现在我完全相信了。(作谓语)

②听了他的话，我和母亲**半信半疑**，决定以后再说。(作谓语)

③他那不自然的表情，说出的话让大家都**半信半疑**。(兼语句)

3. S半信半疑地V。

①他**半信半疑**地问：“你真的喜欢？”(作状语)

②大家不和他辩论，只是**半信半疑**地听着。(作状语)

③我又劝了他一会儿，他才**半信半疑**地点了点头。(作状语)

4. 半信半疑的N（人、神情、态度等）。

①他那**半信半疑**的神情一闪而过。(作定语)

②我们不能以**半信半疑**的态度去做某件事情，否则将白费时间。（作定语)

5. S……是半信半疑（的）。(用于判断句中)

①他不相信人类之外的种族，对人类也是**半信半疑**。(是字句)

②我当时口头虽说相信，但却是**半信半疑**的。(是的句)

使用语境：用于指某人对某事或情况的真假不敢确定。

近义：将信将疑

反义：深信不疑/坚信不疑

半真半假 bàn zhēn bàn jiǎ（partly true，partly false）

一半真，一半假。不是完全真实的。多形容人的态度不是真心实意的。

用法说明：谓词性；常作状语（后加“地”）、定语，也作谓语；可用于是字句和是的句，用例较少。

1. S 半真半假地 V（说、道、开玩笑、回答等）。

①她**半真半假**地说：“他要考上博士生，我就嫁给他！”（作状语）

②他折了一支野花，走到姑娘面前，**半真半假**地向她求婚：“嫁给我好吗？”（作状语）

2. 半真半假的 N（话、声明、报道、信息、玩笑等）。

①他常说一些**半真半假**的话，你不要全信。（作定语）

②他消息灵通，经常能从他嘴里听到真的、假的、**半真半假**的消息。（作定语）

3. S 半真半假。

①他说话经常**半真半假**，让人不敢相信。（作谓语）

②我看这毛毯不是纯毛的，**半真半假**。（作谓语）

4. S 是半真半假的。

①由于主观和客观原因，有的证据是**半真半假**的，有的证据全部是虚假的。（是的句）

②“我最爱你了。”说这话时他的语气是**半真半假**的。（是的句）

使用语境：用于指人说的话或某些事物不完全是真实的。

近义：真伪莫辨

反义：千真万确

暴风骤雨 bào fēng zhòu yǔ（mighty storm；violent storm）

骤：急速，突然。又猛又急的大风雨。比喻声势很大、发展迅猛的群众运动或革命。也作：暴风疾雨。

用法说明：名词性；常作主语、宾语，也作定语。

①天空中乌云翻滚，地上飞沙走石，一场**暴风骤雨**就要来临了。（原义，作主语）

② 6 月 16 日下午 5 时，一场**暴风骤雨**使位于医院门口的一棵 15 米高的大树横街倒下。（原义，作主语）

③家长会后，许多家庭会有一场“**暴风骤雨**”。（比喻义，作宾语）

④陈老师是从革命斗争的**暴风骤雨**中走过来的老党员，久经考验。（比喻义，作宾语）

⑤上任山东省省长后，他便开始对山东省国企酝酿**暴风骤雨**的改革。（比喻义，作定语）

使用语境：常用于以下两种情况：用于指自然界的风雨现象；用于比喻声势很大、发展迅猛的群众运动或革命。

近义：狂风暴雨

反义：和风细雨

近义词辨析：暴风骤雨 VS 狂风暴雨

<table>
<tr><th colspan="2"></th><th>暴风骤雨</th><th>狂风暴雨</th></tr>
<tr><td>相同点</td><td colspan="3">都形容大风大雨，都可比喻猛烈的声势、很凶的来势。都常作主语、宾语、定语。如：
1. 在暴风骤雨/狂风暴雨的袭击下，该省一些沿海城市的房屋遭到程度不同的破坏。
2. 暴风骤雨/狂风暴雨式的改革，打碎了旧的国家机器。</td></tr>
<tr><td rowspan="2">不同点</td><td>语义</td><td>重在“急”，如：
当前中国的发展，疾如暴风骤雨，一转瞬间，就会让人有换了人间之感。</td><td>重在“猛”，如：
当他听到儿子数学没及格时，不问青红皂白，就狂风暴雨般地狠揍了儿子一顿。</td></tr>
<tr><td>适用范围</td><td>多用来比喻来势迅猛、不可阻挡的群众运动。如：
这场运动如暴风骤雨一样席卷而来。</td><td>常用来比喻疯狂的攻击、残酷的考验、激烈的战斗、险恶的处境等；还可以比喻粗暴的方法和态度。如：
面对敌人的狂风暴雨，我们要坚持下去。</td></tr>
</table>

悲欢离合 bēi huān lí hé（sorrows and joys of human life）

指人生中经常遇到的悲伤、欢乐、离别和团聚。泛指生活中经历的各种境遇和各种心情。也作：离合悲欢。

用法说明：名词性；多作宾语、主语。

1. S+V（经历、历经、发生、有、叙说等）+悲欢离合。

①经历了许许多多的**悲欢离合**，他们最后幸福地生活在一起。（作宾语）

②2021 年我经历了太多的**悲欢离合**，往事不再提。（作宾语）

③这部电视剧描写了姜敏一家的**悲欢离合**，反映了当时的社会现实。（作宾语）

2. 悲欢离合……

①到最后，所有的**悲欢离合**都将成为过去。（作主语）

②这一年多少**悲欢离合**都很难用言语表达。（作主语）

使用语境：用于指生活中经历的各种境遇和各种心情。

近义：喜怒哀乐

比比皆是 bǐ bǐ jiē shì（to be found or seen everywhere）

注意：“是”不要写成“事”。

比比：一个挨一个。到处都是，形容非常多。

用法说明：谓词性；常作谓语，也作定语；可用于是字句，也用于是的句（少）。

1. S（人、事物）比比皆是。

①如今社会富裕了，住高楼、开汽车的人**比比皆是**。（作谓语）

②失业问题越来越严重，现在大学毕业找不到工作的人**比比皆是**。（作谓语）

③新的、好的事物天天出现，但旧的、坏的东西也**比比皆是**。（作谓语）

④在大中城市，道路四通八达，汽车**比比皆是**。（作谓语）

2. 比比皆是的 N。

①路边**比比皆是**的小草和野花，真是漂亮极了。（作定语）

②书中**比比皆是**的错误，真是误导人们的阅读。（作定语）

3. S……是比比皆是（的）。

①经济危机下，民营企业破产倒闭的事例也是**比比皆是**。(是字句)

②这种情况并不少见，在当今社会是**比比皆是**的。(是的句)

使用语境：用于指人或事物非常多。

近义：俯拾皆是/触目皆是

反义：寥寥无几/屈指可数

近义词辨析：比比皆是 VS 触目皆是

<table>
<tr><th colspan="2"></th><th>比比皆是</th><th>触目皆是</th></tr>
<tr><td>相同点</td><td colspan="3">都形容多。都常作谓语、定语。如：
走进各高校校园，比比皆是/触目皆是的各种招聘广告无疑会给你留下深刻的印象。</td></tr>
<tr><td rowspan="3">不同点</td><td>语义</td><td>形容到处都是。如：
你别以为你了不起，我告诉你，像你这种人才比比皆是。</td><td>偏重于容易看到。如：
现在小商店、小饭馆触目皆是，老百姓购物方便极了。</td></tr>
<tr><td>语法功能</td><td>不能带宾语</td><td>后可以接名词或名词短语作宾语。如：
那时家乡贫穷，触目皆是农人的草屋。</td></tr>
<tr><td>适用范围</td><td>可用于人，也用于物。可以是具体事物，也可以是抽象事物。如：
网络上未经证实的信息比比皆是，你要好好辨别。</td><td>多用于看得见的、具体的事物，不用于抽象事物，一般不用于人</td></tr>
</table>

必不可少 bì bù kě shǎo（absolutely necessary）

绝对需要的。

用法说明：谓词性；常作定语，也作谓语；常用于是的句。

1. S是……必不可少的N（条件、物质、东西、工作等）。

①书是我生活中**必不可少**的好朋友，我每天必须要读一读。(作定语)

②钱是生活中**必不可少**的东西，少了它寸步难行。(作定语)

③食盐不仅是人体**必不可少**的物质之一，也是人们饮食中**必不可少**的调味品。(作定语)

2. S 必不可少。

①有大量的工作需要你来做，所以强壮的身体**必不可少**。（作谓语）

②茶在中国人的生活中**必不可少**。（作谓语）

③中国人在节日和招待客人时，酒**必不可少**。（作谓语）

3. S 是必不可少的。

①在人生的道路上，困难是**必不可少**的。（是的句）

②食物是人人**必不可少**的，谁也离不开它。（是的句）

③对于婴幼儿来说，充足的睡眠是**必不可少**的。（是的句）

使用语境：常用于指某事物是必需的。

使用偏误：

➢我们把这些问题叫作“**必不可少**”（不可避免）的问题。（问题不是绝对需要的，应为“不可避免”。）

➢总而言之，我们人类和自然是**必不可少**（密不可分）的关系。（说关系密切应用“密不可分”。）

➢我认为这个规定理所当然，而且在现在情况下（是）**必不可少**的。（少“是”。）

另外，“必不可少”在使用中常出现形式错误，错用为“缺不可少、不必可少、非少不可、非无不可、必不缺少”。

变幻莫测 biàn huàn mò cè （so full of rapid changes as to be unpredictable）

幻：变化。变幻：没有规律的变化。测：推测。莫测：不能预料。指事物变化很多，不能预料。

用法说明：谓词性；多作谓语、定语；可用于是字句、是的句。

1. S（市场、天气、心情、价格、政治风云等）变幻莫测。（可独立作谓语）

①天气总是**变幻莫测**，一会儿阳光明媚，一会儿倾盆大雨。（作谓语）

②一年以来，国内原材料市场**变幻莫测**，价格变动很大。（作谓语）

③目前商品价格**变幻莫测**，买东西感到心里没底。（作谓语）

2. 变幻莫测的 N（天气、气候、市场、环境、表演、形势等）。

①人们用惊奇的目光看着魔术师**变幻莫测**的表演。（作定语）

②如果把人生比作**变幻莫测**的天气，那么既会有万里晴空，也会有暴风骤雨。(作定语)

③市场像**变幻莫测**的大海，让人既爱又恨。(作定语)

3. S……是变幻莫测（的）。(用于判断句中)

①早春的天气真是**变幻莫测**，刚刚还是风和日丽，现在却雨雪交加。(是字句)

②命运是**变幻莫测**的，很难预料。(是的句)

使用语境：用于指气候、政治风云、命运、市场等变化很多。

近义：变化多端

反义：一成不变

别具匠心 bié jù jiàng xīn（have originality）

匠心：巧妙的心思。指在技巧和艺术方面具有与众不同的巧妙的构思。常指文学艺术方面创造性的构思。也作：独具匠心、匠心独运。

用法说明：谓词性；常作谓语、定语，也作状语；可受“更加”修饰；可用于是字句、是的句。

1. S（文章构思、导演、设计等）别具匠心。(可独立作谓语)

①这篇文章在构思上**别具匠心**，让人眼前一亮。(作谓语)

②这出戏的导演**别具匠心**，演出效果很好。(作谓语)

③比赛奖品更加**别具匠心**，冠军可获得金猪一头。(作谓语)

2. 别具匠心的 N（安排、设计等）。

①这样**别具匠心**的安排当然是为了购物中心的营运需要。(作定语)

②这是一间公共厕所，它**别具匠心**的设计让人不得不改变对厕所的传统印象了。(作定语)

3. S 别具匠心地 V。

韩国的参展商**别具匠心**地带来了一系列绿茶化妆品，吸引了众多女性的目光。(作状语)

4. S……是独具匠心（的）。

①对于男一号的出场，导演的设计确实是**独具匠心**。(是字句)

②整个建筑造型是**别具匠心**的。(是的句)

使用语境：含褒义，用于指文章、文学艺术、建筑等领域的构思巧妙，有创造性。

近义：别出心裁/独出心裁/独辟蹊径

反义：因循守旧/亦步亦趋/步人后尘

彬彬有礼 bīn bīn yǒu lǐ (be polite and respectful)

彬彬：文雅的样子。形容文雅有礼貌的样子。

用法说明：谓词性；常作谓语、状语，也作定语、补语。

1. S（对……/待人接物）彬彬有礼。

①你对别人**彬彬有礼**，别人也会对你有礼貌。(作谓语)

②列车员**彬彬有礼**，服务热情周到，给人宾至如归的感觉。(作谓语)

③对外交往时，员工必须着装整齐，干净大方，待人接物**彬彬有礼**。(作谓语)

2. S 彬彬有礼地 V。

①他站起身，**彬彬有礼**地向我告辞：“打扰你了。”（作状语）

②服务台前三位服务小姐正**彬彬有礼**地接受客人的咨询。(作状语)

③演讲完毕，他**彬彬有礼**地向在场观众鞠了一躬，赢得了热烈的掌声。(作状语)

3. 彬彬有礼的 N（人、形象、样子、表情等）。

①他是一个**彬彬有礼**的人，大家都很喜欢他。(作定语)

②工作时要注意保持**彬彬有礼**的形象，选择恰当的衣着。(作定语)

③两人年龄都在十五六岁，一副**彬彬有礼**的样子。(作定语)

使用语境：含褒义，用于指人很有礼貌。

近义：文质彬彬/温文尔雅

反义：蛮横无理

近义词辨析：彬彬有礼 VS 文质彬彬

		彬彬有礼	文质彬彬
相同点	都形容人态度温和，举止斯文。都用作褒义；都多用于书面语；都常作谓语、定语、状语。如： 初次见面，他给人的印象是衣着讲究、**彬彬有礼/文质彬彬**。		
不同点	语义	强调对人有礼貌。如： 这家酒店的服务员个个**彬彬有礼**，热情周到。	强调人的外貌与气质。如： 他白净的脸上戴着一副眼镜，看起来**文质彬彬**的。
	适用范围	不可与“外表、看上去”等词语搭配	可与“外表、看上去”等词语搭配

不耻下问 bù chǐ xià wèn（not feel ashamed to ask and learn from one's subordinates）

耻：以……为耻。问：请教。指向地位、学问不如自己的人请教而不感到丢面子。指人好学。

用法说明：谓词性；常作谓语，也作定语、宾语、主语。

1. S 不耻下问。（可独立作谓语）

①为了把事情办好，那位领导四处求教，**不耻下问**。（作谓语）

②因为他**不耻下问**，所以他能把各种事情都处理得很好。（作谓语）

③他**不耻下问**，先拜儿子为师，从学习打字开始。（作谓语）

2. 不耻下问的 N（精神、人等）。

①在学习上应该有**不耻下问**的精神，切勿不懂装懂。（作定语）

②那位**不耻下问**的新市长一上任，就向各行各业的专家人士请教。（作定语）

3. 其他。

①**不耻下问**是一种传统美德，值得我们大家学习。（作主语）

②我们有不懂的要及时问人，做到**不耻下问**。（作宾语）

使用语境：含褒义，用于指虚心向不如自己的人求教。

近义：虚怀若谷

反义：自以为是

近义词辨析：不耻下问 VS 虚怀若谷

<table>
<tr><th colspan="2"></th><th>不耻下问</th><th>虚怀若谷</th></tr>
<tr><td>相同点</td><td colspan="3">都表示谦虚。都是褒义词。都可作谓语、宾语。如：
他很尊重知识，尊重人才，勤奋好学，不耻下问/虚怀若谷。</td></tr>
<tr><td rowspan="2">不同点</td><td>语义</td><td>指主动深入下层向人请教或征求意见以改进工作。如：
当干部的要不耻下问，到下面去虚心听取意见，了解问题。</td><td>指心胸广阔，能接受群众意见，能容人。如：
他的为人一向虚怀若谷，从来不曾骄傲自满。
总经理为人虚怀若谷，凡事博采众议，因此很受同事爱戴。</td></tr>
<tr><td>语法功能</td><td>一般不作状语</td><td>可作状语。如：
脸带微笑，虚怀若谷地在一旁洗耳恭听。</td></tr>
</table>

不辞而别 bù cí ér bié（leave without saying good-bye）

辞：告辞。别：离别。不打招呼就走了或悄悄溜走了。

用法说明：谓词性；常作谓语，也作主语、宾语。

1. S（不要/不能/没有等）不辞而别。

①小明受了批评后，竟然**不辞而别**了。(作谓语)

②下次千万不要**不辞而别**了，这样让我们大家多担心啊。(作谓语)

③他这次没有**不辞而别**，而是告诉了母亲，他要去北京。(作谓语)

④前段时间，他妻子**不辞而别**，之后他就四处寻找。(作谓语)

2. 其他。

①爸爸妈妈，请原谅女儿的**不辞而别**。(作宾语)

②青梅竹马的**不辞而别**，昔日同窗的背叛，反而让他愈挫愈勇。(作主语)

使用语境：用于指某人不打招呼就离开，有不满、责怪的意思。

近义：溜之大吉

近义词辨析：不辞而别 VS 溜之大吉

		不辞而别	溜之大吉
相同点	并非正大光明地离去，有时都指逃走。都常作谓语。如： 那个钟点工干了不到一个月，却偷了不少东西**不辞而别/溜之大吉**。		
不同点	语义	强调走前没跟人打招呼；有不满意味。如： 他有些不高兴，竟**不辞而别**了。	强调迅速地悄悄地离开；多含诙谐的意味。如： 因为有急事，在开会时他就**溜之大吉**了。 在大家的批评下，他无话可说，只好**溜之大吉**。

不得而知 bù dé ér zhī（can make nothing of it; there is no way of knowing）

得：能够。没有办法知道。

用法说明：谓词性；多作谓语。

……（常有疑问词“怎样、什么时候、是否、怎么样、多……”等词），不得而知。

①这件事是怎样发生的，我**不得而知**。（作谓语）

②这件事什么时候能够解决，我们**不得而知**。（作谓语）

③体育运动对此会有多大的影响，目前还**不得而知**。（作谓语）

使用语境：用于指某人不知道某事。

反义：了如指掌

不假思索 bù jiǎ sī suǒ（without thinking）

假：凭借、依靠。不用思考就做出反应，形容说话做事迅速。

用法说明：谓词性；多作状语（后加“地”）、谓语。

1. S 不假思索地 V（说、回答、赞成等）。

①他的心算能力很好，一看题便能**不假思索**地说出正确的答案。（作

状语）

②我话一说完，她就**不假思索**地回答："好，跟你去。"（作状语）

③老父刚说了个开头，儿女们便**不假思索**地举手赞成。（作状语）

2. S不假思索。

①他**不假思索**，提起笔就把这道难题解了出来。（作谓语）

②有些人不懂得用脑子，遇事**不假思索**，别人说什么也跟着说什么。（作谓语）

③听了妈妈的介绍，他**不假思索**，坚决地拒绝了。（作谓语）

使用语境：用于指不经思考就说话做事。

反义：深思熟虑/苦思冥想

不可避免 bù kě bì miǎn（inevitable）

无法避免。一定要发生。

用法说明：谓词性；常作状语，也作谓语、定语；可用于是的句（多）。

1. S不可避免地V。

①任何军事打击都**不可避免**地造成一些平民伤亡。（作状语）

②这是前无古人的事业，**不可避免**地会遇到一些新情况、新矛盾。（作状语）

③在全球金融危机的背景下，中国的经济也**不可避免**地受到了影响。（作状语）

2. S（犯错、失败、战争等）不可避免。

①如果失败**不可避免**，应尽早结束尝试。（作谓语）

②一家公司的成长就如同一个孩子的成长，犯错**不可避免**。（作谓语）

③战争并非**不可避免**，战争也无法解决冲突，只有谈判才能解决问题。（作谓语）

3. 不可避免的N（现象、趋势、事情等）。

①借用外来词语是一种语言与外来文化交往时**不可避免**的普遍现象。（作定语）

②提高农产品的价格、提高农民收入，是**不可避免**的发展趋势。（作

定语)

③任何国家在发展中都会遇到各种各样的问题，这是**不可避免**的事情。(作定语)

4. S 是不可避免的。(用于判断句中)

①工作中出现一些过失是**不可避免**的。(是的句)

②人们由于看问题的角度不同，有不同意见是**不可避免**的。(是的句)

③留学海外，思念祖国和家乡是**不可避免**的。(是的句)

使用语境：用于指事情等不能避免，一定要发生。

使用偏误：

➢虽然安乐死问题和伦理问题有冲突，但是**不可避免**这些问题（这些问题是不可避免的)。(“不可避免”后不加宾语。)

➢人类既然是活着，就**不可避免**自己的死（死是不可避免的)。(“不可避免”后不加宾语。)

➢我们在非常紧张的社会里生活，在这样的生活当中我们**不可避免**（地出现）紧张的心态。(“不可避免”后不加宾语。)

➢上面我已经说过两代人的代沟（是）**不可避免**的。(少“是”。)

不可思议 bù kě sī yì (It is beyond logic and above reason, difficult to understand)

注意：“议”不要写成“意”或“义”。

事情无法想象，形容事物的发展变化无法让人理解和接受。现在也经常用来形容人的行为举止。

用法说明：谓词性；常作谓语、定语，也作补语、宾语，还可组成的字短语作主语；可用于是的句、兼语句；前可加程度副词“有些、有点儿、真”等。

1. S 很/太/真（是）/简直等不可思议（惊叹的语气）。

①他孤身一人在原始森林中生活了 13 年，真是**不可思议**。(是字句)

②这一事故发生得这么快，简直**不可思议**。(作谓语)

2. S 让/叫/令……不可思议。

①这么难的数学题，他都能够考满分，真让我**不可思议**。(兼语句)

②古埃及人用什么方法建筑起金字塔，至今仍让人**不可思议**。(兼语句)

③不管什么病他都能治，这太叫人**不可思议**了。(兼语句)

④湿地着起了大火，令人**不可思议**。(兼语句)

3. S 感到/觉得/看起来/听起来（真、简直等）（是）不可思议。

①你可能觉得有点儿**不可思议**，但我一点儿也不觉得惊奇。(作宾语)

②农民会感到**不可思议**，因为一次采购这么大的量很少很少。（作宾语)

③虽然亲眼所见，目击者仍觉得**不可思议**。(作宾语)

④他一次能吃 100 个饺子，听起来太**不可思议**了。(作谓语)

4. 不可思议的 N（人、事、事情、速度、奇迹等）。

①这世上没有**不可思议**的事，只存在可能存在之物，只发生可能发生之事。(作定语)

②如今通信的方便和快捷在 30 年前是**不可思议**的事情。(作定语)

③深圳是一个以**不可思议**的速度成长起来的城市，短短几十年就从一个小渔村发展成为一个现代都市。(作定语)

5. S+Adj 得不可思议。

①那儿的风景太美了，美得**不可思议**。(作补语)

②那树大得**不可思议**，得十个人才能合抱它。(作补语)

6. S 是不可思议的。

①你们不能理解这个事实，但对我来说，这并不是**不可思议**的。（是的句)

②真正的政治家没有不读书的，完全不读书的政治家是**不可思议**的。(是的句)

7.（很、最、更、让人、令人等）不可思议的是……

①**不可思议**的是，那首曲子除了我之外，没有人能听见。（的字短语作主语)

②最令人**不可思议**的是他怎么知道妈妈正在洗手，比亲眼看见还真切。(的字短语作主语)

使用语境：用于指超乎平常的事物或深奥的道理，现在也经常用来指人的举止行为超出平时的表现。

近义：不堪设想（适用于前景危险或后果很不好的事物，含贬义）

反义：可想而知

HSK 真题：

2018 书写部分：因为我所遇到的事情确实很**不可思议**，别人听后或许会认为我是在胡言乱语，但这的确是一件真实的事情。

使用偏误：

➢去旅游时，我会不知不觉地想起小时候的事情，这（是）很**不可思议**的。(少"是"。)

➢病人受到的身体上、精神上的折磨是**不可思议**（不可想象）的。("不可思议"适用于奥妙神秘的事物或深奥的道理。句中的意思是痛苦很深，不可想象。)

➢她给我留下了**不可思议**（去掉"不可思议"）很神秘的印象。("不可思议"和"神秘"语义重复。)

不了了之 bù liǎo liǎo zhī (leave it unsettled)

注意："了"读"liǎo"。

了：了结，结束。该办的事情没有办完，该解决的问题没有解决。指放在一边不去管它，就算完事。形容做事马虎，不负责任。

用法说明：谓词性；多作谓语。

S（总是、最终、会等）不了了之。(可独立作谓语)

①以前他很懒，每次做了锻炼计划，最后总是**不了了之**。(作谓语)

②后来查来查去，当然是什么都没有查出来，案件**不了了之**。(作谓语)

③早恋一般都会**不了了之**，很少会有结果。(作谓语)

④有些地方推行过"禁酒令"，最终却**不了了之**。(作谓语)

使用语境：含贬义，多用于指事情未完成之前就放弃了。

反义：善始善终

不同寻常 bù tóng xún cháng（unusual；out of the ordinary）

跟平常的不一样。

用法说明：谓词性；多作谓语、定语；前可加程度副词修饰；可用于是字句、是的句。

1. 不同寻常的N。

①研究人员进行了一项**不同寻常**的实验，目的是使人产生拥有第三只手的幻觉和身体上的知觉。（作定语）

②它是只**不同寻常**的鸟，头上长着奇特的羽冠。（作定语）

③平平凡凡的他，给我留下了**不同寻常**的印象。（作定语）

2. S（有点儿/有些/更/格外）不同寻常。（前可受程度副词修饰）

①婚礼**不同寻常**，因为是在游船上举行的。（作谓语）

②一个女人怎么会跟导致自己丈夫死亡的人结婚呢？这桩婚事确实有些**不同寻常**。（作谓语）

3. S……是不同寻常（的）。（用于判断句中）

①平常这个商场的人流很少，但今天，这儿的热闹劲儿可是**不同寻常**。（是字句）

②这个晚上是**不同寻常**的。一场大火熊熊燃烧，树木花草被烧死，鸟兽四散而逃。（是的句）

4. S显得/变得不同寻常。

①因为新冠肺炎疫情，校园变得那么**不同寻常**——每天上学要测两次体温。（作补语）

②20世纪最后一天显得**不同寻常**——与纳米有关的事件闪亮登场。（作补语）

使用语境：用于指事情或情况跟平常不一样。

不为人知 bù wéi rén zhī（be unknown to people）

不被人所知道了解。

用法说明：谓词性；多作谓语、定语。

1. S 不为人知。(可独立作谓语)

①我有许多秘密才能，**不为人知**。(作谓语)

②土里的小虫子为大自然做出了很大贡献，却**不为人知**。(作谓语)

③这些珍贵的资料长期被放在图书馆的角落里而**不为人知**。(作谓语)

2. 不为人知的 N（故事、历史、问题等）。

①这个公园里面的每一条羊肠小道都有一个**不为人知**的小故事。（作定语)

②天底下唯一的新鲜事，便是**不为人知**的历史。(作定语)

③还有许多**不为人知**的问题也在慢慢地被发掘出来了。(作定语)

使用语境：用于指人或事物不被人知道。

不相上下 bù xiāng shàng xià（be roughly the same)

分不出高低，好坏。形容数量、程度、水平相差不多。

用法说明：谓词性；常作谓语，也作定语、补语；可用于是字句、是的句。

1. A 跟/和/与/同 B（实力、水平、年龄、条件、重要性等）不相上下。

①我和小明的年龄**不相上下**，都不到十岁。(作谓语)

②母亲太骄傲了，在这方面她跟父亲**不相上下**。(作谓语)

③我们两个班在学习上**不相上下**，并驾齐驱。(作谓语)

④虽然吃“绿色食品”和不挨饿的重要性**不相上下**，但如果硬要选的话，我认为解决饥饿问题更为重要。(作谓语)

2. S 不相上下。[S 为两人（方）或两人（方）以上]

①认真比起来，咱俩半斤八两，**不相上下**。(作谓语)

②这四个人的能力**不相上下**，分不出高低。(作谓语)

③中、日、韩是亚洲的三个“体育巨人”，其中中国是老大，韩日**不相上下**。(作谓语)

3. S……是不相上下（的）。(用于判断句中)

①他俩的水平差不多，可以说是**不相上下**。(是字句)

②在运动方面，我跟他是**不相上下**的。(是的句)

4. 其他。

①两只大蝈蝈斗得**不相上下**，不分输赢。(作补语)

②现在企业很难源源不断地招聘到一批**不相上下**的人才。(作定语)

使用语境：用于指人、物之间大小、好坏、高低、多少等相差不多。

近义：势均力敌（形容力量均等）

反义：大相径庭

近义词辨析：不相上下 VS 势均力敌

		不相上下	势均力敌
相同点	都含有分不出高低的意思。都可作谓语、定语。如： 前三届比赛中日双方各胜一次，战平一次，**不相上下/势均力敌**。		
不同点	语义	可形容大小、好坏、高低，难以分出高下。如： 他的藏书量跟镇上图书馆**不相上下**。	形容力量均等。如： 双方**势均力敌**，谁输谁赢还不一定。
	适用范围	既可用于人，也可用于事和物，适用范围较宽	用于矛盾冲突的双方，一般不用于事物

使用偏误：

➢绿色食品和一般食品的产量为（去掉“为”）**不相上下**。（“不相上下”可独立作谓语，前不加动词“为”。）

不以为然 bù yǐ wéi rán（not to regard it as right）

然：是，对。不认为是对的，表示不同意或轻蔑（多含轻视意）。

用法说明：谓词性；常作谓语，也作状语（后加“地”）、定语；前可加程度副词修饰；可用于是字句、是的句。

1. S 对……（想法、建议、做法、行为等）不以为然。（前可加程度副词修饰）

①他们对她的建议很**不以为然**，还是按照以前的想法做的。（作谓语）

②很多人对这种做法**不以为然**，认为是小题大做。（作谓语）

③他对大家的行为十分**不以为然**，认为是在浪费时间。（作谓语）

2. S（有些/有点儿）不以为然。（可独立作谓语）

①他嘴上虽然没有说不对，心里却**不以为然**。（作谓语）

②对于你的分析，我**不以为然**，难以同意。（作谓语）

③有人说"吸烟是有利有弊的"，但我**不以为然**。（作谓语）

④听了我的话，他笑了笑，有些**不以为然**。（作谓语）

3. S 不以为然地 V（动词多为身体的动作：说、哼、笑、回答、反问、摇头、摆手等）。

①听了我的话，他**不以为然**地哼了一声，转头就走了。（作状语）

②听完我的介绍，她**不以为然**地笑了笑："这种方法我早就试验过。"（作状语）

4. 不以为然的 N（样子、表情、态度等）。

①小明对什么都是一副**不以为然**的样子。（作定语）

②有时候看到很多人**不以为然**的表情，我很担心。（作定语）

5. S……不以为然（的）。（用于判断句中）

①他摇摇头，眼睛里很是**不以为然**。（是字句）

②妈妈的眼睛盯着我，表情却是**不以为然**的。（是的句）

使用语境：用于指某人不认为对方的言行举止是对的，含轻蔑意味。

近义：嗤之以鼻

反义：五体投地

不亦乐乎 bù yì lè hū（awfully happy；extremely happy）

亦：也。乎：文言中用于疑问或反问的语气助词，这里相当于"吗"。不也是很快乐吗？表示心里很高兴。现常用来表示事态的发展已达到过甚的程度。用来表示极度、非常、淋漓尽致的意思。含有诙谐味。

用法说明：谓词性；多作补语、谓语。

1. S+V（Adj）得不亦乐乎。

①这样一玩就是几个小时，大家玩得**不亦乐乎**。（作补语）

②大家重新摆放家具，装饰房间和车库，购买东西，忙得**不亦乐乎**。（作补语）

2. ……，不亦乐乎。

一时间，几个概念被媒体翻过来炒过去，**不亦乐乎**。（作谓语）

使用语境：中性词，用于指动作、状态到了极端地步。

近义：不可开交/其乐无穷

近义词辨析：不亦乐乎 VS 不可开交

		不亦乐乎	不可开交
相同点	都有过甚的意思。都多作补语。如： 他这几天正忙得**不亦乐乎/不可开交**，以后再找他吧。		
不同点	语义	主要表示满意过甚，难以脱离。如： 我们太饿了，菜一上桌，我们就立即吃得**不亦乐乎**。	主要表示纠缠过甚，难以摆脱。如： 两个人为了一点小事就吵得**不可开交**，真不值得。
	语法功能	可作谓语。如： 几十口人聚在一起吃年夜饭，喝喝酒、叙叙旧、打打扑克，**不亦乐乎**。	一般不作谓语
	适用范围	除了“忙、闹、吵、争”以外，还跟“干、玩、吃、卖、杀”等词语搭配	多与“打、吵、闹、忙、争、斗”等词语搭配
	感情色彩	中性词	贬义词

不翼而飞 bù yì ér fēi（fly without wings；disappear without any trace）

翼：翅膀。没有翅膀却飞走了。形容言论、消息等在人们口头上流传得很快，没有长翅膀而能飞走。后也用来形容东西突然不见。也作：无翼而飞。

用法说明：谓词性；常作谓语，也作定语、补语；可用于是字句。

1. S 不翼而飞。(可独立作谓语)

①奇怪了！昨天我明明是把笔放在抽屉中的，现在却**不翼而飞**了。（作谓语）

②我们班足球队胜利的消息**不翼而飞**，很快传遍了全校。(作谓语)

③箱子包装完好，可箱子里的东西怎么却**不翼而飞**了呢？(作谓语)

2. 不翼而飞的 N（多为具体的东西）。

①没想到，12 月 30 日，**不翼而飞**的 2 200 元现金被退还失主。(作定语)

②昨天那条**不翼而飞**的鱼原来是被小花猫吃了啊，真让人生气。(作定语)

3. S+V 得不翼而飞。

一个黑发男子躺在地上，衣服上一只袖子已经被震得**不翼而飞**。(作补语)

4. S……是不翼而飞。

好好的衣服反正是**不翼而飞**了，是谁拿走的呢？(是字句)

使用语境：用于指东西不见了或消息传得快。

近义：不胫而走

不由自主 bù yóu zì zhǔ（can't help；beyond one's control）

由不得自己做主，指自己控制不了自己。

用法说明：谓词性；多作状语（后加“地”）、谓语。

1. S 不由自主地 V（身体的动作）。

①听见洞里传来了声音，他**不由自主**地放慢了脚步。(作状语)

②她受了很大的委屈，眼泪**不由自主**地流了下来。(作状语)

③他头疼得厉害。脑子里一片空白，手**不由自主**地松开了。(作状语)

④在他冰冷的注视下，他**不由自主**地一步一步地向后退去。(作状语)

2. S 不由自主。

①我一点权力都没有，什么事都**不由自主**。(作谓语)

②他不想再听下去了，却又**不由自主**。(作谓语)

③她知道自己表现得太夸张了，可是他**不由自主**。(作谓语)

3. S……是不由自主（的）。（用于判断句中）

①我们都想做自己的主人，但感情有时候是**不由自主**的。（是的句）

②他没料到自己会哭，这是**不由自主**的。（是的句）

③他感觉自己的生活完全被劫持了，很多东西都是**不由自主**。（是字句）

使用语境：常用于指某人因震惊、慌张以及某种外界原因而由不得自己。

近义：情不自禁/身不由己/不能自已

近义词辨析：不由自主 VS 身不由己 VS 情不自禁

		不由自主	身不由己	情不自禁
相同点	都指自己控制不住自己。都常作谓语、状语。如： 有些人在听到舞曲时，往往会**不由自主/身不由己/情不自禁**地手舞足蹈。			
不同点	语义	着重指所做的事情是不知不觉的，由不得自己，强调主观上自己不能控制自己。如： 他不听医生的话，吃药过了量，只觉得头重脚轻，身子**不由自主**地倒了下去。	着重指自身不由自己支配而由他人支配，有被迫的意味。如： 我到这儿也是**身不由己**，既然是国家需要，就只好服从分配了。	着重指抑制不住自己的感情。如： 听完他的叙述，我思绪万千，**情不自禁**地哭了。
	适用范围	既用于震惊、慌张时，也用于描写某种较平静的动作、思想情绪等自然而然出现或表示因外界原因而由不得自己的时候	多用于不得不去做某种事情的时候	多用于万分激动、异常兴奋、热情奔放的时候

不约而同 bù yuē ér tóng（act in concert without previous arrangement）

约：相约。事先没有约定，彼此的言论或行动却完全一致。

用法说明：谓词性；多作状语（后加“地”）。

S 不约而同地 V（动词为人的言行）。

①新老师刚走进教室，同学们便**不约而同**地鼓起掌来。（作状语）

②这出京剧演得真好，观众**不约而同**地鼓起掌来。（作状语）

③老人骑车摔倒了，四个青年**不约而同**地一起上前扶人扶车。（作状语）

④看到眼前的美景，大家**不约而同**地称赞道：“真美啊！”（作状语）

⑤采访中，各家超市负责人几乎**不约而同**地表示，春节期间的促销效果非常不错。（作状语）

使用语境：用于指两人或多人在未经约定的情况下行动、动作相同。（动作不同不可以用）

近义：不谋而合

近义词辨析：不约而同 VS 不谋而合

<table>
<tr><th colspan="2"></th><th>不约而同</th><th>不谋而合</th></tr>
<tr><td>相同点</td><td colspan="3">都有“偶然一致”的意思。都可作状语。如：
他俩不约而同/不谋而合地想到，应该好好利用这个机会。</td></tr>
<tr><td rowspan="3">不同点</td><td>语义</td><td>重在没有相约，如：
几个小学生不约而同地站了起来，给抱孩子的阿姨让座。</td><td>重在没有商量，如：
我和他的想法不谋而合。</td></tr>
<tr><td>语法功能</td><td>一般做状语</td><td>一般作谓语：
他的这些意见，与周总理的想法不谋而合。</td></tr>
<tr><td>适用范围</td><td>多指（不同人的身体各部分）活动的相同</td><td>多指看法、想法的相同</td></tr>
</table>

使用偏误：

➤很奇怪，他们都**不约而同**（地）认为难以跟自己的子女沟通。（作状语时后要加“地”。）

➤到外地去旅游，我们不同而约（**不约而同**）地说：“坐火车去。”（词序错误。）

不正之风 bù zhèng zhī fēng（unhealthy tendency）

不正当的社会风气，特指以权谋私的行为。

用法说明：名词性；多作宾语、主语。

①要坚决改正乱收费、乱加价等**不正之风**。（作宾语）

②共产党员应坚决与**不正之风**作斗争。(作宾语)

③某些单位花钱不讲效益、捞个人好处的**不正之风**得到了有效遏制。(作主语)

④社会上红包、回扣等**不正之风**很严重，有些人已经习惯，不觉得奇怪了。(作主语)

使用语境：含贬义，用于指不好的社会风气。

反义：歪风邪气

不知不觉 bù zhī bù jué（without one's noticing it）

没有注意到，没有意识到。

用法说明：谓词性；作状语、谓语。

1. “不知不觉中”“在不知不觉（之）中”“不知不觉（之）间”。(常用作状语)

①坏习惯是**在不知不觉中**形成的。

②时间过得真快啊，**不知不觉**之间5月来了。

③在公共场所边走边抽烟的人，**不知不觉**中会伤到孩子。

2. S 不知不觉（地）V。

①两个好朋友边说边走，**不知不觉**走出了校门。(作状语)

②我躺在床上**不知不觉**地进入了梦乡。(作状语)

3. 不知不觉，……

①时间过得可真快，**不知不觉**，我们都大学毕业了。(作谓语)

②**不知不觉**，我已离家到北京有半年的时间了。(作谓语)

使用语境：用于指很快或者无意识地完成某事。

使用偏误：

➢时间过得真的很快，转眼间不经不觉（**不知不觉**）来加拿大已十年了。(错用字。)

➢听您说的时候，我**不知不觉**（突然觉得）很对不起您，因为我只是给你几千元的花，还有那花不是那么好看。(用词不当。)

➢这时候，**不知不觉**（不知道）父母或子女对我希望什么。(用词不当。)

层出不穷 céng chū bù qióng（come out in an unending flow）

层：重复。穷：尽，完。不断出现，没有穷尽。比喻事物或言论接连不断地出现，尚未穷尽。

用法说明：谓词性；常作谓语，也作定语、状语（少）；可用在是字句、是的句中。

1. S 层出不穷。(可独立作谓语)

①改革开放以来，各种形式的文艺作品**层出不穷**。(作谓语)

②在向雷锋学习的活动中，学校的好人好事**层出不穷**。(作谓语)

③在改革时期，新情况、新问题**层出不穷**。(作谓语)

2. 层出不穷的 N（问题、事实、事故、新产品等)。

①领导们因无力解决**层出不穷**的社会问题而深感挫败。(作定语)

②80 年代中期，改革开放的大潮带来了**层出不穷**的新情况、新问题。(作定语)

③如今越来越多的青少年被**层出不穷**的电子游戏所吸引，有的竟然放弃了学习。(作定语)

3. 其他。

①近年来，各大车企**层出不穷**地推出两厢车型，顺应了时代的潮流。(作状语)

②如今广告客户的要求越来越高，广告制作的新招数更是**层出不穷**。(是字句)

③他的办法总是**层出不穷**的，没有他想不到的办法。(是的句)

使用语境：语义很强；用于指某些事物不断地出现。

近义：屡见不鲜

反义：屈指可数

使用偏误：

➢比如见朋友，去城市买东西，吃我母亲亲手做的菜……**层出不穷**（诸如此类)。(列举未尽时要用“诸如此类”。)

成千上万 chéng qiān shàng wàn（tens of thousands of）

成：达到一定数量。上：达到一定程度或数量。形容数量非常多。也作：成千成万、成千累万。

用法说明：谓词性；常作定语、谓语，也作宾语；可用于是字句。

1. 成千上万的N（人、房屋、动物等）。

①国庆节晚上，**成千上万**的人前往天安门广场观赏烟火。（作定语）

②水灾造成至少23人死亡、**成千上万**的房屋倒塌。（作定语）

③人们的生活工作离不开互联网，**成千上万**的网站为我们提供了丰富多彩的内容。（作定语）

2. S成千上万。（可独立作谓语）

①演出很成功，一场接着一场，观众**成千上万**。（作谓语）

②他经手的钱**成千上万**，可一块钱也不属于他。（作谓语）

③旅游旺季每天到故宫游览的人**成千上万**。（作谓语）

3. S更/真是成千上万。

①来参加活动的干部近千人，人民群众更是**成千上万**。（是字句）

②受他影响的人很多，真是**成千上万**。（是字句）

使用语境：用于指人、生物或事物很多。

近义：不计其数

反义：寥寥无几

使用偏误：

➢我认为**成千上万**（去掉"成千上万"）所有的人都是一样的。（"成千上万"和"所有的"语义矛盾。）

成群结队 chéng qún jié duì（gathering in crowds and groups）

成：够，达到一定数量。结：系。很多人或动物结成一群群、一队队。形容人或动物很多，自然地聚集在一起，后来也比喻团结一致。也作：成群结伙。

用法说明：谓词性；常作定语、状语（后加“地”），也作谓语。

1. S 成群结队地 V。

①散会了，人们**成群结队**地走出会场。（作状语）

②秋天聚集在一起的大雁**成群结队**地向南方飞去。（作状语）

③周末的公园里，人们**成群结队**地交谈着。（作状语）

④每天下了课，同学们**成群结队**地拥向江边，比赛谁捞的虾多。（作状语）

2. 成群结队的 N（人、动物）。

①要下雨了，我们看见**成群结队**的蚂蚁往山上爬。（作定语）

②在博物馆举办的展览会上，每天都有**成群结队**的学生来参观学习。

③院子里**成群结队**的飞鸟吸引了很多孩子的目光。（作定语）

3. S 成群结队。（可独立作谓语）

①鱼儿**成群结队**，在水里自由自在地游着。（作谓语）

②狮子和老虎都单独行动，只有狐狸和狗才**成群结队**。（作谓语）

使用语境：用于指很多人或动物等聚积在一起。

近义：三五成群

反义：形单影只

近义词辨析：成群结队 VS 三五成群

		成群结队	三五成群
相同点	都可形容人们或者动物自然地聚在一起。都作谓语、定语、状语。如： 每天早晨，上班的人们**成群结队/三五成群**乘坐地铁，又快又方便。		
不同点	语义	数量较多。如： 一到放学的时候，学生们**成群结队**地走出校门。	数量比“成群结队”少一些。如： 居民们**三五成群**地聚在一起，议论这件事情。

诚心诚意 chéng xīn chéng yì（earnestly and sincerely）

心意很真诚。也作：诚心实意。

用法说明：谓词性；常作状语（后“地”可加可不加），也作谓语、定语；可用于是的句。

1. S 诚心诚意（地）V。

①我承认自己有错，今天是**诚心诚意**地向你道歉来的。(作状语)

②既然人家这么**诚心诚意**请你吃饭，你就去吧。(作状语)

③你是我的朋友，我**诚心诚意**地想帮助你。(作状语)

2. S（不/要）诚心诚意。

①如果你不**诚心诚意**，人家就不信任你。(作谓语)

②帮助同学要**诚心诚意**，不能只做表面文章。(作谓语)

③支持新能源汽车要**诚心诚意**，不要半信半疑。(作谓语)

3. 诚心诚意的 N（解释、建议等）。

①经过他一番**诚心诚意**的解释，我总算是接受了他的歉意。(作定语)

②他也知道她提的是**诚心诚意**的建议，因此他当即接受了下来。（作定语)

4. S 是诚心诚意的。

①我的道歉不是表演，是**诚心诚意**的。(是的句)

②我爱你，关心你，对你是**诚心诚意**的。(是的句)

使用语境：含褒义，用于指邀请、帮助别人，跟别人道歉、道谢，跟人合作等的时候态度十分诚恳。

近义：真心实意

反义：虚情假意

乘人之危 chéng rén zhī wēi (take advantage of others' difficulties)

乘：趁。趁别人困难、危急的时候去要挟或侵害人家。指利用他人处于危难的情形牟取不正当利益。

用法说明：谓词性；常作谓语、定语，也作宾语；可用于是字句。

1. S 乘人之危，……

①19 世纪末，西方国家**乘人之危**，强迫清朝政府签订了不少不平等条约。(作谓语)

②你**乘人之危**，从后偷袭，太过分了！(作谓语)

③我**乘人之危**，利用了您的不幸处境，实在是不能原谅！(作谓语)

2. S 不能/不肯/不会/不要/不愿乘人之危。

①他们俩是有德行之人，就是想杀人，也不肯**乘人之危**。（作谓语）

②虽然我们跟他们是处在敌对的立场上，但不能**乘人之危**。（作谓语）

3. 乘人之危的 N（事、人、行为等）。

①大家都不应该干**乘人之危**的事，那样不厚道。（作定语）

②你这个**乘人之危**的小人！你到底要我怎么做？帮不帮忙一句话！（作定语）

4. S 是乘人之危。

①这不是竞争，是**乘人之危**，落井下石。（是字句）

②这是**乘人之危**，是不道德的行为。（是字句）

使用语境：含贬义，用于指在别人遭遇危难时用要挟、引诱等手段去害别人。

近义：落井下石（在别人有危难时加害，要置遭难者于死地）

反义：雪中送炭

使用偏误：

➤吸烟者从未意识到他们对别人与环境的不好影响，又**乘人之危**。（文中的吸烟者没有“趁别人困难、危急的时候去要挟或侵害人家”的意思，所以不能用“乘人之危”。）

吃喝玩乐 chī hē wán lè（enjoy oneself with feasting and other kinds of entertainment）

意思是指过着享乐的生活。

用法说明：谓词性；常作谓语、宾语，也作主语、定语。

1. S 吃喝玩乐。

①他整天**吃喝玩乐**，游手好闲。（作谓语）

②不得用公款**吃喝玩乐**，这是公职人员必须遵守的规定。（作谓语）

③他们俩关系很好，常常在一起**吃喝玩乐**。（作谓语）

2. S+V（只知道、用于、就是等）吃喝玩乐。

①有的年轻人只知道**吃喝玩乐**，半点儿事业心都没有。（作宾语）

②你一天到晚只知**吃喝玩乐**怎么行，赶快学一门技术吧。（作宾语）

③他把收入都用于**吃喝玩乐**了，没剩下什么钱。（作宾语）

④他很有钱，每天的生活就是**吃喝玩乐**。（作宾语）

3. 其他。

①她每天过着**吃喝玩乐**的生活，不求上进。（作定语）

②退休后不用操心单位的事了，**吃喝玩乐**成了他生活的全部。（作主语）

使用语境：多含贬义，用于指人生活享乐，不求上进。

持之以恒 chí zhī yǐ héng（persevere；in a persistent way）

持：坚持；恒：恒心。用恒心坚持下去，不间断，不松懈。意思是长久坚持下去。

用法说明：谓词性；常作谓语，也作状语（后加“地”）、定语、宾语。

1. S 应该/必须/要持之以恒。

①我们做任何事都应该**持之以恒**，否则不能成功。（作谓语）

②锻炼身体必须**持之以恒**，不然收效甚微。（作谓语）

③不管做什么事情，一个人做还是几个人做，也一定要**持之以恒**。（作谓语）

2. 持之以恒的 N（精神、耐力等）。

①做事要有**持之以恒**的精神，这样才能成功。（作定语）

②她那**持之以恒**的精神，创造了一系列惊人的记录。（作定语）

③他缺乏**持之以恒**的耐力，常常半途而废。（作定语）

3. 其他。

①写日记贵在**持之以恒**，要坚持天天写。（作宾语）

②该公司**持之以恒**地开展职业技能培训，最终结出了累累硕果。（作状语）

③这家工厂对工人的技术培训是**持之以恒**的。（是的句）

使用语境：含褒义，用于指人或组织长久坚持做某事。

近义：锲而不舍/坚持不懈

反义：半途而废/浅尝辄止

HSK 真题：

2018 阅读选项：现在的年轻人读书有三难，一是难于抽出时间，二是难于静下心来，三是难于**持之以恒**。

使用偏误：

➢我们应该以坚强的意志、果敢的决心，**持之以恒**（地）去克服我们最大的敌人。（“持之以恒”作状语时后要加“地”。）

愁眉苦脸 chóu méi kǔ liǎn（wear a sad face）

由于忧愁而皱着眉头，哭丧着脸。形容愁苦的神情。

用法说明：谓词性；常作谓语，也作定语、状语（后加“地”）。

1. S 愁眉苦脸（的）。（可独立作谓语）

①她近来常常**愁眉苦脸**，有时候还从梦里哭醒。（作谓语）

②他独自坐在圆桌旁，**愁眉苦脸**。（作谓语）

③他们几十个人住在一个房间里，个个**愁眉苦脸**，心情不安。（作谓语）

④这一段时间为了孩子的事，她总是**愁眉苦脸**的。（作谓语）

2. S 愁眉苦脸地 V。

①他**愁眉苦脸**地看着考试卷，不知道从何处开始下手。（作状语）

②病人**愁眉苦脸**地走进来，听了医生的话后脸上有了笑容。（作状语）

③他一句话也不说，只是**愁眉苦脸**地来回走动着。（作状语）

3. 愁眉苦脸的 N（样子、神情、表情、人等）。

①他最近几天总是一副**愁眉苦脸**的样子，好像有什么心事。（作定语）

②看着**愁眉苦脸**的丈夫，她心里也很不安。（作定语）

使用语境：含贬义，用于指人因为忧愁而脸上出现愁苦的表情。

近义：愁眉不展

反义：眉开眼笑

出口成章 chū kǒu chéng zhāng（words flow from the mouth as from the pen of a master）

话说出来就是一篇文章。形容文思敏捷，口才极好。

用法说明：谓词性；常作谓语，也作定语；与“下笔成文”连用，可用于兼语句。

1. S 出口成章。

①闲谈时，师母常是在座的，每次都**出口成章**。(作谓语)

②扎实的文字基本功使他**出口成章**，下笔成文。(兼语句)

2. 出口成章的 N（人）。

①他是一个**出口成章**的演说家，也是一位作家。(作定语)

②这位知识丰富、**出口成章**的女孩子竟然只上过七年学！(作定语)

使用语境：含褒义，常用于指人口才好、文思好。

近义：下笔成章

反义：语无伦次

出人意料 chū rén yì liào（exceed all expectations）

（事物的好坏、情况的变化、数量的大小等）超出了人们预先的估计，在人们的意料之外。也作：出乎意料。

用法说明：谓词性；常作状语（后加“地”）、定语、谓语，也作宾语，并可组成的字短语作主语；可用于是字句、是的句。

1. S 出人意料地 V。

①这次考试，他**出人意料**地考了第一名，老师和同学们都很惊讶。(作状语)

②眼下正是北京的旅游淡季，但高级宾馆却**出人意料**地客满了。(作状语)

③在一次国际比赛中，他**出人意料**地跑出了今年世界最好成绩。(作状语)

④以前遇到这种情况他会大发脾气，这次却**出人意料**地非常体谅父母。(作状语)

2. 出人意料的 N（成绩、成功、进步、决定等）。

①他的英语一直很差，这次期中考试却考了第一，取得了**出人意料**的成绩。(作定语)

②三个新产品如期参加了展览，获得了**出人意料**的成功。(作定语)

③他做出了一个**出人意料**的决定：放弃现在的稳定工作，去北京寻找机会。（作定语）

3. S（有点儿/有些/不太/不）出人意料。

①此次大选进展平和，结果也不**出人意料**。（作谓语）

② 这部电影的摄影技巧比大多数影片要出色，尤其是最后的结局有些**出人意料**。（作谓语）

4. 出人意料的是，……

①**出人意料**的是，这家超市开业至今才 10 个月，销售额竟超过两亿元。（的字短语作主语）

②因为天气不好，日出没看成。**出人意料**的是，我们却看到了一次新奇的日落现象。（的字短语作主语）

5. S……是出人意料（的）。（用于判断句中）

①农民们这样欢迎专家，真是**出人意料**。（是字句）

②结果是**出人意料**的，一个无名小辈竟然取得了冠军。（是的句）

使用语境：中性词，用于指发生的事情在人们的意料之外，事情可好可坏。

近义：出人意表

反义：不出所料

使用偏误：

➢最后她考上了**出人意料**的著名的大学（最后她出人意料地考上了著名的大学）。（著名的大学不会“出人意料”，“她考上著名的大学”才出人意料。）

触目惊心 chù mù jīng xīn（see the scene which is dreadful to one's mind）

眼睛一看到，内心就受到很大的震动。形容情况或问题非常严重。也作：怵目惊心。

用法说明：谓词性；常作谓语、定语，也作宾语；可用于兼语句、是字句、是的句。

1. S（令/使/让人）触目惊心。（可独立作谓语）

①这么大的违纪金额，**触目惊心**。（作谓语）

②这个数字**触目惊心**，数字背后反映的问题也令人反思。(作谓语)

③近年来，火灾在世界上频频发生，火灾造成的损失**触目惊心**。(作谓语)

④如今学校、宾馆、饭店中浪费粮食的现象非常严重，实在令人**触目惊心**。(兼语句)

⑤短短一个月的时间，竟有多起重大伤亡事故发生，确实让人**触目惊心**。(兼语句)

2. 触目惊心的N（图片、想象、事实、数字、地步等）

①不少烟民均在现场表示，这些**触目惊心**的图片让他们很受“刺激”，今后即使再抽烟估计也会有种“负罪感”。(作定语)

②面对**触目惊心**的浪费现象，有人曾感叹，这些扔东西的人怎么一点也不知道爱惜东西呢？(作定语)

③浪费粮食的现象随处可见，有的已经达到**触目惊心**的地步。(作定语)

3. S（更/真）是触目惊心（的）。(用于判断句中)

①电视播出的命案现场，看来真是**触目惊心**。(是字句)

②许多乱收费的借口让人哭笑不得，但又是**触目惊心**的。(是的句)

使用语境：含贬义，用于指事态的情况非常严重。

近义：骇人听闻

反义：司空见惯

川流不息 chuān liú bù xī (a continuous flow; come and go in an endless flow)

注意：“川”不能写成“穿”。

川：河流。息：停止。像河流那样流动不停。比喻行人、车马、船只很多，来来往往，接连不断。

用法说明：谓词性；常作谓语、定语，也作状语（后加“地”）；可用在是字句中。

1. S（车辆、行人等）川流不息。

①大街上人来人往，车辆**川流不息**。(作谓语)

②这个地方地理位置优越，来往的车辆和人总是**川流不息**。（作谓语）

2. 川流不息的 N（车辆、行人等）。

①马路上，**川流不息**的车辆在行驶，像一条长长的飞龙。（作定语）

②那对老夫妻此时正坐在路边的长椅上，看着路上**川流不息**的人群。（作定语）

3. S 川流不息地 V。

①果然，医生、护士**川流不息**地来到病房。（作状语）

②大海里的水**川流不息**地流向各处。（作状语）

③快要下雨了，蚂蚁正在**川流不息**地搬食。（作状语）

4. S……是川流不息。

天还没亮，街上已是人来人往，**川流不息**了。（是字句）

使用语境：中性词，用于指来往的行人、车辆、船只很多，连续不断（较长时间）。

近义：络绎不绝

反义：路断人稀

使用偏误：

➢我们的交往**川流不息**（连续不断），一直有联系。（人际交往不用“川流不息”。）

➢于是两个人就抬水喝，如“**川流不息**”地共同抬水。（多人才能“川流不息”，两个人太少。）

➢这里的人、车都（去掉“都”）**川流不息**，不愧为上海的购物中心。（“川流不息”前不加范围词“都”。）

垂头丧气 chuí tóu sàng qì（become dejected and despondent）

垂头：低着脑袋；丧气：神情沮丧。低着脑袋，无精打采。形容因失败或不顺利而情绪低落、萎靡不振的样子。

用法说明：谓词性；常作定语、状语（后加“地”），也作谓语。

1. 垂头丧气的 N（样子、神情、神态、人等）。

①看你那**垂头丧气**的样子，难道高考落榜就没有出息了吗？（作定语）

②听了这个好消息，连日**垂头丧气**的他才露出了笑容。(作定语)

③看到她那副**垂头丧气**的神情，大家都觉得奇怪，不是赢了吗？（作定语）

2. S 垂头丧气地 V。

①考试成绩不好，他**垂头丧气**地回到家。(作状语)

②骄傲的兔子输掉了比赛，它**垂头丧气**地离开了赛场。(作状语)

③找了四个小时也没找到车子，俩人就**垂头丧气**地回家了。(作状语)

3. S（不能/不会）垂头丧气。(可独立作谓语)

①这个男孩的球棒连球都没碰到，他**垂头丧气**，回到球员席。(作谓语)

②遇到再大的困难，你也不能**垂头丧气**，要相信自己能战胜困难。（作谓语）

③他从不为喜事喜形于色，也不会为一点挫折**垂头丧气**。(作谓语)

使用语境：含贬义，用于指人失败或者不顺利时情绪低落。

近义：灰心丧气/没精打采

反义：趾高气扬/眉飞色舞

近义词辨析：垂头丧气 VS 灰心丧气

		垂头丧气	灰心丧气
相同点	都可形容因挫折、失败而气馁。都用作贬义；都常作谓语、定语、状语、补语。如： 黄昏，男人们**垂头丧气/灰心丧气**地回来了，他们又打了败仗。		
不同点	语义	着重于耷拉着脑袋，无精打采，失望懊丧的外部神情；多指一时的神情。如： 考试成绩出来了，小明**垂头丧气**地走回家。	着重于毫无信心，意志消沉的内心活动；多指长期的心绪。如： 虽然今天输了球，我并不觉得十分**灰心丧气**。

使用偏误：

➢抽烟的人应该**垂头丧气**（痛改前非），不应该继续抽烟。（根据上下文应该是抽烟的人应该采取什么行动而不是表现出什么样子。)

➢在我跟中国人说话时，对方听不懂我的话或者我听不懂他的话，我很失望，**垂头丧气**（地）回来长叹一口气说："这是为什么？"（作状语时后要加"地"。)

此起彼伏 cǐ qǐ bǐ fú（As one falls，another rises）

彼：那。指这里起来，那里下去。形容一起一伏，接连不断。也作：此起彼落。

用法说明：谓词性；多作谓语、定语。

1. S（山、各种声音等）此起彼伏。（可独立作谓语）

①这里的群山**此起彼伏**，很好看。（作谓语）

②欢乐的歌声**此起彼伏**，大家唱了又唱，唱得很尽兴。（作谓语）

③市场上讨价还价声**此起彼伏**，很是热闹。（作谓语）

2. 此起彼伏的 N（掌声、加油声、事件、运动等）。

①他的发言很精彩，会场上响起了**此起彼伏**的掌声。（作定语）

②在观众们**此起彼伏**的加油声中，运动员们跑得更快了。（作定语）

③**此起彼伏**的食品污染事件，让老百姓们谈“食”色变。（作定语）

使用语境：中性词，用来指事物频繁地出现或产生。

近义：层出不穷

反义：昙花一现

使用偏误：

➢因为那座城市里奇峰彼起此伏（**此起彼伏**），真是人间奇景。（词序错误。）

从容不迫 cóng róng bù pò（take it leisurely and unoppressively）

从容：不慌不忙，镇静沉着。迫：急促。形容遇到事情非常镇静、不慌不忙的样子。

用法说明：谓词性；常作状语（后加“地”）、谓语，也作定语。

1. S 从容不迫地 V。

①在大家的掌声中，他**从容不迫**地走上了讲台。（作状语）

②对于记者提出的问题，他都**从容不迫**地一一做了回答。（作状语）

③危急时刻，船长**从容不迫**地下达命令，做出指示。（作状语）

2. S（要）从容不迫。（可独立作谓语）

①你回答主考官问题时，要**从容不迫**。（作谓语）

②外国记者向他提出了很多问题，他**从容不迫**，应对自如。（作谓语）

③众人面前他**从容不迫**，可内心却充满焦虑与不安。（作谓语）

3. 从容不迫的N（气度、样子、态度、神态、人等）。

①我很欣赏他那**从容不迫**的气度，但就改不了自己的急性子。（作定语）

②女的相貌平平，但举止中却有一种**从容不迫**的自信。（作定语）

③他的动作很慢，像个**从容不迫**的将军非常自信地率军收复失地。（作定语）

使用语境：含褒义，用于形容某人做事或遇事不慌不忙，常用于惊险危难的场合。

近义：不慌不忙

反义：惊慌失措

从早到晚 cóng zǎo dào wǎn（from morning to night）

从早上到晚上。

用法说明：多作状语。

①北京的东西长安街，**从早到晚**，都是车水马龙，热闹非凡。（作状语）

②妈妈**从早到晚**忙碌了一天，连饭也顾不上吃。（作状语）

③她每天**从早到晚**忙个不停，仿佛身上有使不完的劲。（作状语）

④干部与工人**从早到晚**吃在一起，住在一起，干在一起。（作状语）

使用语境：用于指整天。

使用偏误：

➢**从早到晚**（从古至今），我们人类都是社会动物，应该和谐共处。（句中意思是从以前到现在，应为“从古到今”。）

粗心大意 cū xīn dà yì（be negligent）

指做事马虎，不细心。

用法说明：谓词性；常作谓语、定语，也作宾语；可用于是字句。

1. S（不应/不能/不可）粗心大意。（可独立作谓语）

①读书、写字、做作业，都不能**粗心大意**，不然就会出错。（作谓语）

②世界杯赛上没有弱队，切不可**粗心大意**。（作谓语）

③他一时**粗心大意**，把这个重要问题忽略了。（作谓语）

2. 粗心大意的N（人、毛病、缺点等）。

①**粗心大意**的售货员，错把100元当10元钱给了顾客。（作定语）

②他很聪明，但也有**粗心大意**的毛病。（作定语）

③没想到一向**粗心大意**的人忽然这么细心。（作定语）

3. S……是粗心大意。（用于判断句中）

①父亲真是**粗心大意**，名单居然忘记拿了，我还是赶快去送给父亲吧。（是字句）

②他也是**粗心大意**，那么重要的事都忘了告诉我。（是字句）

使用语境：含贬义，常用于指人们考虑事情或做事方面不认真、不细心而出错。

近义：粗枝大叶

反义：一丝不苟

近义词辨析：粗心大意 VS 粗枝大叶

<table>
<tr><th colspan="2"></th><th>粗心大意</th><th>粗枝大叶</th></tr>
<tr><td>相同点</td><td colspan="3">都指做事不认真。都用作贬义；都常作谓语、定语、状语。如：
他对于上级命令和指示，从未粗心大意/粗枝大叶，总是读了又读，研究了又研究。</td></tr>
<tr><td rowspan="2">不同点</td><td>语义</td><td>侧重于做事不细心、不在意。语义较轻。如：
他做事老是粗心大意，马马虎虎，经常被老师批评。</td><td>侧重于做事粗糙。语义程度较重。如：
读书要仔细认真，粗枝大叶地看一遍，不会有多大收获。</td></tr>
<tr><td>适用范围</td><td>多指不良的思想作风，可用于工作、学习、日常生活中的各种马虎的表现</td><td>多指工作作风不好</td></tr>
</table>

措手不及 cuò shǒu bù jí（be too late to do anything about it）

措手：处理，应付。没有准备，临时来不及应付。指事情来得太快，出乎意外，来不及应付。

用法说明：谓词性；常作谓语，也作宾语、定语、状语（后加“地”）；可用于兼语句。

1. S 使/让/叫/令……措手不及。

①我走在上学的路上，忽然下起了大雨，真让我**措手不及**。(兼语句)

②他走了，走得那么快，那么急，令人**措手不及**。(兼语句)

③短短十几天内空调销售数量激增，使空调厂家**措手不及**，安装力量远远跟不上。(兼语句)

2. S（不会）措手不及。(可独立作谓语)

①有了这些可贵的经验，如果下一次遇到同样的场面，就不会**措手不及**了。(作谓语)

②红军突然发起进攻，敌人**措手不及**，慌忙逃窜。(作谓语)

③在这种情况下，有的企业能以变应变，损失很小，而有的企业则**措手不及**，结果损失很大。(作谓语)

3. S+V（打、弄、搞等）得……措手不及。

①这场比赛，我们采用了新战术，打得他们**措手不及**。(作谓语)

②开演前 2 个小时，有位明星带头提出演出费问题，弄得组织者**措手不及**。(作谓语)

4. S+V（打/给等）个措手不及。

①今天的足球赛，中国队开场就被对方打了个**措手不及**，8 分钟内连丢两球。(作宾语)

②听了他的话，我顿时一愣，这可打了我个**措手不及**。(作宾语)

③暴雪突然降临，给人们一个**措手不及**。(作宾语)

5. 其他。

①镜子里是**措手不及**的我，我没有想到事情发展得这么快，绝没想到。(作定语)

②“这可怎么办呀？”孩子一脸窘相，**措手不及**地看看老师。(作状语)

使用语境：用于指事情突然发生，让人难以应付。

近义：猝不及防

反义：应付自如

近义词辨析：措手不及 VS 猝不及防

		措手不及	猝不及防
相同点	都涉及突发情况；都作谓语、定语、状语；都可用于兼语句。如： 谈判有时要突然改变方法、论点或步骤，使对方**措手不及/猝不及防**，陷入混乱而做出让步。		
不同点	语义	着眼于应付处理。如： 这场比赛，我们采用了新战术，打得他们**措手不及**。	着眼于防备。如： 有人从背后扑来，他**猝不及防**，栽倒在地。

错综复杂 cuò zōng fù zá （complicated and confused）

错综：纵横交错。许多东西交叉牵连，情况多而杂。形容头绪多，情况复杂。

用法说明：谓词性；多作谓语、定语。

1. S（道路、案子、案件、形势、问题、关系、情况等）错综复杂。（可独立作谓语）

①作品中人物众多，事件**错综复杂**。（作谓语）

②迷宫里的道路**错综复杂**，没有向导很难走出去。（作谓语）

③这个案子**错综复杂**，一时之间还不能理清头绪。（作谓语）

④菲律宾南部宗教问题**错综复杂**，再加上外来因素的影响，要解决并非易事。（作谓语）

2. 错综复杂的N（形势、矛盾、案件、问题、关系、情况等）。

①在**错综复杂**的形势面前，一定要保持清醒的头脑。（作定语）

②他总是在夜深人静时思考**错综复杂**的案情。（作定语）

③面对**错综复杂**的国际形势，我们坚持走和平发展的道路，努力推动建设和谐世界。（作定语）

使用语境：用于形容斗争、矛盾、形势等情况复杂。

近义：扑朔迷离

反义：简单明了

大包大揽 dà bāo dà lǎn（to take on all things）

把工作或事情全部兜揽、承担起来。

用法说明： 谓词性；常作谓语，也作状语（后加“地”）。

1. S（国家、政府、组织、人等）大包大揽。

①虽然哥哥有做不到的事，但是他一直**大包大揽**，陪我经历了所有的事情。（作谓语）

②政府拿不出这笔钱，不可能**大包大揽**，必须依靠社会的支持。（作谓语）

③前几届工人运动会，经费都由国家**大包大揽**，人们不用掏一分钱。（作谓语）

④市场竞争是无情的，公司对所属企业也不能**大包大揽**。（作谓语）

2. S 大包大揽地 V。

①政府的主要作用并不在于**大包大揽**地出钱，而是组织和协调。（作状语）

②我们再也不需要**大包大揽**地开展研究和编写论文了。（作状语）

使用语境： 常用于指一个人或部分人把大家的工作全部包下来或者上级部门把下级的工作全部包下来。

近义： 一手包办

大吃一惊 dà chī yī jīng（be startled at）

形容对发生的意外事情非常吃惊。

用法说明： 谓词性；常作谓语，也作定语、状语（后加“地”）；可用于兼语句。

1. S 大吃（了）一惊。

①听到哥哥被打伤的消息，妈妈**大吃一惊**。（作谓语）

②医生一看，**大吃了一惊**，原来是摔断了两根骨头。（作谓语）

③飞机上的广播响了：“各位旅客，首都北京马上就要到了。”大家**大吃**

一惊，以为又飞回了北京，后来才得知是放错了录音。(作谓语)

2. S 让/令/使……大吃（了）一惊。

①他突然一声喊叫，让周围的人**大吃一惊**。(兼语句)

②小红的身体恢复得很快，而且把在住院期间落下的课全补上了，令同学们**大吃了一惊**。(兼语句)

③他一个小时就完成了别人 10 个小时才能做完的工作，这使在场的人**大吃一惊**。(兼语句)

3. S 大吃一惊地 V。

①看到我的样子，妈妈**大吃一惊**地问："你怎么了?"（作状语）

②一觉睡到天亮，他**大吃一惊**地发现自己的香烟把床单烧了好几个洞。(作状语)

4. 大吃一惊的 N（样子、神态、表情等）。

①听说她有十个孩子，大家做出一副**大吃一惊**的样子。(作定语)

②听了这称呼，他忽然抬起头来，露出**大吃一惊**的神情。(作定语)

使用语境：用于形容人非常吃惊。

近义：大惊失色

反义：泰然自若

近义词辨析：大吃一惊 VS 大惊失色

		大吃一惊	大惊失色
相同点	都表示人很惊讶。都可作谓语、定语、状语。如： 朋友一听，**大吃一惊/大惊失色**："怎么会这样呢?"		
不同点	语义	强调人惊讶得突然。如： 看见敌人偷偷进村了，他**大吃一惊**，急忙命令大家赶快逃走。	强调人惊讶的脸色。如： 看见路边躺着一条大蛇，她**大惊失色**，脸色煞白。

使用偏误：

➢这么简单的事给（让）我**大吃一惊**，因为我从来没见过这样的场面。(应该是"让我大吃一惊"，不是"给我大吃一惊"。)

➢我第一次跟你们说想出国，到中国留学时，你们一定**大吃一惊**了（大吃了一惊）吧?（"了"应该在"大吃一惊"的中间。)

大大咧咧 dà da liē liē（careless，casual）

形容随随便便，满不在意。

用法说明：谓词性；常作状语（后加“地”）、定语，也作谓语；可用于是的句。

1. S 大大咧咧。(可独立作谓语)

①他**大大咧咧**，不太受人喜欢。(作谓语)

②别看他平时**大大咧咧**，做起事来可是粗中有细。(作谓语)

2. S 大大咧咧地 V（多为身体动作）。

①老者也没客气，**大大咧咧**地跟了进去。(作状语)

②他开会老迟到，**大大咧咧**地进了门并说道：“我又晚了呀！”（作状语）

3. 大大咧咧的 N（人、汉子、样子、性格等）。

①他是一个**大大咧咧**的汉子，说话很随便。(作定语)

② 他平时是个**大大咧咧**的人，虽然已经结婚生子，但办起事来还像个孩子。(作定语)

4. S 是大大咧咧的。

他这个人就是那样，干什么事都是**大大咧咧**的，让人不放心。(是的句)

使用语境：指人很随便，不注意小节。

大公无私 dà gōng wú sī（give no thought to self；just and unselfish）

指办事公正，没有私心。现多指从集体利益出发，毫无个人打算。

用法说明：谓词性；常作谓语、定语，也作状语（后加“地”）。

1. S（党员、干部、有权力的人等）应该/要大公无私。(可独立作谓语)

①共产党员要**大公无私**，一心为公。(作谓语)

②他为人正直，**大公无私**，办事公道，坚持原则。(作谓语)

③干部要**大公无私**，心里要时刻想着群众。(作谓语)

2. 大公无私的 N（人、精神、品质等）。

①我们要做**大公无私**的人，不应该做那种损人利己的事。(作定语)

②一个真正**大公无私**的人，不但会尊重人才，而且会主动为人才成长创造各种条件。(作定语)

③我亲爱的爸爸，他那高尚的品格和**大公无私**的精神，深深地影响了我。(作定语)

3. S 大公无私地 V。

①太阳照耀着所有人，土地**大公无私**地给所有的人带来收获。(作状语)

②他有一颗善良的心，他会**大公无私**地帮助这个世界上每一个需要帮助的人。(作状语)

使用语境：含褒义，用于赞美某人做事说话没有私心、为大家着想。

近义：铁面无私

反义：假公济私

近义词辨析：大公无私 VS 铁面无私

<table>
<tr><th colspan="2"></th><th>大公无私</th><th>铁面无私</th></tr>
<tr><td>相同点</td><td colspan="3">都表示公正，没有私心；都用作褒义；都常作谓语、定语、状语。如：
机遇对每个人、每个单位都是平等的，它大公无私/铁面无私、一视同仁。</td></tr>
<tr><td rowspan="2">不同点</td><td>语义</td><td>着眼于“大公”，强调公正，平等对待。如：
他是一个很自私的人，在跟自己有关的事上不可能做到大公无私。</td><td>着眼于“铁面”，强调不讲情面，不畏权势。如：
他果然铁面无私，即使是亲儿子办事不力，也照样处罚。</td></tr>
<tr><td>适用范围</td><td>既用于人，也用于法律、制度等，适用范围较宽</td><td>一般用于人，适用范围较窄</td></tr>
</table>

大街小巷 dà jiē xiǎo xiàng (high streets and back lanes)

大的街道，小的巷子。概指城镇里的街道。

用法说明：名词性；多作主语、宾语。

①卖报的姑娘穿过**大街小巷**，满街叫卖：“卖报！卖报！”。(作宾语)

②在**大街小巷**，到处都是喜庆热烈的中国红。(作宾语)

③国庆节快要到了，北京的**大街小巷**都充满着热烈喜庆的气氛。(作主语)

④正月十五，**大街小巷**都挂起了灯笼，把节日的喜庆气氛完全烘托起来了。(作主语)

使用语境：用于概指城市里的各处地方。

近义：街头巷尾

大惊小怪 dà jīng xiǎo guài (get excited over a little thing)

形容对于不足为奇的事情过分惊讶。

用法说明：谓词性；常作谓语；也作状语（后加“地”）、定语、宾语；多用于否定句中、反问句。

1. S 不必/不值得/无须/用不着/不应该/没必要大惊小怪。

①每天都能看到的东西，不值得**大惊小怪**。(作宾语)

②这对我们来说是个很小的损失，不必**大惊小怪**。(作谓语)

③这些都是正常现象，无须**大惊小怪**。(作谓语)

2. 用于否定句、反问句中。

①这种情况经常出现，没什么**大惊小怪**的。(否定句)

②前进中出现些失误是难免的，何必**大惊小怪**呢？(反问句)

③这是每天都会发生的事，有什么**大惊小怪**的？(反问句)

3. S（人）大惊小怪地 V。

①孩子只是有点感冒，不必**大惊小怪**地到处求医问药吧。(作状语)

②“真的？”他**大惊小怪**地叫起来，“我不信！”(作状语)

4. 大惊小怪的 N（人、样子、模样、神情等）。

①看他**大惊小怪**的模样，大家都笑了。(作定语)

② 虽然他们不是**大惊小怪**的人，但是一想到事态的严重性，也都不禁脸色变了。(作定语)

使用语境：含贬义，有否定的意味，用于表达对某人在遇到小事或者常见情况时过分惊讶的不满。

近义：少见多怪

反义：见怪不怪

大名鼎鼎 dà míng dǐng dǐng（be very famous；be widely known）

鼎鼎：盛大的样子。形容人或事物的名气很大。

用法说明：谓词性；多作定语、谓语。

1. 大名鼎鼎的 N。

①鲁迅是**大名鼎鼎**的文学家，有谁不知呢？（作定语）

②去外滩玩的时候，我看见了**大名鼎鼎**的半岛酒店。（作定语）

③当那位顾客看到**大名鼎鼎**的李宁时，喜出望外。（作定语）

2. S 大名鼎鼎。

①他在唐人街**大名鼎鼎**，他也是从你的家乡北京来的。（作谓语）

②在中国他**大名鼎鼎**，凡是中国人没有不知道他的。（作谓语）

使用语境：多含褒义，用于指人或事物很有名。有时也含有诙谐或讽刺的意味。

近义：赫赫有名

反义：默默无闻

大模大样 dà mú dà yàng（in an ostentatious manner）

行动没有顾忌，毫不拘束的样子。形容傲慢自大或满不在乎的样子。

用法说明：谓词性；常作状语（后加“地”），也作谓语。

1. S（人或动物）大模大样地 V。

①他**大模大样**地从我们眼前走过去了，全然不顾大伙的存在。（作状语）

②上课铃响过了好长时间，他才**大模大样**地走进教室。（作状语）

③吃完眼前的猎物后，那只老虎**大模大样**地走进森林里去了。（作状语）

2. S（人或动物）大模大样。

你在人前**大模大样**，这会招人讨厌的。（作谓语）

使用语境：含贬义，用于指人与动物的态度满不在乎。

近义：大摇大摆

反义：蹑手蹑脚

大同小异 dà tóng xiǎo yì（be the same in essentials while differing in minor points）

异：差别。大部分相同，只有小部分不同。

用法说明：谓词性；常作谓语，也作定语；可用于是字句、是的句。

1. A 与/跟/同 B 大同小异。

①这个学校学习的内容同其他学校**大同小异**，基本没有什么差别。（作谓语）

② 她的打扮跟同行的孩子**大同小异**，但身材高挑，眼睛有神。（作谓语）

2. S（两者或两者以上）大同小异。

①两篇作文**大同小异**，好像是从哪儿抄的。（作谓语）

②你们两个人的观点**大同小异**，不要再争论了。（作谓语）

③这个地区只有四家餐馆，价格**大同小异**，而且提供的餐食也基本类似。（作谓语）

3. 大同小异的 N。

①这些**大同小异**的报道，几乎都没有足够的事实依据。（作定语）

②虽然每次听到的都是**大同小异**的故事，但每次都觉得很新鲜。（作定语）

③无论任何人得到他现在的这种地位，都必定走过一段**大同小异**的道路。（作定语）

4. S……是大同小异（的）。（用于判断句中）

①你们俩讲的内容是**大同小异**的，基本上没区别。（是的句）

②好几亿人口使用的是同一种语言，全国的风俗习惯也是**大同小异**，基本一致。（是字句）

使用语境：用于比较事物，指两个事物相同的地方多，不同的地方少。

近义：不相上下

反义：大相径庭

使用偏误：

➢所以人们的一般话题是（去掉“是”）**大同小异**。（多“是”字。）

➢我更爱听外文歌曲，听了几十年都听不厌的歌曲，跟现在的流行歌曲比起，简直**大同小异**（大不相同），以前的是那么深奥，现在的没有什么意义。（用词错误。）

大有可为 dà yǒu kě wéi （have a brilliant future）

有广阔的发展前途，能大大地发挥作用。比喻所做之事很有价值，很有发展前途。

用法说明：谓词性；常作谓语，也作定语；可用于是的句。

1. S 大有可为。（可独立作谓语）

①我要做一名农学家，我坚信农业**大有可为**。（作谓语）

②中巴两国文化多元，文化交流**大有可为**。（作谓语）

③两岸交流合作潜力巨大，前景广阔，**大有可为**。（作谓语）

2. 大有可为的 N（产业、事业、领域等）。

①室内装饰是一个**大有可为**的朝阳产业，已成为新的消费热点和新的经济增长点。（作定语）

②环境经济学无论从哪个角度来看，或者从哪个层次来研究，都是一个**大有可为**的领域。（作定语）

3. S 是大有可为的。

①东西部地区在教育科技方面合作是**大有可为**的。（是的句）

②利用余热发电，潜力很大，是**大有可为**的。（是的句）

使用语境：含褒义，用于指某项事业很有价值，很有发展前途。不能用于人。

近义：大有作为

反义：无所作为

近义词辨析：大有可为 VS 大有作为

		大有可为	大有作为
相同点	都含鼓励人们去做某件事的意思。都可作谓语、宾语、定语。如： 中小企业的作用是大企业代替不了的，它们**大有可为/大有作为**。		
不同点	语义	重在指出某件事有发展前途。如： 这项事业刚刚开始起步，实在是**大有可为**。	重在指出人或组织做某事可以发挥才干，取得突出成绩。如： 发展市场经济，政府**大有作为**，而且必须有所作为。

当务之急 dāng wù zhī jí （a pressing matter of the moment）

务：致力，从事。指当前所有应做的事情中最要紧的、最急需办的事儿。

用法说明：名词性；多作主语、宾语；主要用于判断句中。

1. 当务之急是……

①这么多人都没有住处，所以**当务之急**是解决住宿问题。（作主语）

②国内企业**当务之急**是不断改进技术降低成本，只有这样才能积极应对跨国企业的挑战。（作主语）

③他们的**当务之急**是做好新老演员的换班工作，投入更多的力量创作新的作品。（作主语）

2. ……是/成为/成当务之急。

①发展市场经济，提高全国人民的生活水平，这是我们的**当务之急**。（作宾语）

②如今整顿公司人事是**当务之急**，其他的事可以稍缓。（作宾语）

③农民的收入长期过低已成为社会的主要矛盾，增加农民的收入已成为**当务之急**了。（作宾语）

使用语境：常用于判断句中，用于指当前所有事情中最急需办的事。

近义：燃眉之急

反义：不急之务

使用偏误：

➢全世界齐心协力来解决这些挨饿的人民的问题是**当务之急**的（去掉“的”）。（应为“是当务之急”。）

➢**当务之急**（是）提供食物资助。（少动词“是”。）

当之无愧 dāng zhī wú kuì（fully deserve）

当：承受。完全当得起，没有可惭愧的地方。意思是接受某种荣誉或称号等是完全够条件的。

用法说明：谓词性；常作谓语，也作定语、状语（后加“地”）；可用于是的句（多）。

1. S 当之无愧。

①他爱学习、爱劳动、爱帮助同学，作为班长，他**当之无愧**。（作谓语）

②如果要问谁是中国最伟大的教育家，孔子**当之无愧**。（作谓语）

③我没有任何恭喜你的意思，因为你本来就够格，**当之无愧**。（作谓语）

2. 当之无愧的 N（荣誉、称号等）。

①这位年轻女教师，用生命谱写着最伟大的爱的赞歌。她是**当之无愧**的最美教师。（作定语）

②他一生经历的战斗中，胜利的多，失败的少，是**当之无愧**的“常胜将军”。（作定语）

3. S 当之无愧地 V（被评为、成为等）。

①老王是一个守法的好公民，他**当之无愧**地被评为“优秀好公民”。（作状语）

②以其对数学的杰出贡献，他**当之无愧**地成为公元 3 世纪最伟大的数学家。（作状语）

③网上评选“世界上最伟大的思想家”，马克思**当之无愧**地位居第一。（作状语）

4. S 是当之无愧的。

①他在各方面表现得都很好，“三好学生”他是**当之无愧**的。（是的句）

②北京大学今年 100 岁了，尊为“老北大”，是**当之无愧**的。（是的句）

使用语境：含褒义，用于指某人或某物担得起某种荣誉或者称号。

近义：问心无愧

反义：受之有愧

使用偏误：

➢祖父本身持有的是上一代所传授的正统道德观念，所以他对自己的正确教导是**当之无愧**（问心无愧）的。（语义错误。）

得不偿失 dé bù cháng shī（The loss outweighs the gain; lose more than gain）

注意："偿"不可以写作"尝"。

偿：抵补。所得到的抵偿不了所损失的。意思是所得的利益抵偿不了所受的损失。

用法说明：谓词性；常作谓语，也作定语、宾语；可用于是字句（多）、是的句（较少）。

1. S（有点儿/有些）得不偿失。（可独立作谓语）

①丢了西瓜捡了芝麻，**得不偿失**。（作谓语）

②过度追求钱财反而影响身体健康，**得不偿失**。（作谓语）

③去年他们公司利润只增长了50%，可大楼的租金支出却增长了近一倍，有些**得不偿失**。（作谓语）

2. 得不偿失的N（事、事情、做法等）。

①你捡了芝麻丢了西瓜，这是**得不偿失**的做法。（作定语）

②现代人常为了追求名利而忽略健康，是件**得不偿失**的事情。（作定语）

③因吃被污染的农作物而生病，是**得不偿失**的事。（作定语）

3. S……是得不偿失（的）。（用于判断句中）

①在没有一技之长的情况下，干低工资的活儿耽误了学习是**得不偿失**的。（是的句）

②人们因为抽烟而患上各种疾病，花成千上万的金钱来治病，真是**得不偿失**。（是字句）

③为了眼前的利益而参加了工作，失去了学习深造的机会，真是**得不偿失**啊！（是字句）

使用语境：用于当事人觉得风险较大的事或者不值得做的事情。

近义：因小失大

反义：一本万利

HSK 真题：

2018 阅读部分：开阔的视野对一个人的发展固然重要，但经常反省自己，勇于自我完善更是（难能可贵）。（超纲词）

[A]难能可贵　B 恰到好处　C 得不偿失　D 锦上添花

使用偏误：

➢但是对吸烟者来说，吸烟是**得不偿失**（的），没有什么好处。（少“的”。）

得天独厚 dé tiān dú hòu（be richly endowed by nature）

天：天然。厚：优厚。独具特殊的优越条件，也指所处的环境特别好，又指人的天赋、机遇非常好。

用法说明：谓词性；常作定语、谓语，也作宾语；可独立作谓语；可用于是字句、是的句。

1. 得天独厚的 N（条件、位置、优势等）。

①小明的乐感特别强，有学习音乐的**得天独厚**的条件。（作定语）

②杭州有**得天独厚**的自然、历史条件，可以营造最佳人居“新天堂”。（作定语）

③**得天独厚**的地理位置，为这里发展水上外贸运输提供了良好的条件。（作定语）

④瑞士是**得天独厚**的旅游胜地，有雪山和树林，有数以百计的湖。（作定语）

2. S（条件、位置、资源等）得天独厚。

①该省农业生产条件**得天独厚**，是中国重要的商品粮生产基地。（作谓语）

②那儿山清水秀，环境优美，名胜古迹多，旅游资源**得天独厚**。（作谓语）

③北山湾地理位置**得天独厚**，国内外专家一致认为是旅游度假的天然宝地。（作谓语）

3. S 是得天独厚（的）。（用于判断句中）

①他们接近群众，熟悉生活，了解情况，这方面是**得天独厚**。（是字句）

②这儿的自然环境和文化传统对于他的成长来说是**得天独厚**的。（是的句）

使用语境：含褒义，多用于指某人天赋、机遇特别好或者某人或某物所处的环境条件非常好。

近义：天时地利

反义：先天不足

使用偏误：

➢但回头想想能到这里学习汉语是不容易的，而有这样独得天厚（**得天独厚**）的学习环境也是个好机会，怎么能这样动不动就放弃呢？（词序错误。）

得意扬扬 dé yì yáng yáng（to be immensely proud）

扬扬：得意的样子。形容非常满足、高兴，神气十足的样子。也作：得意洋洋。

用法说明：谓词性；常作状语（后加“地”），也作定语、谓语。

1. S 得意扬扬地 V。

①“谢谢您的夸奖！谢谢您！”他**得意扬扬**地回答道。（作状语）

②他**得意扬扬**地把成绩册交给父母，想得到他们的夸奖。（作状语）

2. 得意扬扬的 N（样子、神情、口吻、人等）。

①获了奖的他完全是一副**得意扬扬**的样子。（作定语）

②那个姑娘对他微笑着，显出一副**得意扬扬**的神情。（作定语）

③“你才开始学啊，我早就学会了！”她用**得意扬扬**的口吻大声说。（作定语）

3. S 得意扬扬。（可独立作谓语）

①我们不能有了一点成绩就沾沾自喜，**得意扬扬**。（作谓语）

②眼见计划就要成功，他**得意扬扬**。（作谓语）

使用语境：用于指某人因为有了某种成绩或者奖励等而非常得意。

近义：得意忘形

反义：垂头丧气

近义词辨析：得意扬扬 VS 得意忘形

		得意扬扬	得意忘形
相同点	都可形容非常得意。都常作谓语、定语、状语。如： 看到他**得意扬扬/得意忘形**的样子，妈妈心中生气，但又不好说什么。		
不同点	语义	多形容情绪、姿态很得意，也用来形容表情；语义程度较轻。如： 看到自己的成绩是100分，他**得意扬扬**地笑了。	强调得意的程度很高，失去常态，只形容情绪、姿态；语义程度较重。如： 他听说自己中了头奖，一时**得意忘形**，竟然摔断了腿。
	感情色彩	中性词	多用作贬义

东奔西走 dōng bēn xī zǒu（going in all directions for sth.）

到处奔波。多指为生活所迫或为某一目的四处奔走活动。

用法说明：谓词性；常作谓语，也作状语（后加“地”）、定语。

1. S（为）……东奔西走。

①为了孩子，他又**东奔西走**，到处求助。(作谓语)

②他的爸爸每天总是**东奔西走**，没有时间来看管他。(作谓语)

③这些年我爸爸为了我的病**东奔西走**，不知道去过多少地方了。（作谓语)

2. S东奔西走地V。

①如果定了，我就不用**东奔西走**地乱忙乎了。(作状语)

②他在城里**东奔西走**地找工作，但一个月了，工作毫无希望。(作状语)

③他**东奔西走**地借钱、看地方、买工具，饭店终于开起来了。(作状语)

3. 东奔西走的N（人）。

我们这些**东奔西走**的人，就靠股票维持一下四处的旅游费了。(作定语)

使用语境：常用于指某人为某事辛苦地到处奔忙。

使用偏误：

➢现在社会变得很快，人们也东分西走（**东奔西走**地）做自己的事，越忙越没有谈话的时间。(“分”误代“奔”，作状语后要加“地”。)

东张西望 dōng zhāng xī wàng（look all around）

张：看。这里那里地到处看。

用法说明：谓词性；常作谓语，也作状语（后加“地”）、定语。

1. S 东张西望。(可独立作谓语)

①考试时他**东张西望**，被请出了考场。(作谓语)

②此时他正在**东张西望**，焦急地等待着。(作谓语)

③胡同里走出一个人，慌慌张张地**东张西望**。(作谓语)

2. S 东张西望地 V。

①他看到那些人的眼睛**东张西望**地搜索着他。(作状语)

②他**东张西望**地想要逃跑，这引起了在场警察的警惕。(作状语)

③他没有坐下，站在屋子里**东张西望**地观察起来。(作状语)

3. 东张西望的 N（样子、人等）。

你看他走路**东张西望**的样子，会不会就是那个逃犯。(作定语)

使用语境：含贬义，常用于指心神不安地到处看。

使用偏误：

➢我**东张西望**地看朋友（去掉“地看朋友”），他们都在低头写。(“东张西望”与“看”语义重复。)

独立自主 dú lì zì zhǔ（stand on one's own；act independently and with the initiative in one's own hands）

独立：不依赖别人而存在；自主：自己做主。(国家、民族或政党等）不受外来力量控制、支配，自己行使主权。

用法说明：谓词性；常作定语，也作状语（后加“地”）、谓语。

1. 独立自主的 N（国家、政策等）。

①我们中国是个**独立自主**的国家。(作定语)

②我国坚持**独立自主**的外交政策。(作定语)

2. S 独立自主地 V（开发、开展、进行等）。

①**独立自主**地发展中国，是建设有中国特色的社会主义的立足点。（作

状语)

②我们和中国同行设计第一辆家庭轿车，中国专家将**独立自主**地开发和生产第二辆、第三辆。(作状语)

3. S 独立自主。

①在经济上能够**独立自主**，我们才不会受制于人。(作谓语)

②中国人民在中国共产党的领导下，**独立自主**，发奋图强，使中国的面貌发生了巨大的变化。(作谓语)

使用语境：含褒义，一般用于指国家的政治经济等方面不受外来力量控制。

近义：自力更生

反义：仰人鼻息

独一无二 dú yī wú èr（the one and only）

只有一个，没有第二个。没有相同的；没有可以相比的。形容十分稀少。

用法说明：谓词性；多作定语、谓语，可用于是的句。

1. 独一无二的 N（艺术品、遗产、动物等）。

①中国的大熊猫是世界上**独一无二**的珍稀动物。(作定语)

②北京奥运会给世界、给中国、给奥运会都留下了**独一无二**的宝贵遗产。(作定语)

③中国集世界最先进的 4 种技术，创造出**独一无二**的中国高铁品牌。(作定语)

2. S（在世界上/中国/国内）独一无二。

①大熊猫是我们的国宝，在世界上**独一无二**。(作谓语)

②这不仅在中国**独一无二**，而且在全世界也只有六套。(作谓语)

③他这个动作在世界上**独一无二**，还没有别的国家的运动员成功过。(作谓语)

3. S 是独一无二的。

①它是无法复制的，它是**独一无二**的。(是的句)

②他连续六年被评为市级“三好学生”，这在我们学校还是**独一无二**的。

（是的句）

使用语境：用于口语和书面语，指人或物只此一个，没有第二个与之相同或可比拟。

近义：举世无双/绝无仅有

反义：无独有偶/司空见惯/屡见不鲜

使用偏误：

➤因为对孩子来说父母是唯一无二（**独一无二**）的存在。（“唯”误代“独”。）

断断续续 duàn duàn xù xù（continue from time to time；on and off）

时而中断，时而继续。意思是时断时续地接连下去。

用法说明：谓词性；常作状语（后“地”可加可不加），也作谓语、定语。

1. S 断断续续（地）V。

①我们慢慢地走着，妈妈**断断续续**地说着什么，我只是静静地听。（作状语）

②我现在有头痛的毛病，有的时候刺疼，有的时候**断断续续**地疼。（作状语）

2. S 断断续续。

①我们的爱像唱一半的歌，**断断续续**。（作谓语）

②我的手机出毛病了，打电话时**断断续续**。（作谓语）

③他身上全是豆大的汗珠，呼吸**断断续续**。（作谓语）

3. 断断续续的 N。

①从他们**断断续续**的争吵中，我基本了解了事情的经过。（作定语）

②八月的北京天气非常炎热，**断断续续**的雨给人们带来了一丝凉意。（作定语）

4. 断断续续的。（可作谓语，也可作状语）

①她跑得上气不接下气，说话**断断续续**的。（作谓语）

②**断断续续**的，他在这个行业干了十几年。（作状语）

③**断断续续**的，我也有一至两年的工作经验。（作状语）

使用语境：常用于做事时断时续，不连续。

多劳多得 duō láo duō dé （get more pay for more work done）

社会主义的分配原则，多劳动多受益，不劳动不得食。

用法说明：谓词性；常作谓语，也作宾语、定语。

1. S 多劳多得。

①岗位合并后，**多劳多得**，职工的积极性高了。（作谓语）

②工资按月发，从不拖延，而且加班工资高，**多劳多得**。（作谓语）

③一些中小型企业实行的是计件工资制，工人们**多劳多得**，少劳少得。（作谓语）

2. S+V（实现、实行、做到等）多劳多得。

①公司取消固定工资制，实行以按劳分配为主的分配制度，真正实现**多劳多得**。（作宾语）

②把职工的物质利益同其劳动成果联系起来，实行**多劳多得**，贡献大的多奖励。（作宾语）

3. 多劳多得的 N。

公司取消了工资级别制，实行全员计件工资制，把**多劳多得**的分配制度落到实处。（作定语）

使用语境：用于指收入分配的原则，多劳动多收获。

耳目一新 ěr mù yī xīn （find everything fresh and new; find oneself in an entirely new world）

听到的、看到的都跟以前不一样，感到很新鲜。形容感觉与以往大不相同，使人振奋。

用法说明：谓词性；常作谓语（多用在兼语句中），也作定语、补语；可用于兼语句。

1. S（令/让/叫/使人）耳目一新。(可独立作谓语)

①他离家十多年后第一次回到故乡，家乡的巨大变化让他**耳目一新**！（兼语句）

②会展中心近日展出了一些创新的医疗保健设备，使人**耳目一新**。（兼语句）

③这种足球舞蹈，巧妙地将足球练习的基本动作和俄罗斯的民间舞蹈结合在一起，令人**耳目一新**。(兼语句)

④重新回到母校时，他**耳目一新**。(作谓语)

2. S给/为人（带来）耳目一新的N（感觉/视听享受）。

①本次展会整体上给人**耳目一新**的感觉。(作定语)

②从古典到流行的跨界合作为现场观众带来**耳目一新**的视听感受。（作定语）

③下一部作品，我定会给大家带来**耳目一新**的感觉的。(作定语)

④广州亚运会开幕式确实精彩，给大家**耳目一新**的感觉。(作定语)

3. S感到/觉得耳目一新。

①看了演出后，很多人都觉得**耳目一新**。(作宾语)

②不论是一般读者还是专门研究语言学的同志，读了这部书都会感到**耳目一新**。(作宾语)

使用语境：含褒义，常用于指当事人听到看到的事物跟以前很不一样，这个变化是好的让人振奋的变化。

近义：焕然一新/面目一新

反义：一成不变/依然如故

近义词辨析：耳目一新 VS 面目一新

<table>
<tr><td colspan="2"></td><td>耳目一新</td><td>面目一新</td></tr>
<tr><td>相同点</td><td colspan="3">都含有一下子变样的意思。都可作谓语、定语、补语。都可用于兼语句。如：
这些充满青春气息的学生们穿上学位服，确实给人一种耳目一新/面目一新的感觉。</td></tr>
<tr><td>不同点</td><td>语义</td><td>强调人的主观感受的变化，人感到新鲜。如：
十年后再次回到家乡，眼前的变化令他耳目一新。</td><td>强调客观事物的变化，事物出现新的气象。如：
经过她的认真整理，整个房间面目一新。</td></tr>
</table>

耳熟能详 ěr shú néng xiáng（very familiar with sth. for having heard it many times）

耳熟：听熟了。听的次数多了，熟悉得能详尽地说出来。

用法说明：谓词性；常作谓语，也作定语。

1. S 对（于）……耳熟能详。

①尽管妈妈对梁祝的故事早已**耳熟能详**，但每次看电影时，依然不免热泪盈眶。（作谓语）

②如果你小时候阅读过 20 世纪 80 年代的一些科普书籍，你会对这个名字**耳熟能详**。（作谓语）

③对于许多孩子来说，这些图书中的人物早已**耳熟能详**，那些美丽动人的故事早已能轻易入梦了。（作谓语）

2. S 耳熟能详。

①有的成语即使你不懂，听得多了，**耳熟能详**，也就会用了。（作谓语）

②说起这个地区“代表活动日”，该区群众都**耳熟能详**。（作谓语）

③中韩、中美、中日贸易战相继爆发，“贸易战”一词，国人已**耳熟能详**。（作谓语）

3. 耳熟能详的 N（故事、歌曲等）。

①当我们观看表演时，许多人也跟着唱那些**耳熟能详**的歌曲。（作定语）

②书里写了很多中国人**耳熟能详**的历史故事及传说。（作定语）

使用语境：常用于指因为听得多而对其很熟悉的情况。

反义：闻所未闻

耳闻目睹 ěr wén mù dǔ（what one sees and hears）

闻：听见。睹：看见。亲耳听见，亲眼看见。

用法说明：谓词性；常作谓语（后可加宾语），也作定语。

1. S 耳闻目睹……（后可加宾语）

①近 30 年来，我**耳闻目睹**了改革开放以来国家的快速发展。（作谓语）

②今年 4 月，记者在甘肃天水市采访，**耳闻目睹**了两件事。(作谓语)

③每次来华旅游我都在北京多住几天，接触了各种各样的人，**耳闻目睹**了北京的巨大变化。(作谓语)

2. 耳闻目睹的 N（事、变化等）。

①在这两年里，我**耳闻目睹**的事真不少。(作定语)

②鲁迅先生的作品写的大多是**耳闻目睹**的事。(作定语)

③作文中同学们要写自己熟悉的人和事，写自己**耳闻目睹**的变化，写自己发自内心的感受。(作定语)

使用语境：常用于指亲眼看见、亲耳听到的事。

近义：所见所闻

反义：道听途说/捕风捉影

使用偏误：

➤乡村中多么的宁静，生活节奏多么的放松，**耳闻目睹**（的）都是一片平静。(少“的”组成的字短语)

发愤图强 fā fèn tú qiáng（with firm resolve to succeed）

发愤：下决心努力。图：谋求。下定决心，努力追求进步。也作：奋发图强、发奋图强。

用法说明：谓词性；多作谓语。

S（要/能/应该/务必）发愤图强。

①中国人民**发愤图强**，为实现四个现代化而努力拼搏。(作谓语)

②大学生正值风华正茂的大好年华，应该**发愤图强**，实现心中抱负。(作谓语)

③她常告诉我做人要有志气，生活贫困也要**发愤图强**，才能出人头地。(作谓语)

④因为受到父母、老师的鼓励，我真的**发愤图强**，努力学习，一直读到高中毕业。(作谓语)

⑤要用功读书，**发愤图强**，在社会上才能够做个有用的人。(作谓语)

使用语境：含褒义，常用于指某人下定决心努力追求进步。

近义：励精图治

反义：得过且过

近义词辨析：发愤图强 VS 励精图治

		发愤图强	励精图治
相同点	都含有奋发向上的意思。都多作谓语。如： 这一年来，我们**发愤图强/励精图治**，精心操作，取得了一些成绩，积累了一定的经验。		
不同点	语义	偏重于坚定决心，争取进步。如： 我们要**发愤图强**，努力开创社会主义现代化建设的新局面。	偏重于振奋精神，做出成绩，设法治理好国家或者把事业做好。如： 李世民当上皇帝后，**励精图治**，唐朝很快就繁荣起来了。

发扬光大 fā yáng guāng dà（bring to a greater height of development）

使事业或优良作风、传统等在原来基础上发展、扩大或提高。

用法说明：谓词性；常作谓语（后可加宾语），也作宾语；可用于把字句、兼语句。

1. S 发扬光大……（优良传统、优点、美德、某种精神等）。（后可加宾语）

①为了**发扬光大**这一传统剧种，当地政府想方设法，大力扶持。（作谓语）

②他希望社会各界继续关心教育、关心教师，**发扬光大**尊师重教的优良传统。（作谓语）

③30 多年来，这个令人崇敬的群体，以自己的行动，**发扬光大**雷锋精神，赢得了广泛的赞誉。（作谓语）

2. S 使……发扬光大。

①我们要保持优良传统，并使它**发扬光大**。（兼语句）

②我正以他为榜样，去辛勤地培育我的学生，使中华文化在这片异国的土地上**发扬光大**。（兼语句）

3. S 把……（优点、美德、事业等）发扬光大。

①在新的学年里，我们应该扬长避短，把自己的优点**发扬光大**，同时克服自己的缺点，不断提升和改进自己。（作谓语，把字句）

②有修养、重道德、有知识的父母，他们的孩子在一个良好的环境中成

长，并把他们父母辈所具有的美德**发扬光大**。(作谓语，把字句)

4. S……加以/得以/得到发扬光大。

①爸爸的思想与言行举止无不影响我的一生，我将秉承这一切并加以**发扬光大**。(作宾语)

②这是中华民族的宝贵传统，咱们一定要继承下来，并使它得以**发扬光大**！(作宾语)

使用语境：含褒义，常用于指发扬某种事业、某种好的精神、作风或者某种优良传统。

使用偏误：

➢我觉得我能够把我现有的经验应用在贵公司，我很想帮贵公司的原因是我希望本地公司也可以**发扬光大**（发展壮大)。(词义搭配错误。)

➢噪声没有了，自然之声一定会**发扬光大**（盛行)。(“发扬光大”的是精神等抽象名词，“自然之声”是具体名词。)

翻来覆去 fān lái fù qù（turn over from side to side；repeat oneself again and again)

覆：翻。躺在床上来回翻转身体，多指睡不着觉。也形容一次又一次，多次重复。

用法说明：谓词性，多作谓语、状语（后“地”可加可不加)。

1. S 翻来覆去。(“睡不着”义)

①我躺在床上**翻来覆去**，怎么也睡不着。(作谓语)

②12 点了，一小时前就上床的我现在仍在床上**翻来覆去**。(作谓语)

2. S 翻来覆去（地）V。(“一次又一次，多次重复”义)。

①老师**翻来覆去**讲了好几遍，他还没有听懂。(作状语)

②他把白天发生的事**翻来覆去**地想了一夜。(作状语)

使用语境：常用于以下两种情况：用于指人睡不着觉；用于指人的动作与思维多次重复。

近义：辗转反侧/三番五次

近义词辨析： 翻来覆去 VS 辗转反侧

		翻来覆去	辗转反侧
相同点	都指在床上翻转身体。都可作谓语、状语。如： 接到命令的那天夜晚，我**翻来覆去/辗转反侧**，难以成眠。		
不同点	语义	躺在床上来回翻转身体；重复多次，且可修饰许多具体动作的重复。如： 为了那件事，他**翻来覆去**，一夜也没睡好。 他把那支笔拿在手里，**翻来覆去**地看。	只能用于表示来回转动身体，形容心里有所思念或心事重重。如： 晚上我躺在床上**辗转反侧**，越想越觉得老师的批评是对的。
	语体色彩	多用于口头	多用于书面

翻天覆地 fān tiān fù dì（turn the world upside down; a tremendous change）

形容变化巨大而彻底。也作：天翻地覆。

用法说明： 谓词性；常作定语，也作宾语；可用于是字句、是的句。

1. S 发生了翻天覆地的变化。

①这几年，我的家乡发生了**翻天覆地**的变化。（作定语）

②随着我国经济飞速发展，我们的社会发生了**翻天覆地**的变化。（作定语）

2. S……是翻天覆地（的）。（用于判断句中）

①改革开放 20 年来，我们这座古城的变化真是**翻天覆地**。（是字句）

②与 20 年前比，这儿的变化真是**翻天覆地**的。（是的句）

使用语境： 含褒义，常用于指发生了好且大的变化。

近义： 改天换地

反义： 一成不变

近义词辨析： 翻天覆地 VS 改天换地

	翻天覆地	改天换地
相同点	都指变化大。都可作形容词。如： 这样**翻天覆地/改天换地**的事，做起来谈何容易。	

续表

		翻天覆地	改天换地
不同点	语义	指变动得剧烈。如： 家乡发生了**翻天覆地**的变化，我几乎不认识了。	指彻底改变了面貌。如： 家乡人民**改天换地**的精神，值得我们学习。 这里通过植树造林，有了**改天换地**的大变化。
	语法功能	一般不作谓语	可作谓语。如： 当地人民决心以大寨人为榜样，用自己的双手**改天换地**。

方方面面 fāng fāng miàn miàn（all aspects；all sides）

各个方面。

用法说明：名词性；常作宾语、主语，也作定语。

1. S+V/在……（生活）的方方面面。

①因为精力有限，他不可能独立去面对生活、工作中的**方方面面**。（作宾语）

②一个有进取心的人能够在生活的**方方面面**看到机会。(作宾语)

③除了爱好以外，我在**方方面面**都受了父母的影响。(作宾语)

2. 其他。

①对不少迷上明星的人来说，明星生活的**方方面面**都是值得研究的。(作主语)

②政府、企业和社会**方方面面**都要关心和支持再就业工程的实施，开展再就业培训。(作主语)

③随着电子商务的发展，暴露出来的**方方面面**的问题也越来越多。（作定语)

使用语境：指各个方面。

使用偏误：

➢因为父母与子女这两代人生活的经验、教育方式、生活水平等各（去掉“各”）**方方面面**都不一致。(“各”和“方方面面”语义重复)

废寝忘食 fèi qǐn wàng shí (lose sleep and forget to eat from anxiety, etc.)

废：停止。寝：睡觉。忘：忘记。食：吃饭。顾不得睡觉，忘记了吃饭。形容专心致志地干某一件事情，连吃饭睡觉都顾不上了。也作：废寝忘餐、废食忘寝

用法说明：谓词性；常作谓语、状语（后加“地”），也作定语。

1. S 废寝忘食。

①为了能够完成这次建设，工人们夜以继日，**废寝忘食**。（作谓语）

②他把工作当作乐趣，夜以继日，**废寝忘食**。（作谓语）

③他经常**废寝忘食**、早出晚归，几次在工作岗位上因超负荷工作而发病。（作谓语）

2. S 废寝忘食地 V。

①姐姐**废寝忘食**地复习功课，终于以优异的成绩考上了重点大学。（作状语）

②长期**废寝忘食**地工作，他的胃经常一阵阵疼痛。（作状语）

③为能早日出成果，他们千方百计节约开支，每天在实验室**废寝忘食**地工作十多个小时。（作状语）

3. 废寝忘食的 N（地步、精神、程度等）。

①他那**废寝忘食**的工作精神值得我们学习。（作定语）

②我有一个球迷爸爸，他为了看球赛，都到了**废寝忘食**的地步。（作定语）

③他们不但节假日玩，中午和下午也要玩，有的常常玩到深夜，到了**废寝忘食**的程度。（作定语）

使用语境：含褒义，多用于形容学习或工作专心努力的状态。

近义：夜以继日

反义：饱食终日

沸沸扬扬 fèi fèi yáng yáng（bubbling with noise；give rise to much discussion）

注意："沸"不要读成"fú"；"扬扬"不要写成"洋洋"。

沸沸：开水翻滚的样子；扬：上升，升腾。形容议论纷纷，好像水沸腾后气泡、热气蒸腾翻滚一样。

用法说明：谓词性；常作谓语、补语，也作定语、状语（后加"地"）。

1. S+V（闹、传、搞、炒、争论、议论等）得沸沸扬扬。

①外面闹得**沸沸扬扬**，里面却是风平浪静，一点也不受影响。(作补语)

②著名作家陆文夫下海办茶酒楼的消息，早在去年就传得**沸沸扬扬**。(作补语)

③此片投资4 000万港币，演员阵容极其强大，所以一度被媒体炒得**沸沸扬扬**。(作补语)

2. S沸沸扬扬。(可独立作谓语)

①操场上**沸沸扬扬**，不知发生了什么事。(作谓语)

②张家父兄三人相继死亡，消息迅速传遍全城，大街小巷**沸沸扬扬**。(作谓语)

③大家的反应像滚开的水，**沸沸扬扬**，议论纷纷。(作谓语)

3. 沸沸扬扬的N（吵闹声、议论、争议等）。

①**沸沸扬扬**的吵闹声安静下来了，但双方仍僵持不下。(作定语)

②这篇文章在办公室里引起**沸沸扬扬**的议论，不过大家都同意这是她写得最好的一篇文章。(作定语)

4. S沸沸扬扬地V（讨论等）。

①厂长的话刚结束，大家就**沸沸扬扬**地讨论起来。(作状语)

②关于那灰色母马的神奇传说，早就在温都尔大草原上**沸沸扬扬**地传开了。(作状语)

使用语境：常用于描绘人声嘈杂的场合。

近义： 人声鼎沸/七嘴八舌

反义： 鸦雀无声

丰富多彩 fēng fù duō cǎi（rich and varied; rich and colorful）

彩：花样。形容花样很多，内容丰富。

用法说明： 谓词性；常作谓语、定语，也作补语，可用于是的句、兼语句。

1. S（节目、生活、活动等）丰富多彩。（前可加程度副词修饰）

①晚会的节目**丰富多彩**，观众看了都感到满意。（作谓语）

②现代社会人们生活**丰富多彩**，需求也多种多样。（作谓语）

③近年来，人民群众的体育健身意识逐步提高，各地的全民健身活动**丰富多彩**。（作谓语）

2. S 使/让……更（加）丰富多彩。

①我们要懂得调剂生活，让生活更加**丰富多彩**。（兼语句）

②年纪大的孩子则能掌握主动，发挥其想象力和创造力，使游戏更**丰富多彩**。（兼语句）

3. 丰富多彩的 N（生活、活动、课程等）。

①学校为同学们提供了**丰富多彩**的选修课程，大家可根据自己的兴趣选择。（作定语）

②今天，我们生活在一个**丰富多彩**的世界，各国的情况千差万别。（作定语）

③ 公司开展了**丰富多彩**的业余文化活动，设立了健身房，定期举办舞会，放映电影等。（作定语）

4. S+V 得丰富多彩。

①随着经济和社会的发展，人们的生活变得**丰富多彩**。（作补语）

②我们老年朋友一定要多多参加社区活动，多多交朋友，尽量让自己每天的生活过得**丰富多彩**。（作补语）

5. S 是丰富多彩的。

我的校园生活是**丰富多彩**的，它给我带来快乐。（是的句）

使用语境：含褒义，常用于指生活、节目、活动、课程等花样多。

近义：枯燥无味

使用偏误：

➢我的童年充满挑战性和战斗性，是**丰富多彩**（的）。（应用“是的句”或者“是”前加副词“确实、真等”修饰。）

➢音乐给人们带来**丰富多彩**（各种各样）的好处，我们应该找到享受方法。(搭配错误。)

➢如果你想做别人的朋友，我就告诉你有**丰富多彩**（各种各样）的方法。(搭配错误。)

风餐露宿 fēng cān lù sù（exposed to cold and wet on a journey; go through the rigors of living in the wilderness）

在风中吃饭，露天睡觉。形容旅途或野外工作的辛苦。

用法说明：谓词性；常作谓语，也作定语、状语（少，后加“地”）。

1. S 风餐露宿。(可独立作谓语)

①地质工作者在野外工作，常会**风餐露宿**，十分辛苦。(作谓语)

②他们冒着严寒，顶着烈日，**风餐露宿**，日夜奋战。(作谓语)

③红军过草地时**风餐露宿**，长途跋涉，非常艰苦。(作谓语)

④为了保证国家重点工程建设，职工远离公司，长年生活在野外，**风餐露宿**。(作谓语)

2. 风餐露宿的 N（生活、地步等）。

①他家的生活越来越困难，马上就要到**风餐露宿**的地步了。(作定语)

②为了尽量节省资金，指挥部的干部几乎是过着**风餐露宿**的野外生活。(作定语)

3. S 风餐露宿地 V。

在**风餐露宿**地修了三个月车之后，他决定另谋出路。(作状语)

使用语境：常用于指野外旅途或野外工作很辛苦。

风风雨雨 fēng fēng yǔ yǔ（groundless talk；rumours；disturbances，ups and downs）

不断地刮风下雨。比喻艰难困苦的处境。也比喻时代动荡，谣言纷传。

用法说明：名词性；常作宾语，也作定语。

1. S 经过/经历/遇到/走过风风雨雨。

①这座古老的建筑经历了几千年的**风风雨雨**。（作宾语）

②感谢你这一年陪我走过的**风风雨雨**，我会疼你爱你一辈子。（作宾语）

③做为长者他们经过了人生的**风风雨雨**，所以肯定有不少宝贵的经验。（作宾语）

④我们每个人的幸福都相同，但每个人在生活中所遇到的**风风雨雨**都不一样。（作宾语）

2. 风风雨雨的 N（日子）。

在那些**风风雨雨**的日子里，我们共同见证了友谊、亲情。（作定语）

使用语境：常用于指人生中遇到的或经历过的很多困难。

近义：风吹雨打

风和日丽 fēng hé rì lì（The wind is mild and the sun is bright；a peaceful，sunny day）

和：和缓。丽：明媚。微风柔和，阳光明媚。形容天气晴朗暖和（多用于春天）。

用法说明：谓词性；常作谓语，也作定语。

1. S 风和日丽。（可独立作谓语）

①这几天**风和日丽**，正是旅游的好天气。（作谓语）

②这天**风和日丽**，湖内风平浪静。（作谓语）

③国庆那天，北京秋高气爽，**风和日丽**。（作谓语）

2. 风和日丽的 N（日子、天气、时间等）。

①如果明天是个**风和日丽**的好日子，那么我们全家就去公园玩。（作

定语）

②春节期间全国大部分地区将出现**风和日丽**的天气，气温日趋回暖。（作定语）

使用语境：含褒义，用于指晴朗暖和的天气。

近义：风和日暖

反义：风雨交加

近义词辨析：风和日丽 VS 风和日暖

		风和日丽	风和日暖
相同点	都形容天气好。都可作定语、谓语。如： 这天，雨后天晴，**风和日丽/风和日暖**，山格外青，水格外秀。		
不同点	语义	偏重于“丽”，强调阳光灿烂。如： 如果明天是个**风和日丽**的好日子，那么我们全家就去公园玩。	偏重于“暖”，强调阳光暖和。如： 每当阳春三月，**风和日暖**，鸟语花香。

峰回路转 fēng huí lù zhuǎn（The path winds along mountain ridges; turn of the road）

形容山峰、道路迂回曲折。有时也比喻经过挫折后出现转机。

用法说明：谓词性；常作谓语，也作定语。

1. S 峰回路转。（“山峰、道路迂回曲折”义）

①大山里**峰回路转**，一不小心就会迷路。（作谓语）

②我们沿公路走向国营天马草场。两旁山势陡峭，**峰回路转**。（作谓语）

2. 峰回路转的 N；S 峰回路转。（“比喻经过挫折后出现转机”义）

①逆境中的他始终没有放弃努力，仍满怀信心，期待着**峰回路转**的那一天。（作定语）

②1994 年以来国际商品市场**峰回路转**，出现了引人瞩目的重要变化。（作谓语）

③今天幸福明天可能低谷，今天不幸明天也许就**峰回路转**了。（作谓语）

使用语境：比喻义含褒义，用于指事情经过挫折后出现了向好的转折点。

近义：柳暗花明

反义：走投无路

改邪归正 gǎi xié guī zhèng（give up evil ways and return to the right path）

邪：不正当或错误的行为。归：回到。改正错误，回到正路上来。

用法说明：谓词性；常作谓语，也作定语、宾语。

1. S 改邪归正。（可独立作谓语）

①那个年轻人**改邪归正**，为村子里办了不少好事。（作谓语）

②你也可以**改邪归正**，好好学习，重新做人。（作谓语）

③这个小伙子原来是电脑的黑客，后来**改邪归正**，当了一名普通的工程师。（作谓语）

2. 其他。

①只要你有**改邪归正**的决心，每个人都愿意全力帮助你。（作定语）

②被批评教育多次以后，他终于决定**改邪归正**了。（作宾语）

使用语境：含褒义，常用于指一个人不再做坏事，变成好人了。

近义：弃暗投明

反义：执迷不悟

近义词辨析：改邪归正 VS 弃暗投明

		改邪归正	弃暗投明
相同点	都含有改正错误，走上正道的意思。都可作谓语、定语、宾语。如： 他左思右想，终于选择了一条**改邪归正**/**弃暗投明**的道路。		
不同点	语义	强调改正错误，不再做坏事。如： 虽然他从前做了不少恶事，但如今已经**改邪归正**了。 她以前经常偷东西，经过警察叔叔的教育，她已**改邪归正**了。	强调脱离反动势力和罪恶集团，投向进步势力。如： **弃暗投明**，才是反动分子唯一的出路。
	适用范围	可用于犯罪的人，也可以用于走上邪路但未犯罪的人	一般用于犯罪的人

格格不入 gé gé bù rù（be out of tune with sb.；cannot fit into）

格格：相互抵触。有抵触，不相投合。形容彼此思想不协调，想法不相容。

用法说明：谓词性；常作谓语，也作宾语、定语、补语。

1. S 与/跟/和/同……格格不入。

①他的看法与你的看法**格格不入**，应统一起来。(作谓语)

②子女则认为父母落后、陈旧，跟他们新一代**格格不入**。(作谓语)

③我觉得书的内容很死板，与现实**格格不入**。(作谓语)

④由于这些原因，她不仅上课听不进任何东西，而且与周围的同学也**格格不入**。(作谓语)

2. S 格格不入。

①他们两个的个性根本**格格不入**，怎么会结为夫妻？(作谓语)

②俩人话不投机，**格格不入**。(作谓语)

3. S+V（显）得格格不入。

①她这身打扮太随便了，出现在这种场合，真是显得**格格不入**。（作补语)

②在这个都市里生活，无论把自己假装成谁，都会显得**格格不入**。（作补语)

4. S 是格格不入的。

①这种领导作风与当前的改革是**格格不入**的，是绝不容许的。(是的句)

②这种不以浪费为耻的现象，与我们的传统美德是**格格不入**的。（是的句)

5. 其他。

①许多**格格不入**的事物为了共存而不得不相互接收。(作定语)

②思想僵化的人，对新的观点、理论，一开始总会感到**格格不入**。（作宾语)

使用语境：多用于指在思想感情、观点方法或风俗习惯等方面彼此不合适、不相容。

近义：水火不容

反义：水乳交融

各奔前程 gè bèn qián chéng（each pursues his onward journey; each goes his own way）

奔：投向，奔往。前程：前途。各走自己的路，寻找自己的前途。比喻各人按不同的志向，寻找自己的前途。

用法说明：谓词性；多作谓语。

S 各奔前程。

①中学毕业后，同学们都**各奔前程**了，再聚在一起真不容易。(作谓语)

②公司关门后，两位经理**各奔前程**去了。(作谓语)

③离婚后，他们夫妻都离开原来的城市，**各奔前程**去了。(做谓语)

使用语境：常用于指某些人因为志向不同或者处境不好各自寻找自己的前途。

近义：各奔东西/分道扬镳

反义：同心协力/志同道合

近义词辨析：各奔前程 VS 分道扬镳

		各奔前程	分道扬镳
相同点	都指各走各的路。都多作谓语。如： 即使有一天，两人不得不**各奔前程/分道扬镳**，我也不会抱怨命运不公平。		
不同点	语义	强调因志向不同或情感不合而各自奔赴目标。如： 他们夫妻俩对人生的看法和追求不同，最后只能**各奔前程**了。	强调因志向不同而分手。如： 一场误会后，这两个好朋友最终**分道扬镳**了。

各式各样 gè shì gè yàng（all sorts of; all kinds of）

形容许多不同的式样或方式。

用法说明：谓词性；常作定语，也作谓语。

1. 各式各样的 N（人、物等）。

①商店里的柜台上摆满了**各式各样**的商品。(作定语)

②观众们穿着**各式各样**的衣服，有穿西装的，也有穿运动服的。（作定语）

③我们生活在这个人山人海的世界里，都会接触到**各式各样**的人。（作定语）

2. S 各式各样。（可独立作谓语）

①意大利人喜欢吃面条，他们吃的面条**各式各样**，种类繁多。（作谓语）

②黄金周的过法**各式各样**，外出旅游、回家探亲、同学聚会都是不错的选择。（作谓语）

③各企业的分配形式**各式各样**，有的采取计时工资，有的实行计件工资，有的实行岗位技能工资……（作谓语）

使用语境： 用于指人或物多种多样。

近义： 各色各样

使用偏误：

➢现在我们生活的变化很快，对这社会变化人们的反应也各样各色（**各式各样**）。（“样、色”分别误代“式、样”。）

➢在现今科技发展迅速的时代，结交男女朋友的方式有（去掉“有”）**各式各样**。（“各式各样”作谓语时前不加动词“有”。）

根深蒂固 gēn shēn dì gù（deeply rooted and firmly planted；have a firm foundation；well-founded）

蒂：花或瓜果跟枝茎相连的部分。固：牢固。比喻基础牢固，不容易动摇。本义现在较少使用。

用法说明： 谓词性；常作谓语、定语，也作状语、宾语；可独立作谓语；可用于是字句、是的句（较多）。

1. S（思想、观念、心理等）+（早已、已经、仍然）根深蒂固。

①某些老旧思想**根深蒂固**，不是轻易就能根除的。（作谓语）

②只有彼此了解，感情才能**根深蒂固**。（作谓语）

③这种传统的思想观念早已**根深蒂固**，很难改变。（作谓语）

2. 根深蒂固的N（心理、偏见、观念、思想、传统等）。

①传统文化影响深远，已经内化为一种**根深蒂固**的民族文化心理。（作定语）

②大多数中国人总是习惯“一手交钱，一手交货”的交易方式，它已成为人们**根深蒂固**的消费传统。（作定语）

③中国人好像在传统文化当中有一个**根深蒂固**的观念，就是我们愿意把什么事都往好处想，不愿意想那不好的一面。（作定语）

3. S（思想、观念、心理等）根深蒂固地V。

①她的点点滴滴、性格思想已**根深蒂固**地植入我的脑海里。（作补语）

②他们把这种乐观主义和自信心**根深蒂固**地植根于他们孩子的心中。（作补语）

4. S（思想、观念、偏见、陋习等）……是根深蒂固（的）。

①那时封建思想和封建势力统治着人们，因此她的封建思想是**根深蒂固**的。（是的句）

②即使是一些陋俗，在人们的审美标准没有改变之前，它也是**根深蒂固**的。（是的句）

③几千年来“养儿防老”“多子多福”的旧观念，在文化不发达的山区，至今仍是**根深蒂固**。（是字句）

使用语境：多含贬义，搭配对象为“思想、观念、习惯、影响、心态”等抽象性事物，多用于形容旧的习惯、思想观念等基础牢靠，不容易改变。有时也用于形容好的事情不容易改变，不含贬义。

近义：根深叶茂

反义：摇摇欲坠

近义词辨析：根深蒂固 VS 根深叶茂

	根深蒂固	根深叶茂
相同点	都有根基深厚的意思。都可作谓语、定语、宾语。如： 尽管国际风云变幻，两国之间的友谊却历久不衰，因为友谊之树已经**根深蒂固/根深叶茂**。	

续表

		根深蒂固	根深叶茂
不同点	语义	侧重表示基础牢。如： 他养儿防老的观念已经**根深蒂固**，是很难改变的。	侧重表达势力大。如： 只有真正做到高质量高效益，我厂才能**根深叶茂**，不断发展。
	语法功能	可作状语	一般不作状语

使用偏误：

➢传统思想一直**根深蒂固**（根深蒂固地留）在我们的脑海里。（“根深蒂固”后不能加补语。）

➢他父亲的字字句句早已烙印在他心中，**根深蒂固**之极（去掉“之极”），是他的老师怎么也洗刷不掉的。（“根深蒂固”后不加程度补语。）

➢至于落后国家，他们大多数人权较差，法纪不太好，再加上一种根深（**根深蒂固**）的思想，使他们做起事来，会有不合理和不公平的现象出现。（“根深”应换成“根深蒂固”。）

供不应求 gōng bù yìng qiú（the supply is not adequate to the demand）

注意：“供”不读“gòng”；“应”不读“yīng”；“供”不能写成“共”。

供：供应，供给。应：应付，满足。供应不能满足需要。形容某种事物的需求量很大，但供应不足的意思。

用法说明：谓词性；常作谓语，也作定语；可独立作谓语；可用于是字句。

1. S（产品、商品、农作物等）供不应求。

①今年以来，他们厂的产品远销国外，**供不应求**。（作谓语）

②目前这种商品在市场上**供不应求**，需要调整计划，增加生产。（作谓语）

③贵金属的生产，虽有增加，但仍**供不应求**。（作谓语）

④不使用农药和化肥，产量变低，农作物**供不应求**。（作谓语）

2. 供不应求的N（矛盾、局面、情况、现象、势头、景象等）。

①相对需求来讲，目前确实存在**供不应求**的矛盾。（作定语）

②它的产量很低，往往出现**供不应求**的局面。（作定语）

3. S……是供不应求。

电视上，国学讲座节目深受百姓爱戴；书店里，讲座的底稿成书更是**供不应求**。（是字句）

使用语境：中性词，主要用于指商品等物资的产量不能满足人们的需求。

近义：粥多僧少

反义：供过于求

使用偏误：

➢如果每个人都这样做，那么市场的物品需求量（去掉“需求量”）**供不应求**，造成物品价格提高，最后人们负担不起。（“需求量”跟“供不应求”语义重复。）

➢我的父亲现在开着一个五金行，生意还可以，有的时候供应不求（**供不应求**）。（词序错误。）

➢如果不用化肥和农药，农作物的产量就会大大降低，因此可能发生共（**供**）**不应求**的事情。（“共”误代“供”。）

➢有的出口商品出现**供不应求**（的）情况。（作定语时，“供不应求”后加“的”。）

沽名钓誉 gū míng diào yù（fish for fame）

沽：捞取，故意做作以谋取。钓：用饵引鱼上钩，比喻用手段骗取。用某种不正当的手段捞取名誉。

用法说明：谓词性；常作谓语，也作宾语、定语。

1. S（不/不能/会）沽名钓誉。

①有一种人，不干实事，专会**沽名钓誉**。（作谓语）

②这一行动助人为乐，不**沽名钓誉**，体现了奉献精神。（作谓语）

③服务要讲求实效，不能**沽名钓誉**，更不能弄虚作假。（作谓语）

④他从不**沽名钓誉**，说话做事脚踏实地。（作谓语）

2. 沽名钓誉的N（人、行为等）。

①对你来说，父老乡亲们的血是你**沽名钓誉**的工具。（作定语）

②在大庭广众之下答应捐赠，事后又反悔，这是一种**沽名钓誉**的不道德行为。(作定语)

③从他的行为来看，他不是**沽名钓誉**的人。(作定语)

3. S+V 沽名钓誉。

他这个人最不喜欢**沽名钓誉**。(作宾语)

使用语境：含贬义，用于指人用不正当的手段获取名誉。

近义：欺世盗名

反义：实至名归

近义词辨析：沽名钓誉 VS 欺世盗名

		沽名钓誉	欺世盗名
相同点	都表示骗取名誉。都可作谓语、宾语、定语。如： 希望年轻人老实做人，认真工作，不**沽名钓誉/欺世盗名**，不伤天害理，努力做中华民族的好儿女。		
不同点	语义	指用不正当的手段骗取名誉；语义较轻。如： 他做了一点善事就到处张扬，让人觉得他是利用做善事来**沽名钓誉**。	指用欺骗世人的手段窃取名誉；语义较重。如： 他们为了**欺世盗名**，搞假材料，作假报告，拍假照片，千方百计掩盖事实真相。

孤陋寡闻 gū lòu guǎ wén (with very limited knowledge and scanty information)

陋：本指简陋，这里指简单的知识。寡：少。闻：知识，见识。形容学识浅陋，见闻不广，或对世事了解得不多。也作谦辞。

用法说明：谓词性；常作谓语，也作定语、宾语；可用于是字句。

1. S（不）孤陋寡闻。(可独立作谓语)

①小弟**孤陋寡闻**，望你们多指教！(谦辞，作谓语)

②笔者**孤陋寡闻**，对流行歌曲知道得太少，因而记不住几首。(谦辞，作谓语)

③他长期居住在北京，见过很多世面，并不**孤陋寡闻**。(作谓语)

2. 孤陋寡闻的N（人）。

①像他这样**孤陋寡闻**的人，永远都以为自己的提议是最好的。(作定语)

②大多数农民都是**孤陋寡闻**的人，很少出去旅游，更不会到别的国家去走动。(作定语)

3. S……是孤陋寡闻。(用于判断句中)

①你真是**孤陋寡闻**，连这么有名气的人都不认识。(是字句)

②我真是**孤陋寡闻**，以为生活总是从我知道的时候开始的，其实不是那么回事。(是字句)

使用语境：含贬义或作谦辞，常用于指一个人见识少。

反义：见多识广/博学多闻

古今中外 gǔ jīn zhōng wài（at all times and in all countries）

指从古代到现代，从国内到国外。泛指时间久远，空间广阔。形容范围非常广阔，普遍存在。

用法说明：名词性；常作定语、状语，也作主语、宾语。

1. 古今中外的N（人、物等）。

①看**古今中外**的学者、世界名人、领袖，他们无不都是勤奋学习的人物。(作定语)

②**古今中外**的许多书籍，他都认真地研读。(作定语)

③**古今中外**的历史和现实的经验证明，只有政治稳定，经济才能发展。(作定语)

2. 作状语时，"古今中外"多在主语前。

①**古今中外**众多的科学家都是经过拼搏和奋斗，才取得成功的。（作状语)

②**古今中外**，凡是有作为、有成就的人，无不惜时如命，争分夺秒。(作状语)

3. 其他。

①针灸究竟为什么能治病，**古今中外**一直在研究，说法很多，但至今尚无定论。(作主语)

②泰山位于中国华北大平原的东侧，海拔 1 545 米，以“五岳独尊”“天下第一名山”的盛名称誉于**古今中外**。(作宾语)

使用语境：用于指事物的范围广，普遍存在。

顾全大局 gù quán dà jú（pay attention to the interests of the whole; act with the realization that one must always place the larger group-interests above private interests）

考虑照顾到全局，让局部利益服从整体利益，个人利益服从集体利益。指从整体利益着想，使它不遭受损害。

用法说明：谓词性；常作谓语、定语，也作宾语。

1. S（要/应）顾全大局。(可独立作谓语)

①做事情要**顾全大局**，不要只考虑自己的利益得失。(作谓语)

②中美两国领导人**顾全大局**，高瞻远瞩，推动中美达成协议。(作谓语)

③所有参与单位都应**顾全大局**，克服困难，服从统一调度指挥。（作谓语）

2. 顾全大局的 N（人、观念、精神、作风、做法等）。

①不管做什么事情，我们都要有**顾全大局**的观念。(作定语)

②有些地方的一些单位，缺乏**顾全大局**的观念，只从本单位的局部利益出发做事。(作定语)

③他这种**顾全大局**的精神，是我们每个共产党员都应努力学习和发扬的。(作定语)

3. 其他。

要提倡**顾全大局**，反对只强调小团体或个人利益的做法。(作宾语)

使用语境：含褒义，用于指某人说话、做事能为整体利益着想，常常要损害自身的利益。

近义：统筹兼顾

反义：各自为政

近义词辨析：顾全大局 VS 统筹兼顾

		顾全大局	统筹兼顾
相同点	都有照顾全局的意思。都可作谓语、定语，也作宾语。如： 我们必须按照**顾全大局/统筹兼顾**的原则来调节各种利益的相互关系。		
不同点	语义	只强调大局，照顾大方面，没有筹划之义。如： 他为了**顾全大局**，牺牲了自己的利益。	强调“筹、顾”，指筹划，照顾全局。如： 考虑问题要全面，一定要**统筹兼顾**。
	适用范围	一般用来形容照顾国家、民族、政党或组织的根本利益	适用范围更广

官僚主义 guān liáo zhǔ yì（bureaucratism）

不关心群众利益，不做调查研究，脱离社会实践，只知道高高在上地发号施令的思想作风和工作作风。

用法说明：名词性；常作定语、宾语，也作主语。

1. 官僚主义（的）N（作风、习气、毛病、问题、现象等）。

领导者要关心群众疾苦，不应有**官僚主义**作风。（作定语）

2. S+V（反对、克服、根除、消除、消灭等）官僚主义。

①我们应该坚决反对**官僚主义**，提高工作效率和质量。（作宾语）

②尽管公司已进行了很多改革，但是仍然未根除**官僚主义**。（作宾语）

3. 其他。

官僚主义是小生产的产物，同社会化的大生产是根本不相容的。（作主语）

使用语境：含贬义，用于指官员等执政者的思想和工作作风有问题。

光明磊落 guāng míng lěi luò（be open and straightforward）

磊落：心地光明坦荡。胸怀坦荡，正大光明。形容没有私心，胸怀坦白。

用法说明：谓词性；常作谓语、定语，也作状语、补语。

1. S（要）光明磊落。（可独立作谓语）

①为人要**光明磊落**，不能做一点亏心事。（作谓语）

②他**光明磊落**，坚持原则，不计较个人得失。(作谓语)

③他一生**光明磊落**，爱国爱家，深受当地人民尊敬。(作谓语)

2. 光明磊落的N（人、品格、态度、精神等）。

①我十分敬重爸爸，因为他有豪爽正直的性格、**光明磊落**的品质。（作定语)

②做个**光明磊落**的人，既不居功自傲，也绝不文过饰非。(作定语)

③领导要有**光明磊落**的品格，宽宏大度的胸襟。(作定语)

3. S光明磊落地V。

①你要学习他**光明磊落**地做事情，今后你也可以和他一样成功。（作状语)

②我们要**光明磊落**地做人，**光明磊落**地同别人竞争。(作状语)

4. S+V得光明磊落。

他真是个男子汉，就算死，也死得**光明磊落**。(作补语)

使用语境：含褒义，用于指没有私心的人。

近义：光明正大

反义：鬼鬼祟祟

近义词辨析：光明磊落 VS 光明正大

<table>
<tr><th colspan="2"></th><th>光明磊落</th><th>光明正大</th></tr>
<tr><td>相同点</td><td colspan="3">都指心地光明，可用于人及人的言行。都可作谓语、定语、状语、补语。如：
他作风正派，光明磊落/光明正大，为人正直，严于律己。</td></tr>
<tr><td rowspan="2">不同点</td><td>语义</td><td>着眼于“磊落”，强调人的精神品质，胸怀坦白。如：
我不用隐瞒任何事，我光明磊落。</td><td>着眼于“正大”，强调人的行为正当、正派。如：
做事要光明正大，何必偷偷摸摸的！</td></tr>
<tr><td>适用范围</td><td>一般不和像“走”“踢”“打”一类表示具体动作的动词搭配，也不和“比赛”“打法”这类名词搭配</td><td>能与行为有关的动词、名词搭配。如：
我现在可以与县长、公安局局长光明正大地坐一块儿。我原来是被抓的人，现在咱是名副其实的企业家。
这是光明正大的竞争，人人都不会放弃宝贵的机会。</td></tr>
</table>

归根到底 guī gēn dào dǐ（after all；in the long run）

注意："底"不能写成"低"。

"底"也作"蒂"。归根到植物的根和瓜果的蒂上。形容从根本上来看待和解决问题。

用法说明：谓词性；多作插入语。

①人生**归根到底**是一个人的旅程。（作插入语）

②学习，**归根到底**是培养多种能力，如阅读能力、思维能力、交际能力、运动能力等。（作插入语）

③深化经济体制改革，**归根到底**，就是为了提高社会经济效益。（作插入语）

④**归根到底**，成长是一种幸福。（作插入语）

使用语境：作插入语，常用于总结的话语前。

使用偏误：

➢**归根到**低（**底**），它是一种坏习惯。（"低"误代"底"。）

过意不去 guò yì bù qù（feel sorry）

心中很不安，感到抱歉。

用法说明：谓词性；多作谓语、宾语；可受程度副词修饰；可用于是字句。

1. S（很/非常/十分/有点儿等）过意不去。

①您这么忙，还要抽时间来帮我，我**过意不去**啊。（作谓语）

②大夫们忙到中午 12 点半，患者家属**过意不去**，请大夫们吃了顿饭。（作谓语）

③我一住就是 11 天，花了她近 4 000 元钱，我很**过意不去**。（作谓语）

2. S+V（是/感到/觉得等）过意不去。

①这件事我做得很过分，心中感到很**过意不去**。（作宾语）

②因为无法为灾民出汗出力，我总觉得**过意不去**。（作宾语）

③总是麻烦您帮我买东西，真是**过意不去**。（是字句）

使用语境：常用于指做错事了或者给别人添麻烦时的感觉。

骇人听闻 hài rén tīng wén（shocking; frightful to the ear）

骇：震惊。闻：听。使人听了非常吃惊（多指社会上发生的凶残的事情）。

用法说明：谓词性；常作定语，也作谓语、宾语；可用于是字句。

1. 骇人听闻的N（消息、事件、案件、惨案等）。

①报纸刊登了一条**骇人听闻**的消息，某地不法商贩用工业酒精制酒而致多人中毒。(作定语)

②他对乡政府极度不满，于6月26日凌晨3时20分制造了这起**骇人听闻**的恶性爆炸案。(作定语)

③近日该市一名失业男子持枪闯入汽车零件供应公司，打死7名昔日同事，制造了**骇人听闻**的血案。(作定语)

2. S（有些/有点儿/极其）骇人听闻。

①这个案例**骇人听闻**，现在回想起来还令人不寒而栗。(作谓语)

②他带来的情报极其**骇人听闻**，在场的人无不为之震惊。(作谓语)

3. S……是骇人听闻。(用于判断句中)

①老黄给我们讲的那件碎尸案，真是**骇人听闻**。(是字句)

②罪犯在光天化日之下杀人，真是**骇人听闻**。(是字句)

使用语境：含贬义，多指社会上已发生的凶残的事情让人不敢相信。

反义：不足为奇

毫不犹豫 háo bù yóu yù（without the least hesitation）

注意："毫"不要写成"豪"。

毫：一点儿。犹豫：迟疑，拿不定主意。形容人在处理事情上非常果断，没有片刻迟疑。

用法说明：谓词性；常作状语（后加"地"），也作谓语。

1. S 毫不犹豫地 V。

①当别人遇到困难时，她总是**毫不犹豫**地帮助他们。(作状语)

②看见有人落水，战士**毫不犹豫**地跳水救人。(作状语)

③如果有人问我喜不喜欢听流行歌曲，我会**毫不犹豫**地回答“我很喜欢!”(作状语)

④城市生活与乡村生活二者都具有独特的魅力，但让我选择的话，我会**毫不犹豫**地选择城市生活。(作状语)

⑤我跟朋友借一万块钱，他**毫不犹豫**地答应了。(作状语)

2. S 毫不犹豫。(可独立作谓语)

①即使面临死亡，他依然**毫不犹豫**。(作谓语)

②我请他帮忙，他**毫不犹豫**，一口答应了。(作谓语)

使用语境：常用于指人处理事情果断。

使用偏误：

➢我上大学要选择第二外语的时候，**毫无（不）犹豫**地选学汉语。(“无”误代“不”。)

合情合理 hé qíng hé lǐ (be perfectly logical and reasonable; be entirely reasonable)

符合情理。

用法说明：谓词性；常作谓语，也作补语、定语；可受程度副词修饰；常用于是的句。

1. S 是合情合理的。

①我觉得运动员付出那么多，收入高是**合情合理**的。(是的句)

②中国既是亚洲大国，也是发展中国家，让中国主办奥运会是**合情合理**的。(是的句)

③随着新业务的出现和国内消费水平的提高，对价格做出相应的调整是**合情合理**的。(是的句)

④既然他没有父母，全靠我抚养，就应该有人替他付钱，我认为这是**合情合理**的。(是的句)

2. S（很/非常等程度副词）合情合理。

①他的话**合情合理**，我们没有什么好说的。（作谓语）

②书里的故事比较真实，**合情合理**。（作谓语）

③他对你要求很多，但是都很**合情合理**，而且这些要求对你有好无坏。（作谓语）

3. S+V 得合情合理。

①我看这老者说得**合情合理**，有什么奇怪的。（作补语）

②他解释得**合情合理**，大家都相信了。（作补语）

4. 合情合理的 N（要求、建议、主张等）。

①对于**合情合理**的建议，我们都应该接受。（作定语）

②他们要求公开，希望知情，该交的钱一元都不少，不该交的钱一分都不掏，这是完全**合情合理**的要求。（作定语）

使用语境：含褒义，用于指某件事或某种现象符合事情的一般道理。

和平共处 hé píng gòng chǔ（live together peacefully）

彼此不发生军事冲突而共存，而且不去和任何人发生不好的冲突。

用法说明：谓词性；常作谓语，也作定语。

1. A 和/同/与 B 和平相处。

①那一年，他站在我面前，请我同他**和平共处**。（作谓语）

②大多数细菌不仅能和我们**和平共处**，还为人类造福。（作谓语）

③中国愿与所有国家**和平共处**，愿与各国开展国际合作。（作谓语）

2. 和平共处的 N（原则、政策、方针等）。

①两国共同倡导的**和平共处**的五项原则，至今仍是处理国际关系的基本准则。（作定语）

②巴中友好的历史源远流长，两国人民一直是**和平共处**的好邻居。（作定语）

③中国一直奉行与邻国平等互利、**和平共处**的政策。（作定语）

使用语境：常用于指国与国之间、人与人之间相处不发生冲突。

使用偏误：

➢首先使用这种方式来慢慢接触自然界，（与）自然界**和平共处**，就会心情舒畅。（少“与”。）

鹤立鸡群 hè lì jī qún（stand out like a stork in a flock of fowls）

意思是指像鹤站在鸡群中一样。比喻一个人的仪表或才能在周围一群人里显得很突出。

用法说明：谓词性；常作谓语，也作宾语、定语、补语；可用于是字句。

1. S 在……中鹤立鸡群。

①一个企业要想把自己的产品打出去，在市场中“**鹤立鸡群**”，就必须认认真真地做到一手抓好市场、一手抓好质量。（作谓语）

②在我很小的时候，就注意到了那座房子。它很漂亮，在一排房子中**鹤立鸡群**。（作谓语）

③那个女孩子才十二岁，发育得却像十七八岁，在同学中**鹤立鸡群**，心理压力很大。（作谓语）

2. 鹤立鸡群的 N（感觉、人等）。

①他的才能和仪表非常出众，给人一种**鹤立鸡群**的感觉。（作定语）

②为什么他会帅得这么与众不同？在人群之中，他永远是**鹤立鸡群**的那一个！（作定语）

③他是个**鹤立鸡群**的高大红发少年，虽然不像哥哥那样俊美，但在人群之中也相当瞩目。（作定语）

3. S 显得鹤立鸡群。

他虽然衣着朴素，但高挑的身材让他在人群中显得**鹤立鸡群**。（作补语）

4. S……是鹤立鸡群。（用于判断句中）

他身高 1.95 米，在我们之中简直就是**鹤立鸡群**。（是字句）

使用语境：含褒义，常用于指一个人的外貌或者才能在一群人中显得很突出。

近义：出类拔萃（形容某人的品质、才能、水平超出同类。）

反义：相形见绌

横七竖八 héng qī shù bā（lying this way and that；in disorder）

有的横着，有的竖着。形容东西摆放杂乱，毫无规律。

用法说明：谓词性；常作定语、状语（后加“地”），也作谓语、补语。

1. S 横七竖八地 V（躺、倒、堆、睡等）。

①台风过后，大树被刮得**横七竖八**地倒在地上。(作状语)

②客厅里相当凌乱，啤酒瓶**横七竖八**地倒在地上。(作状语)

③午休时，别人都**横七竖八**地躺着休息，只有这小伙子还在干活。（作状语)

2. 横七竖八的 N。

①院子里摆满了**横七竖八**的东西，乱极了。(作定语)

②地上躺着**横七竖八**的身躯，大多数人都在沉沉地睡着。(作定语)

③他小心地通过睡在地上的**横七竖八**的旅客，向街道外面走去。（作定语)

3. S 横七竖八。

①里面躺着很多人，男人、女人、孩子，**横七竖八**。(作谓语)

②保安躺了一地，**横七竖八**，个个“哎哟哎哟”地叫着。(作谓语)

4. S+V 得横七竖八。

北大自行车多，宿舍楼前常常是摆得**横七竖八**，既不美观，又给同学们带来不便。(作补语)

使用语境：含贬义，常用于指东西摆放得不整齐。

近义：杂乱无章

反义：井井有条

近义词辨析：横七竖八 VS 杂乱无章

	横七竖八	杂乱无章
相同点	都形容杂乱的样子。都可作状语、定语、补语、谓语。如： 大门两侧，堆着许多落满尘土的蜂窝煤和其他杂物，门洞内的物件也是**横七竖八/杂乱无章**。	

续表

		横七竖八	杂乱无章
不同点	语义	偏重于不整齐。如： 大床上**横七竖八**地睡着几个人。	偏重于无条理。如： 这篇文章写得**杂乱无章**，让人读不明白。
	适用范围	可用于人和具体的物	只用于物（具体和抽象的）

哄堂大笑 hōng táng dà xiào（The people of the whole house burst out laughter；make everyone roar with laughter）

哄：很多人同时发出声音。堂：满屋子。形容全屋子的人同时大笑。

用法说明：谓词性；常作谓语，也作补语、宾语。

1. S 哄堂大笑。

①看到他滑稽的样子，人们**哄堂大笑**。(作谓语)

②他的语音刚落，全场**哄堂大笑**，又是一阵两段式的掌声。(作谓语)

③群众又再度**哄堂大笑**，连法官都忍不住露出微笑。(作谓语)

④他的话一出，满屋子的人**哄堂大笑**。(作谓语)

2. S 逗得/引得……哄堂大笑。

①老师讲的故事生动、幽默，逗得大家**哄堂大笑**。

②他那滑稽的小丑样，引得全场**哄堂大笑**。

3. 其他。

我的笑话引来**哄堂大笑**，这使我深受鼓舞，继续往下讲。(作宾语)

使用语境：常用于指某人的话语或者事物的样子把很多人逗笑了。

反义：鸦雀无声

后顾之忧 hòu gù zhī yōu（fear of disturbance in the rear；trouble back at home）

顾：回头看。忧：忧患，担心。需要回过头来照看的忧虑，指在前进、外出过程中来自后方家里或未来的忧虑。

用法说明：名词性；常作宾语，也作主语；常用于否定句中。

1. S 无/没有/解除/解决/打消/扫除/免去后顾之忧。

①孩子今年考上了研究生，这下我就没有**后顾之忧**了。（作宾语）

②此刻母亲已经安然无事，他再无**后顾之忧**。（作宾语）

③先生在外交部工作，两个孩子已上初中，家中还有母亲可帮忙，所以我目前没有**后顾之忧**。（作宾语）

④奶奶对我无微不至的照顾免去了爸爸妈妈的**后顾之忧**。（作宾语）

2. 后顾之忧……

①职工的**后顾之忧**解除了，工作热情得到了最大限度的发挥。（作主语）

②有活干、有饭吃、有房住，工人们的**后顾之忧**没有了，干事创业的氛围和环境形成了，企业的凝聚力更强了。（作主语）

使用语境：常用于指前进、外出过程中来自后方家里或事后的忧虑。

近义：后顾之虑

反义：高枕无忧

呼风唤雨 hū fēng huàn yǔ （call for wind or rain；control the forces of nature）

使刮风下雨，原指神仙道士的法力，现在比喻能够支配自然或左右某种局面。

用法说明：谓词性；多作谓语、定语。

1. S（能/能够/不会）呼风唤雨。

①这个神能够**呼风唤雨**，点石成金。（本义，作谓语）

②我是一个普普通通的人，没有三头六臂，也不会**呼风唤雨**。（本义，作谓语）

③从李先生的自传里，我看到了一个伟大的政治人物在政治舞台上如何**呼风唤雨**，也看到了一个伟人人性的一面！（比喻义，作谓语）

2. 呼风唤雨的 N（人、本事、能力等）。

①在孩子面前，曾经自以为能够**呼风唤雨**的他感到了无助与无奈。（比喻义，作定语）

②才短短几年，他就从一个普通开发商，成为在北京**呼风唤雨**的地产“大佬”。（比喻义，作定语）

③仅仅几天时间，他就把这事办好了，真有**呼风唤雨**的本事。（比喻义，作定语）

使用语境：常用比喻义，比喻能够支配自然或左右某种局面。

近义：兴风作浪（贬义）

忽高忽低 hū gāo hū dī（high one minute and low the next）

一会儿高，一会儿低。说明数据、现象等不稳定，数据有时高有时低，数据信息变化频率较快。

用法说明：谓词性；常作谓语，也作定语、状语（后加“地”）。

1. S（成绩、气温、价格、声音等）忽高忽低。

①最近很多蔬菜价格不稳，**忽高忽低**。（作谓语）

②这一学期他的成绩**忽高忽低**，很不稳定。（作谓语）

③这几天气温**忽高忽低**，老人孩子容易感冒。（作谓语）

2. 忽高忽低的 N（说话声、体温等）。

①这几天孩子**忽高忽低**的体温，让父母担心不已。（作定语）

②从开着的窗户里，传出**忽高忽低**的说话声，一阵争论，又一阵笑声。（作定语）

3. S 忽高忽低地 V。

气球排成彩色的队伍，**忽高忽低**地飞着。（作状语）

使用语境：常用于指数据、现象等不稳定。

胡思乱想 hú sī luàn xiǎng（head in the clouds；have a bee in one’s head）

没有根据或不切实际地瞎想。

用法说明：谓词性；常作谓语（可带宾语），也作定语、状语（后加“地”）、宾语；可用于是字句。

1. S（不要/不可/别）胡思乱想。

①男友出国念书后，她每天**胡思乱想**，怕他另结新欢。（作谓语）

②医生对病人说："好好休息，不要**胡思乱想**，你的病一定会好起来的。"（作谓语）

③躺在床上，我不停地**胡思乱想**，担了一会儿心，又发了一回恨，不知不觉竟也睡着了。（作谓语）

④他躺在床上**胡思乱想**着什么，没注意到有人进来了。（作谓语）

2. S 正/在/正在胡思乱想的时候，……（S 可在"正/在"的前边或者后边）。

①正在她**胡思乱想**的时候，她听见树叶中又出现了一种奇怪的声音。（作定语）

②我正在**胡思乱想**的时候，上课铃响了，老师进教室了。（作定语）

3. S 胡思乱想地 V。

我失眠了，从 3：30 被梦惊醒到现在一直**胡思乱想**地睡不着。（作状语）

4. S……是胡思乱想。（用于判断句中）

自从那晚以后，我不但白天想入非非，连做梦也是**胡思乱想**。（是字句）

使用语境：含贬义，常用于指人想一些没用或者不合实际的事情。

近义：异想天开

近义词辨析：胡思乱想 VS 异想天开

<table>
<tr><th colspan="2"></th><th>胡思乱想</th><th>异想天开</th></tr>
<tr><td>相同点</td><td colspan="3">都形容不切实际地想。都可作谓语、定语、状语、宾语。如：
让生活更充实，减少胡思乱想/异想天开的机会。</td></tr>
<tr><td rowspan="2">不同点</td><td>语义</td><td>主要强调心无定向，思想杂乱。如：
他晚上睡不着，就躺在床上胡思乱想。</td><td>强调想法离奇、荒谬。如：
他觉得他上辈子一定是个皇帝，大家都觉得他是异想天开。</td></tr>
<tr><td>语法功能</td><td>可带宾语。如：
他躺在床上胡思乱想着什么，没注意到有人进来了。</td><td>不能带宾语</td></tr>
</table>

化险为夷 huà xiǎn wéi yí（change danger into safety）

险：危险。夷：平安。使危险的情况或处境变为平安。

用法说明： 谓词性；多作谓语。

S（人、事等）化险为夷。

①洪水使险情不断，江西人民无数次**化险为夷**。（作谓语）

②无论遇到什么危险，经验丰富的老王总能**化险为夷**。（作谓语）

使用语境： 含褒义，常用于指人把遇到的危险情况或处境变为平安。

近义： 转危为安

反义： 险象环生

近义词辨析： 化险为夷 VS 转危为安

		化险为夷	转危为安
相同点	都指摆脱了危险。都可作谓语。如： 他命不该绝，每次都能死里逃生，**化险为夷/转危为安**。		
不同点	语义	常用来强调某个人的主观能动作用。如： 在降落前的两分钟，飞机的发动机坏了，幸亏驾驶员镇静沉着，才**化险为夷**。	可包括主观或客观两方面的作用。如： 多亏救援队及时赶到，遇险的孩子们才**转危为安**。 经医务人员的全力抢救，这名危重病人已经**转危为安**。
	适用范围	多用于事态方面	适用于时局、病情、事态等

画龙点睛 huà lóng diǎn jīng（add the most important touch that brings a work of art to life）

原形容梁代画家张僧繇（yóu）作画的神妙。后多比喻写文章或讲话时，在关键处用几句话点明实质，使内容更加生动有力。

用法说明： 谓词性；常作谓语，也作定语、宾语。

1. S（文章、讲话等）画龙点睛。

①文章的结尾**画龙点睛**，点明了中心思想。(作谓语)

②话不在多，要讲到点子上。要**画龙点睛**，给人留有思考的余地。(作谓语)。

③学生可以在课堂上就老师提出的问题展开热烈的讨论，老师的总结则**画龙点睛**，回味无穷。(作谓语)

2. S 起到/起着/有画龙点睛的 N（作用、效果等）。

①最后的这段话十分精彩，在文中起到了**画龙点睛**的作用。(作定语)

②在鲁迅的小说中，我们也能见到一些精彩的议论，起到一种**画龙点睛**的作用。(作定语)

③我觉得《较量》内容比较丰富，感情很细腻，结尾有**画龙点睛**的效果。(作定语)

3. S+V 画龙点睛。

无论说话还是写文章，他都擅长**画龙点睛**。(作宾语)

使用语境：含褒义，多用于指说话和写作时在关键的地方加一两句话点明或者深化主题，使内容更加生动有力。

反义：画蛇添足

画蛇添足 huà shé tiān zú (paint a snake with feet-superfluous)

画蛇时给蛇添上脚，比喻多此一举，徒劳无益。后比喻做了多余的事，不但没有好处，反而不合适。

用法说明：谓词性；常作谓语，也作定语、状语（后加“地”）、宾语；可用于是字句。

1. S（有些/有点儿/不要）画蛇添足。

①后面这句话显然**画蛇添足**，说话的人后悔不已。(作谓语)

②这幅画已经很完美了，你就不要再**画蛇添足**了。(作谓语)

③故事讲到这里就应该结束了，否则就有点儿“**画蛇添足**”，也让编辑朋友为难。(作谓语)

2. S 画蛇添足地 V。

①写完这篇文章，生怕别人不懂，他又**画蛇添足**地写了一段结束语。(作

状语）

②为了让女性读者喜欢，作者**画蛇添足**地为它加了一个大团圆的结局。（作状语）

3. 画蛇添足的N（事情、感觉、味道等）。

①因为他们觉得无处表现他们的聪明，所以做些**画蛇添足**的事情，殊不知这根本是弄巧成拙。（作定语）

②如果没有头上的花，她的装扮是恰到好处的，有了花，就有**画蛇添足**的感觉了。（作定语）

4. S……是画蛇添足。（用于判断句中）

这简直是**画蛇添足**，多此一举。（是字句）

使用语境：含贬义，用于指在已经做得很好的事情上再做多余的事反而不好，有批评的意味。

近义：多此一举

反义：画龙点睛

欢声笑语 huān shēng xiào yǔ（cheerful chatting and laughing）

欢乐的说笑声。表示气氛欢快热烈。

用法说明：名词性；常作宾语，也作谓语。

1. S（地方）+V（充满、是、传来、带来等）欢声笑语。

①新年晚会进行中，教室里充满了**欢声笑语**。（作宾语）

②一到他休假回家，屋子总是充满**欢声笑语**，很是热闹。（作宾语）

③公园内春光明媚，到处是**欢声笑语**。（作宾语）

2. 在欢声笑语中……（主语可在前也可在后）

①大家在**欢声笑语**中度过了开心的一晚。（作宾语）

②在**欢声笑语**中，大家把庭院打扫得干干净净。（作宾语）

3. S（地方、人）欢声笑语。

①会场**欢声笑语**，气氛格外热烈。（作谓语）

②在大雪中，人们**欢声笑语**，忘记了寒冷、疲劳和烦恼。（作谓语）

使用语境：含褒义，用于指气氛很欢快。

近义：欢天喜地

反义：唉声叹气

恍然大悟 huǎng rán dà wù（come to understand suddenly）

恍然：猛然清醒的样子。悟：明白。形容对某事突然醒悟、迅速明白过来。

用法说明：谓词性；常作谓语，也作定语、状语（后加“地”）；可用于兼语句。

1. S（让人）恍然大悟。

①哦，原来是这样，我顿时**恍然大悟**。(作谓语)

②听了老师的讲解，我**恍然大悟**，原来这道题如此简单。(作谓语)

③看了她的日记，小王**恍然大悟**，原来她是个聋哑人。(作谓语)

④老人的一番话让少年**恍然大悟**，他意识到了自己的问题所在。（兼语句)

2. 恍然大悟的N（表情、样子、神情等）。

①听了老师的话，求知若渴的他露出了一副**恍然大悟**的表情。(作定语)

②“明白了。”他做出**恍然大悟**的样子。(作定语)

③“哦，没错！”他突然露出了**恍然大悟**的神情。(作定语)

3. S恍然大悟地V。

①他**恍然大悟**地抬起头，不禁笑了起来。(作状语)

②我**恍然大悟**地叫了起来，“哦，对对对！”（作状语)

使用语境：多用于指人突然明白了某件事。

近义：豁然开朗

反义：百思不解

近义词辨析：恍然大悟 VS 豁然开朗

	恍然大悟	豁然开朗
相同点	都表示一下子明白了。都可作谓语、定语、状语。如： 他**恍然大悟/豁然开朗**，说：“不是先生提醒，我还想不到这一点。”	

续表

		恍然大悟	豁然开朗
不同点	语义	只表示思想上一下子明白了。如： 当老师把问题答案公布出来时，他才**恍然大悟**。	还表示地形、心胸、环境、情况等从幽暗狭窄转为开阔明朗。如： 我们在山洞中走了半小时，终于**豁然开朗**，洞前出现了一片开阔的草地。

绘声绘色 huì shēng huì sè（a lively description）

绘：描绘。把人物的声音、神色都描绘出来。形容叙述、描写生动逼真。

用法说明：谓词性；常作状语（后加“地”），也作定语、补语、谓语。

1. S 绘声绘色地 V（讲述、讲、介绍、描述等）。

①她**绘声绘色**地向我们讲述了她去北京的所见所闻。（作状语）

②导游正**绘声绘色**地向游客介绍这座山的来历。（作状语）

③他**绘声绘色**地描述着，两只手不停地比画着。（作状语）

2. S+V（讲、说、描写、介绍等）得绘声绘色。

①老师的故事讲得**绘声绘色**，学生们听得很入神。（作补语）

②她说得**绘声绘色**，逗得众人笑成一团。（作补语）

③他善于把事态的发展、紧张的气氛和人物各自不同的心理状态，描写得**绘声绘色**。（作补语）

3. 绘声绘色的 N（描绘、描述、讲述、讲解等）。

①孩子**绘声绘色**的描绘，连我这个成人也十分神往。（作定语）

②导游**绘声绘色**的讲解，使孩子们开阔了眼界，增长了知识。（作定语）

4. S 绘声绘色。

他讲起故事来**绘声绘色**，吸引了所有人的注意。（作谓语）

使用语境：含褒义，用于指演讲、讲述等生动形象。

近义：有声有色

反义：枯燥乏味

近义词辨析：绘声绘色 VS 有声有色

		绘声绘色	有声有色
相同点	都形容叙述描写很生动。都可作状语、定语、补语、谓语。如： 他**绘声绘色**/**有声有色**地描绘了当时的情景。		
不同点	语义	多形容叙述、描写生动逼真。如： 老师的故事讲得**绘声绘色**，同学们听得很入神。	不限于叙述、描写，语义范围更广。如： 他把晚会办得**有声有色**，真不简单。

或多或少 huò duō huò shǎo（more or less）

或：也许，有可能。也许多一点，也许少一点，两种情况都有可能发生。

用法说明：副词性；作状语。

S 或多或少会/要 V。

①跟一个人合作久了，你的习惯**或多或少**会受他的影响。(作状语)

②面粉是主食品，人们每天**或多或少**都要吃一些面制品。(作状语)

③吸烟不仅对他们的健康有影响，而且对周围人**或多或少**也会有一定的影响。(作状语)

④我们每一个人在一生中都会遇到无数位导师，他们**或多或少**都会给我们一些启示。(作状语)

⑤在人生的道路上，我们每个人都**或多或少**会遇到困难或挫折。(作状语)

使用语境：用于指不管多或少，一定会（怎么样）。

使用偏误：

➢这样的想法是**或多或少**每个人（每个人或多或少）都有的。(“或多或少”应在主语后。)

➢人在生活和工作中，**或多或少**总要遇到许多（去掉“许多”）困难或挫折。(“或多或少”跟“许多”矛盾。)

记忆犹新 jì yì yóu xīn（be still fresh in one's memory）

犹：还。意思是过去的事，至今印象还非常清楚，就像刚才发生的一样，比喻记忆深刻。

用法说明：谓词性；常作谓语，也作定语；可用于兼语句。

1. S对（于）……记忆犹新。

①姥姥虽然年纪很大了，但她对以前的事仍然**记忆犹新**。（作谓语）

②他对刚发生的事情总是健忘，对过往的事情却都**记忆犹新**。（作谓语）

③虽然李先生现在已有几套投资房了，但是对于第一次交易还**记忆犹新**。（作谓语）

2. S仍（然）/还记忆犹新。

①事情虽然已过去几年了，但他仍然**记忆犹新**。（作谓语）

②几十年过去了，书中的许多名言警句至今仍**记忆犹新**。（作谓语）

③15年过去了，那紧张的日日夜夜至今**记忆犹新**。（作谓语）

3. S令人/让人记忆犹新。

①人类善良美好的一面，总令人**记忆犹新**。（兼语句）

②有时候语言很苍白，活生生的画面才会让人**记忆犹新**。（兼语句）

③他考上大学的那个激动样，至今仍让人**记忆犹新**。（兼语句）

4. 记忆犹新的N（事情、往事等）。

①昨天还**记忆犹新**的事情，仿佛一下子变得很遥远。（作定语）

②他拿着名单，向记者讲述了几件她**记忆犹新**的往事。（作定语）

使用语境：常用于指人对过去的事情记忆深刻，不能忘记。

近义：历历在目

近义词辨析：记忆犹新 VS 历历在目

<table>
<tr><th colspan="2"></th><th>记忆犹新</th><th>历历在目</th></tr>
<tr><td>相同点</td><td colspan="3">都表示对往事或说过的话记得清楚。都常作谓语，也作定语。前边都能加表示对象的介词结构“对……”修饰。如：
这件事给我留下的印象非常深刻，至今记忆犹新/历历在目。</td></tr>
<tr><td>不同点</td><td>语义</td><td>强调对过去的事情记得清清楚楚，好像最近发生的一样。如：
事情虽然已过去几年了，但他仍然记忆犹新。</td><td>偏重指“如在眼前”。如：
那天分手时的情景，现在回想起来还历历在目。</td></tr>
</table>

家家户户 jiā jiā hù hù （all families without exception）

每家每户；各家各户。

用法说明：名词性；多作主语、宾语。

①我国的传统风俗中，过年时**家家户户**都要贴春联。（作主语）

②现在农村跟过去不一样了，**家家户户**都有电视机了。（作主语）

③每当我走过华人的住宅区时，**家家户户**都在收听收音机里播放的华语流行歌曲。（作主语）

④喜讯犹如长了翅膀，很快传遍了**家家户户**。（作宾语）

使用语境：用于指每家每户。

家喻户晓 jiā yù hù xiǎo （be well-known to every household）

注意：“晓”不要写成“烧”；“喻”不要写成“逾”。

喻：明白。晓：知道。家家户户都知道，形容事情人人皆知。

用法说明：谓词性；常作谓语、定语，也作宾语、补语；可受否定修饰，一般为“并非”；可用于兼语句、是字句、是的句。

1. S 家喻户晓。

①黄光裕的故事在中国**家喻户晓**，但他一直比较低调。（作谓语）

②这个村子人口不多，一个外地人到这里住了几天，几乎**家喻户晓**。（作谓语）

③这一举措使新婚姻法**家喻户晓**，深入人心。（兼语句）

2. 家喻户晓的 N（人物、作品、故事、工程、建筑、电影等）。

①爷爷是我们村**家喻户晓**的象棋好手，得了许多次冠军。（作定语）

②三个和尚没水喝，是一个**家喻户晓**的故事。（作定语）

3. S+V 家喻户晓。

①我们要大力宣传普及小学教育，做到**家喻户晓**，深入人心。（作宾语）

②这件事如今已是**家喻户晓**，人人皆知了。（是字句）

4. 其他。

①只有这个办法才能把这些画搞得**家喻户晓**。(作补语)

②鲁迅是大文学家，他的名字在中国是**家喻户晓**的。(是的句)

使用语境：含褒义，用于指人人都知道的人或事物。

近义：妇孺皆知

反义：默默无闻

使用偏误：

➢当然，成功的运动员家户喻晓（**家喻户晓**），成了明星运动员。(词序错误。)

坚持不懈 jiān chí bù xiè（hold on consistently and persistently）

懈：松懈。坚持到底，一点不松懈。形容做事能够坚持到底，比喻有恒心，有毅力。

用法说明：谓词性；常作状语（后加“地”）、定语，也作谓语。

1. S 坚持不懈地 V（努力、学习等）。

①为了报答你们对我的恩情，我一定会**坚持不懈**地认真学习。(作状语)

②人们只有**坚持不懈**地努力，才可以解决这个大难题。(作状语)

③他处处想着群众、事事为着群众，**坚持不懈**地为人民办好事。（作状语)

2. 坚持不懈的 N（努力、斗争、人等）。

①在科研人员**坚持不懈**的努力下，这项试验终于成功了。(作定语)

②成功只属于试过的人和**坚持不懈**的人。(作定语)

③广大人民为争取自由，进行了**坚持不懈**的英勇斗争。(作定语)

3. S 坚持不懈。

①爷爷不管春夏秋冬，天天锻炼身体，**坚持不懈**。(作谓语)

②为了学好英语，他每天听英文广播，**坚持不懈**。(作谓语)

③只要你**坚持不懈**，一定能用自己的真诚打动这些商人。(作谓语)

使用语境：含褒义，用于指人做事能够坚持到底。

近义：持之以恒/锲而不舍/坚定不移

反义：半途而废/虎头蛇尾

近义词辨析：坚持不懈 VS 坚定不移

		坚持不懈	坚定不移
相同点	都表示不改变。都可作状语、定语、谓语。如： 这件事情，任何时候都不要受干扰，必须**坚持不懈/坚定不移**地、一心一意地干下去。		
不同点	语义	重在意志不松懈，坚持做某事不终止。如： 在学习方面只有**坚持不懈**地努力，才能取得好的成绩。	重在立场等固定专一，毫不动摇。如： 在前进的道路上，肯定会遇到一些困难和挫折，但只要**坚定不移**，我们就会成功。

艰苦奋斗 jiān kǔ fèn dòu（struggle hard amid difficulties）

不怕艰难困苦，坚持英勇斗争。

用法说明：谓词性；常作谓语、定语，也作宾语。

1. S 艰苦奋斗。（可独立作谓语）

①改革开放以来，我国人民在党的领导下，**艰苦奋斗**，取得了很大的成绩。（作谓语）

②我们的任务还很艰巨，我们要**艰苦奋斗**，一心一意搞建设，发展生产力。（作谓语）

③过去的一年，我们**艰苦奋斗**，取得令人瞩目的成就。（作谓语）

2. 艰苦奋斗的 N（传统、作风、精神等）。

①虽然现在条件好了，但我们仍要继承和发扬**艰苦奋斗**的优良传统。（作定语）

②人们比过去富了，但从来没有忘记**艰苦奋斗**的光荣传统。（作定语）

③他们虽然离开了工作岗位，但是当年那种**艰苦奋斗**的革命精神却一点儿没有减退。（作定语）

3. （经过）……年（长期）的艰苦奋斗，……

①我国经过几十年的**艰苦奋斗**，贫穷落后的面貌已有了根本的改变。（作宾语）

②经过近 10 年的**艰苦奋斗**，两个目标都提前实现了。（作宾语）

使用语境：含褒义，用于形容人在工作中吃苦耐劳。

见钱眼开 jiàn qián yǎn kāi（care for nothing but money; open one's eyes wide at the sight of money）

看到钱财，眼睛就睁得大大的。形容人非常贪财。

用法说明：谓词性；常作谓语，也作定语、宾语；可用于是字句、是的句（少）。

1. S（不要）见钱眼开。（可独立作谓语）

①她**见钱眼开**，忙把钱全都接过去。（作谓语）

②当官一定要为了国家、人民努力工作，不要**见钱眼开**。（作谓语）

③他这个人**见钱眼开**，绝不会放过这个赚钱的机会。（作谓语）

④他不但**见钱眼开**，而且是个有名的小气鬼。（作谓语）

2. 见钱眼开的 N（人、样子）。

①刘大妈不是个**见钱眼开**的人，她很乐于帮助一些穷苦的人。（作定语）

②他跳下海去捞钱，看到男朋友**见钱眼开**的样子，她的心里非常失望。（作定语）

③看到那些钱，她眼睛睁得好大，真是个**见钱眼开**的人。（作定语）

3. S……是见钱眼开（的）。（用于判断句中）

①生意人并不像一些人说的都是**见钱眼开**，也是重情义的。（是字句）

②世上并非所有的人都是**见钱眼开**的。（是的句）

使用语境：含贬义，常用于指人很贪财。

近义：见财起意

反义：见利思义

见仁见智 jiàn rén jiàn zhì（different people, different views; there are a thousand Hamlets in a thousand people's eyes）

仁：仁义。智：智慧。指对于同一个问题，各人有各人的见解。

用法说明：谓词性；常作谓语，也作宾语、定语；可用于是字句、是的句。

1. ……，见仁见智。(可独立作谓语)

①完美的礼品很难寻到，而且**见仁见智**。(作谓语)

②至于什么是最理想的结交方式，则**见仁见智**。(作谓语)

2. S……是见仁见智。

①对此问题，回答者由于立场不同，观点也是**见仁见智**。(是字句)

②在如何加速发展的思路上，专家们的意见却是**见仁见智**。(是字句)

3. 见仁见智的N（问题、事等）。

①什么样的时间观念才算是正确的呢？这是一个**见仁见智**的问题。（作定语）

②至于别人是否同意他的观点，是**见仁见智**的事。(作定语)

使用语境：用于指因为人们看问题的立场或者角度不同，所以对同一问题的看法也不一样。

近义：众说纷纭

反义：众口一词

见义勇为 jiàn yì yǒng wéi（act bravely for a just cause）

义：正义。为：做。见到正义的事情，就勇敢去做。常常用于指不避艰险去救别人。

用法说明：谓词性；常作定语，也作谓语。

1. 见义勇为的N（行为、事迹、人、精神等）。

①他把落水的孩子救起来，市政府对这种**见义勇为**的行为，立即加以奖励。(作定语)

②李伟**见义勇为**的行为受到了人们的称赞。(作定语)

③有一天走在街上，我不小心被人抢劫，幸亏有一个**见义勇为**的男子出手相助。(作定语)

④他**见义勇为**、舍己救人的英雄事迹受到全市人民的赞扬。(作定语)

2. S见义勇为。(可独立作谓语)

①一位青年**见义勇为**，受到政府的表扬。(作谓语)

②两位小伙子**见义勇为**，三次扑入火海救出老人，自己却被烧成重伤。(作谓语)

③在这次受到表彰的勇士中，许多人都曾多次**见义勇为**。(作谓语)

使用语境：含褒义，常用于指某人不顾个人安危，勇敢地去救别人。

近义：急公好义

反义：见死不救

使用偏误：

➤（三个和尚的故事）其中就有一位**见义勇为**（有胆有识）的青年和尚从这些软弱无力的和尚群中，站了起来。(语义错误，“见义勇为”是去救别人，而这位青年和尚是三个和尚之一，是自救。)

交头接耳 jiāo tóu jiē ěr（speak in whispers；put their heads together）

交头：头靠着头。接耳：嘴凑近耳朵。靠得很近，低声交谈。

用法说明：谓词性；常作谓语，也作状语（后加“地”）、定语。

1. S 交头接耳 。

①在课堂上应认真听讲，不要**交头接耳**！(作谓语)

②职员们一面望着会客室，一面**交头接耳**，小声地交谈着。(作谓语)

③那两个保安站在吧台那边注视着他，还不时**交头接耳**。(作谓语)

2. S 交头接耳地 V（说、谈论、讨论等）。

①每次开会时，他们两个总喜欢坐在角落里，**交头接耳**地谈论着。（作状语)

②听到这里，大家都高兴地露出笑容，**交头接耳**地议论起来。(作状语)

③一次在食堂排队买饭，前面是几位上海姑娘，她们**交头接耳**地讨论着吃什么菜。(作状语)

3. 交头接耳的 N（样子、声音等）。

①我受不了那些咯咯的笑声和**交头接耳**的样子。(作定语)

②我听到会场里有**交头接耳**的声音，很多目光好奇地盯住我这个外来者。(作定语)

使用语境：常用于指两个人或多个人凑近低声交谈。

近义： 窃窃私语

反义： 高谈阔论

近义词辨析： 交头接耳 VS 窃窃私语

		交头接耳	窃窃私语
相同点	都形容低声交谈。都可作谓语、状语、定语。如： 听到那个好消息后，大家**交头接耳/窃窃私语**，喜形于色。		
不同点	语义	偏重于形容交谈的形态。如： 教室里同学们都在**交头接耳**，小声议论着什么。	偏重于形容交谈的声音。如： 在考场上，他们俩**窃窃私语**，被老师发现了。

接二连三 jiē èr lián sān (one after another)

一个接着一个，形容接连不断。

用法说明： 谓词性；常作状语（后加“地”）、定语，也作谓语。

1. S 接二连三地 V……

①那里的山路转弯很多，这几天**接二连三**地发生撞车事故。（作状语）

②好消息**接二连三**地传来，妈妈高兴得合不拢嘴。（作状语）

③中国运动员**接二连三**地打破中长跑纪录，震惊了世界。（作状语）

2. 接二连三的 N（失败、不幸、问题、悲剧、胜利等）。

①**接二连三**的失败，使我们感到绝望。（作定语）

②面对妻子患病、父亲瘫痪等**接二连三**的不幸，他丝毫没有放松对事业的追求。（作定语）

③面对**接二连三**的悲剧，人们不禁要问，为什么毒酒事故不断发生？（作定语）

3. S 接二连三。

①从一早开始今天一天就没顺过，倒霉事**接二连三**。（作谓语）

②那些年，政治运动**接二连三**，没有一次他能幸免。（作谓语）

使用语境： 常用于指短时间内类似的事情多次发生。

近义： 接踵而至

近义词辨析： 接二连三 VS 接踵而至

		接二连三	接踵而至
相同点	都形容一个接一个，连续不断。都可作定语。如： 在**接二连三/接踵而至**的机遇面前，他和父亲做了一次长谈，最后达成了共识。		
不同点	语义	强调连续不断。如： 电影快开演了，观众们**接二连三**地走进电影院。	强调来的人多。如： 秦始皇兵马俑展览开始后，参观的人便**接踵而至**。
	语体色彩	口语	书面语

节衣缩食 jié yī suō shí（tighten one's belt）

节、缩：节省。衣：衣服。食：食物。省吃省穿，泛指节俭。

用法说明： 谓词性；常作谓语，也作宾语、定语、状语（后加“地”）。

1. S 节衣缩食。(可独立作谓语)

①他**节衣缩食**，把平时的生活费节约出来买复习资料。(作谓语)

②他父母**节衣缩食**，省下钱供他们姐弟俩上学。(作谓语)

③为了他的自学，妻子**节衣缩食**，家里每月收入的一半都用来给他买书和各种资料。(作谓语)

2. 其他。

①过惯了**节衣缩食**的日子，一下子要她奢侈浪费，她怎么能习惯？(作定语)

②她决定**节衣缩食**，过几个月穷日子。(作宾语)

③小明的父母**节衣缩食**地让小明读完了大学。(作状语)

使用语境： 常用于指人非常节俭。

近义： 省吃俭用

反义： 铺张浪费

近义词辨析： 节衣缩食 VS 省吃俭用

	节衣缩食	省吃俭用
相同点	都有节俭之意。都可作谓语、定语、状语、宾语。如： 我们两口子**节衣缩食/省吃俭用**，在儿子过两岁生日时，花 120 块钱给他买了一个小录音机。	

续表

		节衣缩食	省吃俭用
不同点	语义	强调“衣、食”，语义范围小。如： 他**节衣缩食**，把平时的生活费节约出来买复习资料。	强调“吃、用”，语义范围稍大。如： 我们家的生活好了，但妈妈仍然教育我们要**省吃俭用**，不准我们乱花钱。

截然不同 jié rán bù tóng（to be entirely different）

截然：很分明地、断然分开的样子。形容两件事物一点也没有共同之处。

用法说明：谓词性；常作谓语，也作定语；可用于是的句。

1. S 截然不同。（可独立作谓语）

①他们的价值观不同，道德观不同，对人对事物看法也**截然不同**。（作谓语）

②角度不同，思维方式不同，得出的结论也**截然不同**。（作谓语）

③他们两人的性格**截然不同**，怎么能勉强把他们拉在一起呢？（作谓语）

2. S 与/和/跟……截然不同。

①尽管我长得很像爸爸，但性格与爸爸**截然不同**。（作谓语）

②我妈妈大方开朗，我爸爸跟她**截然不同**，内向，不爱说话。（作谓语）

③他喜欢运动，我和他**截然不同**，喜欢看书。（作谓语）

3. 截然不同的 N。

①甲和乙是**截然不同**的两种事物。（作定语）

②同处一个地球，却存在着**截然不同**的两种景象。（作定语）

4. S 是截然不同的。

这个和国外的教学风格是**截然不同**的。（是的句）

使用语境：多用于两种事物相比较，毫无共同点。

近义：迥然不同

反义：一模一样

使用偏误：

➢可是今年再游中国，她给我的感觉是**截然不同**（的）。（少“的”。）

竭尽全力 jié jìn quán lì（to try one's best；to spare no effort）

竭尽：用尽。用尽全部力量。形容做出最大努力。

用法说明：谓词性；常作谓语、状语（后“地”可加可不加），也作定语。

1. S（为……）竭尽全力。

①我们已经为公司**竭尽全力**了，尽管这样，订单一年比一年减少。（作谓语）

②为了孩子，我们已经**竭尽全力**，实在没再多的精力、物力想别的事情了。（作谓语）

③为踢好这场球，队员们**竭尽全力**，非常疲劳。（作谓语）

④我们也知道这不是一件容易的事情。但是，我们会**竭尽全力**。（作谓语）

2. S 竭尽全力（地）V……

①虽然家里困难，但他还是**竭尽全力**地供儿子上学。（作状语）

②虽然他在长跑比赛中受了伤，但他还是**竭尽全力**完成了比赛。（作状语）

③作为一个医生，应当**竭尽全力**地去抢救自己的病人。（作状语）

3. 竭尽全力的 N（努力）。

经过我们**竭尽全力**的工作和努力，“新潮”的问题已经不必再有什么可担心的了。（作定语）

使用语境：中性词，常用于指人用出全部力气。

近义：全力以赴

反义：敷衍了事

近义词辨析：竭尽全力 VS 全力以赴

	竭尽全力	全力以赴
相同点	都有用尽全部力量的意思。都可作谓语、定语、状语。如： 要做到这一点很难，但是，我们必须**竭尽全力**/**全力以赴**地去做。	

续表

		竭尽全力	全力以赴
不同点	语义	仅表示用尽全部力量。如： 虽然家里困难，但他还是**竭尽全力**地供儿子上学。	有时还可表示全力奔赴、投入的意思。当强调前赴、投入或参加的意思时，宜用全力以赴。如 一恢复健康，他就**全力以赴**地干起了工作。
	适用范围	可以用于好事和坏事。如： 每个人都在**竭尽全力**地寻找自己的活路，谁也没心思去管别人的闲事。	通常用于好的、积极的方面，适用范围较窄
	感情色彩	中性词	含褒义

HSK 真题：

2018 听力选项：做任何事都要**竭尽全力**。

津津有味 jīn jīn yǒu wèi（be very fond of; with gusto）

津津：唾液分泌的样子。形容趣味很浓或很有滋味儿。

用法说明：谓词性；常作状语、补语，也作谓语（少）；不能受程度副词修饰。

1. S 津津有味地 V（吃、品尝、听、看、读、谈（论）、讲等）+（着）……

①他正**津津有味**地读着一本小说，都没注意到有人进来。（作状语）

②他**津津有味**地看着新买的书，连时间都忘了。（作状语）

③我看他**津津有味**地观看运动比赛，也开始对运动着迷了。（作状语）

④他拿起一个西红柿，**津津有味**地品尝起来。（作状语）

2. S+V（吃、听、学、看、讲、说等）得津津有味。

①妈妈做了一顿丰盛的晚餐，我们吃得**津津有味**。（作补语）

②小学生被那个故事吸引住了，听得**津津有味**。（作补语）

③课堂气氛非常好，学生们学得**津津有味**。（作补语）

3. S 津津有味。

两个人吃饭，一个人狼吞虎咽，另一个人**津津有味**。(作谓语)

使用语境：含褒义，常用于指某人做某事兴趣非常浓厚。

近义：兴致勃勃

反义：索然无味

使用偏误：

➢我觉得中文这门外语越学越**津津有味**（有意思）。(“津津有味”不能用于“越……越……”。)

➢因此他们着眼于**津津有味**（有趣）的娱乐活动。(搭配错误。)

➢我们看别人的生活来（看别人的生活看得）**津津有味**。(“津津有味”应用作补语。)

经久不息 jīng jiǔ bù xī（lasting；something still remains but not die down though a long time has passed）

经过长时间停不下来。代表着一种动作所受到的欢迎程度高，多用在鼓掌或欢呼时。

用法说明：谓词性；多作谓语、定语。

1. S（掌声、欢呼声、叫好声等）经久不息。(可独立作谓语)

①王教授的演讲太精彩了，会场上掌声**经久不息**。(作谓语)

②演出结束时，掌声与叫好声**经久不息**。(作谓语)

2. 经久不息的 N（掌声、欢呼声等）。

①听到那个好消息，大家都非常激动，会场上响起了**经久不息**的掌声和欢呼声。(作定语)

②报告结束时，会场上响起了**经久不息**的掌声。(作定语)

使用语境：多用于指鼓掌或欢呼时长时间不停下来。

近义：连绵不断

反义：戛然而止

惊慌失措 jīng huāng shī cuò（to be scared and at loss；in panic）

吓得慌了手脚，不知如何是好。也作：惊惶失措。

用法说明：谓词性；常作谓语，也作定语、状语（后加“地”）、补语；可用于兼语句。

1. S 惊慌失措。(可独立作谓语)

①舞台起火后，我们都**惊慌失措**，赵老师让我们舞台北侧的演员赶快跑。(作谓语)

②一听到门外有轻轻的脚步声，她**惊慌失措**。(作谓语)

③他一会儿也没离开自己的岗位，一点东西也未吃，虽然表面上保持冷静，但是内心却**惊慌失措**。(作谓语)

④老师突然的问话让我**惊慌失措**，不知如何是好。(兼语句)

2. S 惊慌失措地 V（多为逃、跑、站等身体动作）。

①那年轻姑娘有点**惊慌失措**地站起来。“别害怕！”他说。(作状语)

②他很快就镇静了下来，并没有**惊慌失措**地逃走。(作状语)

③我在屋外听到了里面一片乱七八糟的叫喊声，随即一个个**惊慌失措**地跑了出来。(作状语)

3. 惊慌失措的 N（人、样子、神态、举动等）。

①去年夏天我们大楼失火，**惊慌失措**的人们乱哄哄地向大门拥去。（作定语）

②她瞪大了眼睛望着他，显出一副**惊慌失措**的样子来。(作定语)

4. S+V（吓）得惊慌失措。

有个小朋友掉进了河里，其他小朋友吓得**惊慌失措**，跑去喊大人来救人。(作补语)

使用语境：用于指人因为害怕紧张不知道怎么办。

近义：仓皇失措

反义：泰然自若

近义词辨析：惊慌失措 VS 仓皇失措

		惊慌失措	仓皇失措
相同点	都形容慌得不知怎么办才好。都可作谓语、定语、状语、补语。如： 住在昆明的人，对跑警报太有经验了，从来不**惊慌失措**/**仓皇失措**。		
不同点	语义	偏重于害怕。如： 遇到危险情况要沉着应对，不要**惊慌失措**。	偏重于慌张、忙乱。如： 在我军的猛烈打击下，敌军**仓皇失措**，连夜逃到深山老林里去了。

使用偏误：

➢三个和尚**惊慌失**错（**措**）。（“错”误代“措”。）

惊天动地 jīng tiān dòng dì（world-shaking；to shock the heaven and rock the earth；to set the world on fire）

惊：惊动。动：震动。形容声音特别响亮；形容（斗争等）声势浩大或事业伟大。

用法说明：谓词性；常作定语，也作谓语、状语、宾语；可用于是字句。

1. 惊天动地的 N（巨响、大事、业绩、变化、事件等）。

①**惊天动地**的一声巨响，炸弹在附近爆炸了。（作定语）

②哥哥在暗中准备着，他要干一场**惊天动地**的大事。（作定语）

③古往今来，中华民族在黄土地上创造了无数**惊天动地**的业绩。（作定语）

④10 年过去了，这里发生了**惊天动地**的变化。（作定语）

2. S 惊天动地。（可独立作谓语）

①枪声**惊天动地**，火把映红了整座山。（作谓语）

②他们默默无闻、艰苦奋斗，虽不**惊天动地**，却在平凡中显现伟大。（作谓语）

③春节的庆祝活动非常热闹，锣鼓声**惊天动地**，吸引了很多人观看。（作谓语）

④在静静的深夜，电话铃声**惊天动地**，震耳欲聋。（作谓语）

3. S 惊天动地地 V（喊、叫、响等）。

①厨房门**惊天动地**地响了一声，然后又被锁上了。（作状语）

②“什——什——什么！”他**惊天动地**地大叫起来。（作状语）

4. S……是惊天动地。

台风夜碰上大地震，真是**惊天动地**。（是字句）

使用语境：含褒义，形容某个事件的声势或意义极大。

近义：震天动地/石破天惊

反义：无声无息/寂静无声

近义词辨析：惊天动地 VS 震天动地

		惊天动地	震天动地
相同点	都可以形容声音大或声势大。都常作谓语、定语、状语。如： 他站在一旁，等待着那**惊天动地/震天动地**的爆炸声在古城上空响起。		
不同点	语义	可由声音或事件引起。如： 雷锋没做什么**惊天动地**的大事，却永远活在人们的心里。 **惊天动地**的一声巨响，炸弹在附近爆炸了。	多由声音震动而引起。如： 除夕之夜，鞭炮声**震天动地**，响个不停。
	适用范围	可用于声音和事件	多用于声音

惊心动魄 jīng xīn dòng pò（be struck with fright；breath-taking；heart-shaking）

形容使人感到十分惊险、紧张。

用法说明：谓词性；常作定语、谓语，也作补语、宾语；可用于兼语句，也可用于是字句、是的句。

1. 惊心动魄的 N（场面、消息、时刻、一幕等）。

①这**惊心动魄**的场面让人们久久不能忘记。（作定语）

②这个**惊心动魄**的消息，立刻惊动了国家最高领导人。（作定语）

③看到这**惊心动魄**的一幕，他差点吓得昏过去。（作定语）

2. S 惊心动魄。（可独立作谓语）

①这场伟大的变革**惊心动魄**，意义深远。（作谓语）

②前年 6 月间一场台风，回想起来仍然**惊心动魄**。（作谓语）

③站在下面仰望，流水好像从空中向你盖顶飞来，使你**惊心动魄**。（兼语句）

3. S+V 得惊心动魄。

①这幅战争的场面拍得**惊心动魄**，很逼真。（作补语）

②虽然以 4∶0 获胜，但比赛进行得**惊心动魄**。（作补语）

③这篇文章写得**惊心动魄**，精彩极了。（作补语）

4. S……是惊心动魄（的）。(用于判断句中)

①每一场比赛都是**惊心动魄**，不到最后一刻不知输赢。(是字句)

②作者笔下的战争场面和无辜人民惨遭残害的情景是**惊心动魄**的。(是的句)

使用语境：常用于指场面、变革、经历等事物让人十分震惊。

近义：触目惊心

反义：平淡无奇

兢兢业业 jīng jīng yè yè（be conscientious and do one's best）

兢兢：小心的样子。业业：担心害怕的样子。形容做事小心谨慎，认真踏实。现多形容工作勤恳。

用法说明：谓词性；常作谓语、状语（后“地”可加可不加），也作定语、宾语；可用于是字句。

1. S（对（待）工作）兢兢业业。(可独立作谓语，可受“更加”修饰)

①李老师对待工作**兢兢业业**，对待学生关心、爱护。(作谓语)

②妈妈对工作总是**兢兢业业**，一丝不苟。(作谓语)

③从此，她工作更加**兢兢业业**，因而取得了成功。(作谓语)

④这位同志**兢兢业业**、勤奋努力，为党和人民的事业辛勤奋斗了50多个春秋。(作谓语)

2. S兢兢业业（地）V……

①在我们的干部队伍中，大多数人是**兢兢业业**干事情的。(状语)

②我父母是双职工，从早到晚**兢兢业业**地工作。(作状语)

③外交工作是党的一项重要工作，我们大家要不惧繁难，**兢兢业业**地去做。(作状语)

3. 兢兢业业的N（工作态度、工作作风、精神等）。

①他**兢兢业业**的工作态度，获得了老板的赏识。(作定语)

②这种脚踏实地、**兢兢业业**的工作作风与敬业精神，也是值得我们学习的。(作定语)

4. S……是兢兢业业。(用于判断句中)

宋老师几十年来，始终是**兢兢业业**，埋头苦干，对工作精益求精，因而

受到了上级多次表彰奖励。(是字句)

使用语境：含褒义，现在常用于称赞一个人工作非常敬业。

近义：脚踏实地

反义：敷衍了事

近义词辨析：兢兢业业 VS 脚踏实地

		兢兢业业	脚踏实地
相同点	都含有做事很踏实的意思。都可作谓语、状语、定语、宾语。如： 为了实现“河清有日”的愿望，他勤勤恳恳，**兢兢业业/脚踏实地**地奋斗了一生。		
不同点	语义	偏重于做事小心谨慎，不懈怠。如： 他干工作**兢兢业业**，从不偷懒。	偏重于做事踏实，不浮夸。如： 学习一定要**脚踏实地**，来不得半点虚假。

HSK 真题：

2018 听力选项：邵逸夫对待工作**兢兢业业**。

精打细算 jīng dǎ xì suàn（careful calculation and strict budgeting）

精密地计划，详细地计算。指在使用人力、物力、财力时计算得很精细，不浪费。

用法说明：谓词性；常作谓语，也作定语、状语（后加“地”）、宾语、主语；可用于兼语句。

1. S 精打细算。(可独立作谓语)

①王爷爷经济不宽裕，买东西时总是**精打细算**。(作谓语)

②工地上搞节约，炊事人员也处处**精打细算**。(作谓语)

③钱来之不易，必须**精打细算**，要用有限的钱去办大事。(作谓语)

④这样就促使企业**精打细算**，努力降低成本，提高质量，不断改善经营管理水平。(兼语句)

2. S 对……（经费、开支、时间等）精打细算。

①全体官兵发扬艰苦奋斗的光荣传统，对各项经费开支**精打细算**。（作谓语)

②现在各单位对经费**精打细算**，可花可不花的钱不花，能少花的不多花。

（作谓语）

③我每次出门都要对时间**精打细算**，唯恐自己迟到。（作谓语）

3. 精打细算的N（样子、人、精神等）。

①看她用钱时那**精打细算**的样子，就知道是个过日子的人。（作定语）

②妻子也积极响应，一向**精打细算**的她，也慷慨起来。（作定语）

4. S精打细算地V。

①他准备了一个笔记本，**精打细算**地计划着1个月的开销。（作状语）

②他始终保持着谦虚谨慎、艰苦奋斗的作风，继续**精打细算**地过日子。（作状语）

5. 其他。

①**精打细算**，是战胜自己的一种体现。（作主语，用于判断句中）

②在妈妈的**精打细算**下，家里的生活一天好过一天。（作宾语）

使用语境：含褒义，常用于指某人或某组织能够合理地使用钱财，不浪费。

近义：克勤克俭

反义：大手大脚

精疲力竭 jīng pí lì jié（be worn out；exhausted）

精：精神；竭：尽。精神非常疲劳，毫无力气，形容极度疲乏。也作：筋疲力尽。

用法说明：谓词性；常作谓语，也作定语、状语、补语；可用于兼语句。

1. S精疲力竭。（前不能加程度副词修饰，可独立作谓语）

①男孩**精疲力竭**，又饥又渴，倒在沙滩上了。（作谓语）

②我老了，走不动了，走不多远就**精疲力竭**。（作谓语）

③手术进行了4个小时，做完的时候，大夫**精疲力竭**。（作谓语）

④过去紧张的15天，加上时差的不适应，已使他**精疲力竭**。（兼语句）

2. 精疲力竭的N（状态、人、样子等）。

①不久，她只感到陷入一种**精疲力竭**的麻木状态。（作定语）

②险情排除后，**精疲力竭**的他倒在大堤上睡着了。（作定语）

③他在躺椅上坐下来，一副**精疲力竭**的样子。（作定语）

3. S 精疲力竭地 V……

①跑了很长一段距离后，那匹马**精疲力竭**地倒下了。（作状语）

②三天三夜没有合眼，把我累坏了，我们都**精疲力竭**地睡着了。（作状语）

4. S+V（走、累、跳、搞等）得精疲力竭。

①这场篮球赛比下来，每个队员都累得**精疲力竭**。（作补语）

②我跟所有的人跳舞，直到跳得**精疲力竭**。（作补语）

③他在房间里来回来去地走，直走得**精疲力竭**。（作补语）

使用语境：用于形容生物（人或动物）非常累。

近义：疲惫不堪

反义：神采奕奕

精益求精 jīng yì qiú jīng（constantly to improve something; keep on improving）

精：完美，好。益：更加。比喻已经很好了，还力求做得更好。表示要求极高。

用法说明：谓词性；多作谓语、定语。

1. S 对……（工作、技术、医术、艺术、产品质量等）精益求精。

①他是个医生，他以医疗为职业，对医术**精益求精**。（作谓语）

②小李对本职工作**精益求精**，使公司的经济效益提高了不少。（作谓语）

③厂长与工人师傅打成一片，经常加班加点，对技术**精益求精**。（作谓语）

2. S 要/须精益求精。

①我们虽然已经做得很好了，但我们不能满足于现状，要**精益求精**。（作谓语）

②制作药品须**精益求精**，不得有一丝一毫的马虎。（作谓语）

3. 精益求精的 N（态度、精神、作风等）。

①他那一丝不苟、**精益求精**的治学态度，更是学生的表率。（作定语）

②他的严谨、认真、**精益求精**的作风，给我很大影响。（作定语）

③这种**精益求精**的精神，有效地保证了工程质量。（作定语）

使用语境：含褒义。多用于赞美人对技术或学术深度钻研的职业态度。

近义：锦上添花

反义：粗制滥造

HSK 真题：

2018 阅读选项："工匠精神"作为一种精神信念，不仅包含着严谨认真、（**精益求精**）的职业态度，还体现了随着时代发展而推陈出新、尽善尽美的职业操守。

A 精打细算　[B] 精益求精　C 有条不紊　D 一丝不苟

敬而远之 jìng ér yuǎn zhī（keep sb. at a distance）

敬：尊重。远：不接近。之：代词，指对象。尊敬他，但又不愿意接近他。

用法说明：谓词性；多作谓语；可用于兼语句。

1. S 对……敬而远之。

①王老师课讲得好，可他不太好接近，学生对他**敬而远之**。（作谓语）

②小明的爸爸是个非常严肃的人，小明从小就对他**敬而远之**。（作谓语）

③我虽然与父亲住在一起，但平时很少与他说话，对他一直**敬而远之**。（作谓语）

④他的人缘很坏，上上下下的人都怕他，对他**敬而远之**。（作谓语）

2. S 令/让人敬而远之。

①这种人敏感、多疑，交往过程中常令人**敬而远之**。（兼语句）

②男人节俭值得肯定，但过于小气的男人只会让人**敬而远之**了。（兼语句）

使用语境：用于指人表面上尊敬某人但感情上却不愿接近。

居高临下 jū gāo lín xià（looking down from a height；occupy a commanding position/height；be condescending）

居：站在，处于。临：面对。处在高处俯视下面，多形容处于有利的地势、地位。引申为傲视他人，瞧不起他人。也作：居高视下。

用法说明：谓词性；多作谓语、定语，也作状语（后加“地”）。

1. S 居高临下。（可独立作谓语）

①站在山顶，我们**居高临下**，俯视全城。（本义，作谓语）

②他**居高临下**，对楼下发生的事看得清清楚楚。（本义，作谓语）

③父母要多理解孩子，不要**居高临下**，要以平等的朋友般的态度来与子女交谈。（引申义，作谓语）

2. 居高临下的 N（模样、样子、态度、神态、姿态、作风、口吻等）。

①他那种**居高临下**的模样，叫人很不舒服。（引申义，作定语）

②他那**居高临下**的样子，真让人讨厌。（引申义，作定语）

③每次和孩子家长说话，她总是以一副**居高临下**的态度，说着上海如何如何好，很瞧不起我们这样的“乡下人”。（引申义，作定语）

3. S 居高临下地 V（指挥、教训、教育等）……

①这么小的一个小孩，却处在一个优越的地位上，可以**居高临下**地指挥我。（引申义，作状语）

②你别总是**居高临下**地教训人。（引申义，作状语）

③他从不浪费语言，从不**居高临下**地教育指导别人。（引申义，作状语）

使用语境：常用于以下三种情况：指站在高处看下面；指处于有利的地势、地位；含贬义，常用于形容人的态度傲慢。

举世闻名 jǔ shì wén míng（be world-famous）

举世：全世界。全世界都知道。形容非常著名。

用法说明：谓词性；常作定语，也作谓语、宾语；不受程度副词修饰；可用于是字句（少）、是的句。

1. 举世闻名的 N（人物、歌曲、工程、建筑、发明、景点、文物、地区、国家等）。

①**举世闻名**的万里长城，吸引了无数游客。（作定语）

②巴黎是个**举世闻名**的花都，也是我生活了 1/4 世纪的第二故乡。（作定语）

2. S 举世闻名。(可独立作谓语)

①桂林山水**举世闻名**，吸引了许许多多中外游客。(作谓语)

②中国是一个古老的文明大国，许多名胜古迹**举世闻名**。(作谓语)

3. S……是举世闻名（的）。(用于判断句中)

①剑阁在金牛古道上有着重要的地位，剑门关更是**举世闻名**。(是字句)

②德国人做事认真是**举世闻名**的。(是的句)

③中国的长城、故宫是**举世闻名**的。(是的句)

使用语境：含褒义，多用于形容人物、景点、地方等名声很大，全世界都知道。

近义：闻名遐迩

反义：默默无闻

使用偏误：

➢给个人健康带来不良影响的就是**举世闻名**（众所周知）的癌症。(“举世闻名”是褒义词，用于积极的事物。)

➢中国是个著名的文化古国，对于语言的研究，更是**举世闻名**的（去掉“的”）。(“是”前已有“更”，后不加“的”。)

举世无双 jǔ shì wú shuāng（be unmatched in the world）

举：全。全世界找不到第二个。形容十分稀有。也作：绝世无双。

用法说明：谓词性；常作定语、谓语，也作宾语；可用于是字句、是的句。

1. 举世无双的 N。

①它不仅是我国民族艺术宝库，也不愧为**举世无双**的世界文化遗产。(作定语)

②六岁前就已经学完大学课程，他绝对是**举世无双**的天才。(作定语)

③现在我们要游览**举世无双**的北京故宫了。(作定语)

2. S 举世无双。(可独立作谓语)

①张大千的国画艺术独步天下，**举世无双**。(作谓语)

②“鸟巢”将是有史以来最复杂的体育建筑，其科技含量**举世无双**。(作

谓语）

③它在世界各国用110种文字出版了千次以上，其传播之广泛、影响之深远，**举世无双**。（作谓语）

3. S……是举世无双（的）。（用于判断句中）

①这美景真是**举世无双**，令人称奇。（是字句）

②据说外国的一些博物馆内陈列着许许多多的中国古物，有些还是**举世无双**的。（是的句）

使用语境：含褒义，常用于指事物非常稀有，全世界没有第二个。

近义：当世无双

反义：比比皆是

近义词辨析：举世无双 VS 当世无双

		举世无双	当世无双
相同点	都表示无与伦比。都可作谓语、定语、宾语。如： 我国的中草药资源十分丰富，称得上**举世无双/当世无双**，世界上没有哪个国家可以与之匹敌。		
不同点	语义	强调的是全世界。如： 长城这个伟大的建筑，可以说是**举世无双**，它是我们中华民族的骄傲。	强调的是现在。如： 他的演技当今无人能比，堪称**当世无双**。

举世瞩目 jǔ shì zhǔ mù（attract worldwide attention）

举世：全世界。瞩目：注视。全世界的人都注视着。形容影响很大。也作：举世注目。

用法说明：谓词性；常作定语，也作谓语；可用于是的句。

1. 举世瞩目的N（成就、日子、国家等）。

①几十年来，我国的现代化建设取得了**举世瞩目**的成就。（作定语）

②1949年10月1日是个**举世瞩目**的日子，新中国成立了！（作定语）

③现在的中国发展非常快，是**举世瞩目**的国家。（作定语）

2. S（成就、成绩、变化等）举世瞩目。（可独立作谓语）

①十多年来中国的变化之大，**举世瞩目**。（作谓语）

②改革开放以来，我国乡镇企业成绩巨大，**举世瞩目**。(作谓语)

③中国在经济方面所取得的巨大成就**举世瞩目**，中国在世界上的作用越来越大。(作谓语)

3. S 是举世瞩目的。(用于判断句中)

中国改革开放所取得的成就是**举世瞩目**的。(是的句)

使用语境：常用于指成就、变化、工程、赛事等得到了全世界的关注。

近义：引人瞩目

反义：默默无闻

举一反三 jǔ yī fǎn sān (to draw inferences about other cases from one instance; learn by analogy)

反：类推。从一件事情类推而知道其他许多事情。

用法说明：谓词性；常作谓语，也作定语、状语（后加“地”）；否定形式常常是“不会/不能举一反三”。

1. S 能/会/要/可以举一反三，……

①现代汉语的句型是有限的，掌握了句型，我们就能**举一反三**，造出各种各样的句子来。(作谓语)

②读书要求灵活运用，才能**举一反三**，事半功倍。(作谓语)

③我们一定严肃处理这起假酒中毒案，并**举一反三**，把其他方面的工作整顿好。(作谓语)

④妈妈不会讲课，不会**举一反三**，只会把字的笔画写一遍，然后说：“记住了吗?”(作谓语)

2. S 举一反三地 V（知道、学习等）。

①老师说如果懂得这些知识后，就可以**举一反三**地知道其他类似的知识。(作状语)

②汉字是一种象形文字，利用这个特点，可以**举一反三**地学习。（作状语)

3. 举一反三的 N（作用、能力、地步等）。

①他深入钻研，终于达到了**举一反三**的地步。(作定语)

②他学习上善于死记硬背，虽然做了不少题，但缺乏**举一反三**的能力。(作定语)

使用语境：含褒义，常用于指某人善于推论，善于学习，多用于口语中。

近义：触类旁通

反义：一窍不通

近义词辨析：举一反三 VS 触类旁通

		举一反三	触类旁通
相同点	都表示了解某方面事物，就能类推同类其他事物。有时可连用；都用作褒义；都常作谓语、定语、状语。如： 他善于多角度看问题，善于**举一反三/触类旁通**，想出较好的点子和办法，提出与众不同的主张。		
不同点	语义	强调“反三”，其类推事物不限于同类。如： 学习中一定不要死记硬背，应学会**举一反三**，灵活运用。	强调“旁通”，指类推的是同类事物。如： 知识广博的人，对一般事理，都能**触类旁通**，不必事事要人解说。
	语体色彩	多用于口语	多用于书面语

聚精会神 jù jīng huì shén (concentrate one's attention)

会：集中。原指集中大家的智慧。后形容精神高度集中，多形容人认真做事的样子。

用法说明：谓词性；常作状语（后加“地”），也作谓语、定语、补语。

1. S 聚精会神地 V（听、看、工作、做等具体动作）。

①语文课上，同学们都在**聚精会神**地听老师讲课。(作状语)

②只有**聚精会神**地做事，才能取得更好的结果。(作状语)

③这篇文章不易懂，我得**聚精会神**地看。(作状语)

④他满头大汗，衬衣都被汗水弄湿了，但他毫不在意，仍在**聚精会神**地工作着。(作状语)

⑤他从早到晚连话也不说，**聚精会神**地看小说。(作状语)

2. S（要/须）聚精会神。(可独立作谓语)

①上课的时候要**聚精会神**，不能东张西望，交头接耳。(作谓语)

②开车时须**聚精会神**，绝对不可以聊天分神。（作谓语）

③听课的学生边听边做着笔记，个个**聚精会神**，十分严肃认真。（作谓语）

3. 聚精会神的N（人、样子、习惯等）。

①教师必须培养学生**聚精会神**的学习习惯。（作定语）

②学生们正在认真听课，一副**聚精会神**的样子。（作定语）

4. S+V（听、看等）得聚精会神。

①孩子们听得**聚精会神**，似懂非懂地点着头。（作补语）

②他站在背后，对这一切看得那么仔细，那么**聚精会神**，把别的什么都忘了。（作补语）

使用语境：含褒义，用于指人做事时注意力非常集中、非常投入。

近义：全神贯注/专心致志

反义：心不在焉/漫不经心

近义词辨析：聚精会神 VS 全神贯注 VS 专心致志

<table>
<tr><th colspan="2"></th><th>聚精会神</th><th>全神贯注</th><th>专心致志</th></tr>
<tr><td>相同点</td><td colspan="4">都有集中注意力，认真对待的意思。都可作状语、定语、谓语及补语。如：
我们从20世纪80年代的第一年开始，就必须一天也不耽误，聚精会神/全神贯注/专心致志地搞四个现代化建设。</td></tr>
<tr><td rowspan="2">不同点</td><td>语义</td><td>偏重指把分散的精神集中在一起；一般时间比较短。如：
教室里，一片安静，同学们都在聚精会神地听讲。</td><td>偏重指把所有精神倾注于一点。如：
表哥在全神贯注地看书，我躲在他背后吓了他一大跳。</td><td>偏重指集中（力量、意志等）于某一方面，可用于长期从事的目标和活动。如：
几年来，她一直在专心致志地搞电视剧本的创作。</td></tr>
<tr><td>语法搭配</td><td>后面不能用“在……上”</td><td>后面可用“在……上”。如：
你想帮助他，就不要分散他的注意力，让他全神贯注在他应该处理的事情上吧。</td><td>后面不能用“在……上”</td></tr>
</table>

开天辟地 kāi tiān pì dì（when heaven and earth were split apart in the creation；the creation of world）

辟：开辟。古代神话中说盘古氏开天辟地后才有世界。比喻有史以来第一次发生的。

用法说明：谓词性；多作定语、谓语。

1. 开天辟地的 N（大事、伟业等）。

①中华人民共和国的成立，是一件**开天辟地**的大事。（作定语）

②王老所从事的事业都是**开天辟地**的伟业，是最艰苦、最困难的。（作定语）

③1921 年 7 月，中国共产党宣告成立。这是中国历史上**开天辟地**的大事。（作定语）

2. S 开天辟地。（可独立作谓语）

①盘古**开天辟地**，将大陆一分为四。（作谓语）

②在未来的岁月里，人类将到太空去生活、工作，去**开天辟地**。（作谓语）

③在新的环境下，大家要用自己的手和脑去进行艰苦的劳动，去征服困难，**开天辟地**。（作谓语）

使用语境：常用于比喻前所未有的伟大事业。

近义：史无前例/亘古未有

可乘之机 kě chéng zhī jī（an opportunity that can be made use of by another to one's disadvantage）

乘：利用。机：机会。（坏人）可以利用的机会。也作：可乘之隙。

用法说明：名词性；作宾语。

1. S（不）给……（以）可乘之机。

①我太过于大意，给了他**可乘之机**。（作宾语）

②我们要提高警惕，不给坏人以**可乘之机**。（作宾语）

③年底了，各位加强防范意识，不给不法分子**可乘之机**。（作宾语）

2. S（没/不）让……有可乘之机。

①老奶奶心地太善良了，让骗子有了**可乘之机**。（作宾语）

②在面对坏人时，要保持冷静，不要让对方有**可乘之机**。（作宾语）

③她立即警惕起来，对经过的每一个人都仔细检验，认真检查，没有让犯罪分子有**可乘之机**。（作宾语）

使用语境：含贬义，用于指坏人有了机会。

可歌可泣 kě gē kě qì（very moving，very touching）

可：值得。泣：不出声地流泪。值得歌颂、赞美，使人感动流泪。用于形容事迹英勇悲壮，感人至深。

用法说明：谓词性；多作谓语、定语；可用于是的句、是字句，不能用于兼语句。

1. 可歌可泣的N（故事、业绩、事情等）。

①历史上那些一个个响亮的名字，背后都有一段**可歌可泣**的故事。（作定语）

②一大批优秀残疾人积极投身现代化建设事业，克服了常人难以想象的困难，创造了**可歌可泣**的业绩。（作定语）

③在钢城采访的日子里，我们倾听着英雄**可歌可泣**的事迹。（作定语）

④抗击新冠肺炎的日子里，全国发生了许多感天动地、**可歌可泣**的事情。（作定语）

2. S可歌可泣。（可独立作谓语）

①故事真挚动人，英雄的事迹**可歌可泣**。（作谓语）

②一代又一代中华民族的优秀儿女英勇斗争，**可歌可泣**。（作谓语）

3. S……是可歌可泣（的）。（用于判断句中）

①他的英勇事迹真是**可歌可泣**。（是字句）

②我们这场全民战斗可以说在历史上都是**可歌可泣**的。（是的句）

使用语境：含褒义，多用于指英雄事迹很悲壮感人，值得赞美。

使用偏误：

➢许多流行歌都有特色，有时候让我们开心，有时候让我们**可歌可泣**（感动）。（“可歌可泣”的主语应为英雄事迹等，它让人感动，而“流行歌曲让人可歌可泣”主语搭配错误、句式使用错误。）

可想而知 kě xiǎng ér zhī（it is obvious that；to be obvious；one can well imagine）

能够经过推想而知道；可以想见。不用说明就能想象得到。

用法说明：谓词性；作谓语、插入语。

1. S（结果、后果、难度、程度等）可想而知。（可独立作谓语）

①看他每天的打扮，他的家庭情况就**可想而知**。（作谓语）

②21 世纪人才辈出，中国将来怎么样**可想而知**。（作谓语）

③不少企业忽视了产品质量，一味地在做广告上下功夫，其结果**可想而知**。（作谓语）

2. ……，可想而知，……

①随意哈一口气就可以结成冰，**可想而知**，天气多么寒冷。（作插入语）

②我们兄弟姐妹共有六人，**可想而知**，母亲的负担有多大。（作插入语）

③今年 40 岁的李明，看上去要比他的实际年龄大得多。**可想而知**，他为教育事业注入了多少心血。（作插入语）

使用语境：常用于指根据情况推测和想象。

反义：不可思议

使用偏误：

➢如果不这样的话，其后果**可想而知**的（去掉“的”）。

刻舟求剑 kè zhōu qiú jiàn（to mark the boat in order to find the lost sword；to take foolish actions without consider the changing environment）

求：寻找。剑落水时在船帮上刻上记号，船停后，从刻记号的地方下水去找。比喻办事刻板，不知道跟着情势的变化而改变看法或办法。

用法说明：谓词性；多作谓语、定语。

1. S（不能）刻舟求剑。

①在求新求变的潮流中，我们绝不能**刻舟求剑**，食古不化。（作谓语）

②时代变了，人才标准变了，我们的学生与以前也大不一样了，我们不能“**刻舟求剑**”，理念和方法都要不断更新。（作谓语）

③3 年来许多产品单价早已下降很多，而政策还是沿用限定价，已经“**刻舟求剑**”。（作谓语）

2. 刻舟求剑的 N（人）。

这种**刻舟求剑**的人，当然不能给他做大事的机会。（作定语）

使用语境：含贬义，用于指人不会灵活变通。

近义：胶柱鼓瑟

反义：通权达变

近义词辨析：刻舟求剑 VS 胶柱鼓瑟

		刻舟求剑	胶柱鼓瑟
相同点	都指不知变通。都可作谓语、定语。如： 现在情况变了，办法也要改进，不能**刻舟求剑**/**胶柱鼓瑟**。		
不同点	语义	重在不知随着变化的形势而改变。如： 面对新形势下的各种状况，我们不宜**刻舟求剑**，不知变通。	重在自我束缚，不能动弹。如： 它不是教科书，不是考据学，不必那么**胶柱鼓瑟**。

扣人心弦 kòu rén xīn xián（be gripping）

扣：敲打。心弦：指因感动而引起共同反应的心。形容言论或表演深深地打动人心。

用法说明：谓词性；常作谓语、定语，也作补语、宾语；可用于是字句。

1. S（电影、故事、情节、话语等）扣人心弦。（可独立作谓语）

①他演的电影**扣人心弦**，叫人难忘。（作谓语）

②这部电影人物逼真、情节**扣人心弦**、场面热闹，值得一看。（作谓语）

③他的语调变得柔和，所讲的话句句**扣人心弦**。（作谓语）

④他讲故事更有一手，活泼生动，**扣人心弦**！（作谓语）

⑤那位女生朗读的声音**扣人心弦**，百听不腻，我每天都盼望下午到来。（作谓语）

2. 扣人心弦的N（比赛、情节、故事等）。

①体育馆里，一场**扣人心弦**的排球比赛正在进行着。（作定语）

②虽然该片有题材优势，但影片的最大卖点是**扣人心弦**的情节。（作定语）

③该节目集科学性、趣味性和高品质画面于一体，呈现给观众一个个真实而又**扣人心弦**的故事。（作定语）

3. S+V得扣人心弦。

①《九三年》的结尾是出人意料的，同时写得**扣人心弦**。（作补语）

②不管她在舞台上演出什么角色，人家总是能演得**扣人心弦**。（作补语）

4. S……是扣人心弦。（用于判断句中）

①那出戏真是**扣人心弦**。（是字句）

使用语境：含褒义，多用于指言论、比赛或表演等事物很能打动人心。

近义：震撼人心

反义：索然无味

近义词辨析：扣人心弦 VS 震撼人心

		扣人心弦	震撼人心
相同点	都指使人的心情不能平静。都可作谓语、定语、补语、宾语。如： 他有丰富的生活积累，写出了**扣人心弦/震撼人心**的文学作品。		
不同点	语义	多指生动、热烈的事物，足以抓住人心。如： 这部小说情节曲折，**扣人心弦**。	多指大事件，足以震动人心。如： 这次事故死亡的人数**震撼人心**。

使用偏误：

➢因为我觉得歌曲不但悦耳动人，有些词句意义深长，**扣人心**玄（**弦**）。（“玄”误代“弦”。）

哭笑不得 kū xiào bù dé（be at a loss whether to cry or to laugh；find sth. both funny and annoying）

哭也不是，笑也不是。形容处境尴尬，不知如何是好。

用法说明：谓词性；常作谓语，也作定语、补语、宾语；可用于兼语句、是字句，也可用于把字句、被字句。

1. S（叫/让/令人）哭笑不得。

①他喜欢把杯中的水、牛奶到处乱倒。大人越是严厉地阻止，他倒得越是开心，真叫人**哭笑不得**。（兼语句）

②生活中会遇到的小事，有的会让人哭，有的会让人笑，有的会让人**哭笑不得**。（兼语句）

③同事带着自己的孩子来找他，说："我这个孩子学什么都不行，就跟你学漫画吧。"漫画家**哭笑不得**。（作谓语）

2. S 把/被人 V 得哭笑不得。

①我被她如此简单的想法弄得**哭笑不得**。（作补语）

②他的话把在场的人弄得**哭笑不得**，不知怎样回答才好。（作补语）

③我问司机为什么骗我，他说现在开车不能说话，上车后就由不得你了，我被他搞得**哭笑不得**。（作补语）

3. 哭笑不得的 N（样子、模样、表情等）。

①他的脸急得通红，一副**哭笑不得**的模样。（作定语）

②听着听着，他脸上慢慢流露出**哭笑不得**的神情。（作定语）

4. S……是哭笑不得。

①看见奶奶把西瓜放在锅里炒，我真是**哭笑不得**。（是字句）

②你们本来是有理的，这样一来你们把自己有理也弄成没理了，真是**哭笑不得**。（是字句）

使用语境：常用于形容既令人难受又让人觉得可笑的尴尬处境。

近义：啼笑皆非

夸夸其谈 kuā kuā qí tán（indulge in empty talk; talk excitedly and boastfully）

指浮夸空泛地大发议论，形容说话或写文章浮夸，不切合实际。也作：夸夸而谈。

用法说明：谓词性；常作谓语、定语，也作宾语、状语（后加"地"）。

1. 夸夸其谈的 N（人、作风等）。

①志大才疏、**夸夸其谈**的人，没有一个会成功的。（作定语）

②他是个**夸夸其谈**的家伙，坐在这儿聊天可以，打仗他不行。（作定语）

③这种**夸夸其谈**的作风很害人，应该坚决改正。（作定语）

2. S 夸夸其谈。

①他没有真才实学，只会**夸夸其谈**。（作谓语）

②他对这个专业可以说是一窍不通，却在那里**夸夸其谈**。（作谓语）

③他一看就是那种很实在的人，不大会**夸夸其谈**。（作谓语）

3. S 夸夸其谈地 V。

没有调查就没有发言权，**夸夸其谈**地乱说一顿很令人讨厌。（作状语）

4. S+V 夸夸其谈。

我们提倡多干实事的作风，反对**夸夸其谈**。（作宾语）

使用语境：含贬义，常用于指说话或者写文章时空泛地大发议论，不切合实际。

近义：高谈阔论

反义：言简意赅

近义词辨析：夸夸其谈 VS 高谈阔论

		夸夸其谈	高谈阔论
相同点	都指脱离实际空泛谈论。都可作谓语、定语、宾语、状语。如： 大师**夸夸其谈/高谈阔论**，畅谈古今中外绘画艺术。		
不同点	语义	偏重于谈话的内容浮夸，不切实际。如： 他对这个专业可以说是一无所知，却在那里**夸夸其谈**。	偏重于谈话的内容广博或漫无边际。如： 越是一知半解的人，往往越是喜欢**高谈阔论**。
	适用范围	用于说话或写文章	只用于说话

来龙去脉 lái lóng qù mài（ins and outs，origin and development；whole story；cause and effect of an event）

本指山脉的走势和去向，后来比喻人、物的来历或事情的前因后果。

用法说明： 名词性；常作宾语，也作主语。

1. S+V（弄清、研究、调查、介绍等）来龙去脉。

①课后他去图书馆查了半天，终于查清了**来龙去脉**。（作宾语）

②在学习过程中，要弄清一件事情的**来龙去脉**，有个重要基础就是观察。（作宾语）

③老师给我们介绍了这件事情的**来龙去脉**，我们恍然大悟。（作宾语）

2. ……的来龙去脉……

①这件事的**来龙去脉**我已经搞清楚了。（作主语）

②事情的**来龙去脉**如下：母亲节前夕，我只准备了一个礼物，但抽不出时间买花，我心想：这算不了什么大事，家里还有我哥哥和弟弟嘛，他们肯定会买来的。（作主语）

使用语境： 常用于指一件事的前因后果或一个人的来历，多用于事件描述。

近义： 前因后果

反义： 来历不明

冷酷无情 lěng kù wú qíng（cold-blooded; as hard as nails）

冷漠苛刻，没有感情。

用法说明： 谓词性；常作谓语、定语，也作状语；可用于是的句。

1. S（对……）冷酷无情。（前可受“非常、有点、十分等”程度副词修饰）

①他对敌人非常**冷酷无情**，对朋友温暖如春。（作谓语）

②她不仅对别人**冷酷无情**，对自己也**冷酷无情**。（作谓语）

③这里很干燥，而且人也**冷酷无情**。（作谓语）

④在别人眼里，法官们个个都**冷酷无情**，铁面无私。（作谓语）

2. 冷酷无情的N（人、心、性格等）。

①他有着一颗**冷酷无情**的心，没有一点儿人情味。（作定语）

②她是一个**冷酷无情**的人，大家都不喜欢她。（作定语）

③他是一个具有杰出才能的人，有着**冷酷无情**的性格。（作定语）

3. S冷酷无情地V。

①残酷的现实**冷酷无情**地摆在他的面前，他的心里乱极了。（作状语）

②他**冷酷无情**地把孩子赶出家门，永远不让他回来。（作状语）

4. S是冷酷无情的。

法律是**冷酷无情**的，没有什么人情味。（是的句）

使用语境：含贬义，常用于指人非常冷漠，没有感情。

理所当然 lǐ suǒ dāng rán（to go without saying；of course；be both natural and right）

当然应当如此，从道理上讲应当这样。

用法说明：谓词性；常作状语（后“地”可加可不加），也作谓语、定语、宾语、补语；常用于是的句。

1. S理所当然（地）V。

①他的错误言论，**理所当然**地受到同学们的严肃批评。（作状语）

②你是主持人，**理所当然**要先讲几句话。（作状语）

③这样一位长期坚持正确路线的革命家，**理所当然**受到了全党同志的尊敬。（作状语）

2. S理所当然。（可独立作谓语）

① 你本来想的都是不可能的事，没有得到，**理所当然**。（作谓语）

②考试想得高分**理所当然**，但是，只为高分而教育是不正确的。（作谓语）

③他们训练最刻苦，参赛也多，取得好成绩**理所当然**。（作谓语）

3. S……是理所当然（的）。

①你想要的太多了，累也是**理所当然**。（是字句）

②他为人民做了好事，人民爱戴他是**理所当然**的。（是的句）

4. 其他。

①所谓“全变”，当时人们听了非常吃惊，现在看来全是**理所当然**之事。（作定语）

②只要是三毛想做的别人都觉得不可思议，只有荷西觉得**理所当然**。（作宾语）

使用语境：常用于指事情按道理应该这样，合理。

近义：天经地义

反义：岂有此理/不以为然

近义词辨析：理所当然 VS 天经地义

		理所当然	天经地义
相同点	都表示按道理应该如此的意思。都可作定语、谓语。如： 你一定要按时还钱，因为欠债要还**理所当然/天经地义**。		
不同点	语义	偏重在应当如此，只是一般的肯定，语气较轻。如： 在社会主义市场经济下，一部分有经营意识的中国人**理所当然**地“先富起来”。	偏重在合乎道理，语气重。如： 从道德行为方面来说，吃饭付钱，**天经地义**。 还可指非常正确的、不能改变的道理。如： 晚辈赡养照顾长辈，这是**天经地义**
	语法功能	不能做主语	可作主语和宾语
	语体色彩	口语色彩浓	色彩庄重

使用偏误：

➢这是**理所当然**（的）。（少“的”。）

➢我想这件事（是）**理所当然**的。（少“是”。）

➢**理所当然**这样的变化（理所当然）带来了我们生活上的许许多多的变化。（“理所当然”应在主语后。）

➢我做的是**理所当然**（理所应当）的，不要客气。（“理所当然”误代“理所应当”。）

➢**理所当然**（当然），这对不抽烟的人的身体来说很危险。（“当然”错用为“理所当然”。“当然”表示对某一行为的确认或肯定，表示就是这样、应当这样。）

理直气壮 lǐ zhí qì zhuàng（one is assured and bold with justice; be bold and straight）

注意：“壮”不要写成“状”。

理直：理由正确而又充分。壮：旺盛。理由正确充分，说话气势旺盛，或因理由充足而态度严正。

用法说明：谓词性；常作状语（后“地”可加可不加），也作谓语、定语、补语、宾语；前可受程度副词修饰；可用于是字句和是的句 。

1. S 理直气壮地 V（说/回答/申辩/嚷等，动词多与言语有关）。

①小李**理直气壮**地说：“你这样做，是不对的!”。(作状语)

②我们就是要**理直气壮**帮助那些贫困户尽快脱贫。(作状语)

③与此同时，人类也就可以**理直气壮**地把“懒”这个劣性加以“发扬光大”。(作状语)

2. S（很/非常）理直气壮。(可独立作谓语)

①那男的**理直气壮**，振振有词：“我们俩性格不合。”(作谓语)

②虽然她的话像在乱说，但她的态度却很**理直气壮**，不像胡说。（作谓语)

3. S+V（说、回答、问等）得理直气壮。

①他问得**理直气壮**，一副你不回答就不行的口气。(作补语)

②她这话虽说得**理直气壮**，却不是真心话。(作补语)

③他说得**理直气壮**，一点也不认为自己的行为不对。(作补语)

④两个人回答得**理直气壮**，而且态度坚定。(作补语)

4. 理直气壮的 N（样子、神情、口气等）。

①面对消费者的质问，老板一副**理直气壮**的样子。(作定语)

②“给钱我就告诉你。”他一副**理直气壮**的口气。(作定语)

5. S……是理直气壮（的）。(用于判断句中)

①他的话语很是**理直气壮**，我也在母亲的河东狮吼中清醒过来。（是字句)

②那种做法现在是通行的，完全是**理直气壮**的。(是的句)

使用语境：含褒义，常用于某人说话、办事理由充分、态度坚决。

近义：义正词严

反义：理屈词穷

近义词辨析：理直气壮 VS 义正词严

		理直气壮	义正词严
相同点	都指说话很有气势。都可作状语、谓语、定语、补语、宾语。如： 各界人士纷纷表示，支持中央政府严正立场，**理直气壮/义正词严**地与美方进行交涉。		
不同点	语义	偏重于指言辞和行动气势强盛。如： 你交了环境税，就能**理直气壮**地排污吗？	偏重于指语言严正有力。如： 面对她的无理要求，我**义正词严**地拒绝了她。
	搭配	后可跟具体的包括言语类和行为类词语	后常跟言语类词语

HSK 真题：

2018 阅读选项：倘若你的回答并非完全肯定，那就不如收起（**急功近利**）的念头。做好准备工作，等自己的刀磨得锋利时，再闯入深山一试身手。

A 急于求成　[B] 急功近利　C 理直气壮　D 迫不及待

力不从心 lì bù cóng xīn（be unable to do what one would like to do）

从：依从。心里想做，但力量或能力办不到。

用法说明：谓词性；常作谓语，也作宾语、补语；前可受“有些、有点儿”修饰。

1. S（有些/有点儿）力不从心。（可独立作谓语）

①真抱歉！不是不肯帮忙，实在**力不从心**。（谦辞，作谓语）

②他们由于年纪大，很多事**力不从心**。（作谓语）

③他们的需求不断膨胀，父母对他们需求的满足已经有些**力不从心**了。（作谓语）

④面对大量增加的病人，一些国家**力不从心**。（作谓语）

2. S+V（感到、深感）力不从心。

①他年纪渐大，要做的事还很多，但常感到**力不从心**。（作宾语）

②有的企业面对着竞争日益激烈的市场经济，感到**力不从心**。（作宾语）

③面对他一学期 300 元的学费，父亲深感**力不从心**，只好让他退学。（作宾语）

3. S+V 得（显得、觉得等）力不从心。

①他的体力明显不如以前，速度跟不上，很多时候显得**力不从心**。（作补语）

②她为我付出了很多，我也想为她付出，可是总觉得**力不从心**。（作宾语）

使用语境：常用于以下两种情况：用于谦辞，强调心里想做；用于指心里想做但能力不够。

近义：力所不及

反义：力所能及

力所能及 lì suǒ néng jí（do everything in one's power）

及：达到。意思是自己的能力能做到的。

用法说明：谓词性；常作定语，也作谓语、状语（后加“地”）；可用于是的句。

1. 力所能及的 N（工作、任务、事、帮助等）。

①凡是**力所能及**的事，就要去做；凡是今天能做的事，决不拖到明天。（作定语）

②我们平常可以做一些**力所能及**的家务活来减轻父母的负担。（作定语）

③刘老退休后，自己主动找些**力所能及**的工作来干。（作定语）

④每个人都应该有大公无私的精神，应该为集体做一些**力所能及**的事。（作定语）

2. 在力所能及的范围内/情况下。

①他是个闲不住的人，在他**力所能及**的情况下总愿帮助别人做事情。（作状语）

②他凭着一颗善良的心，开始在**力所能及**的范围内救助老弱病残。（作状语）

3. S 力所能及。

①只要我**力所能及**，我都乐意帮忙。（作谓语）

②只要你**力所能及**，就应当去做好事。（作谓语）

4. S 是力所能及的。

①玩大的，我们这些中学生财力有限；玩小的，我们还是**力所能及**的。

(是的句)

②他知道这孩子是个说到做到的人，但又深知这活儿不是女孩子**力所能及**的。(的字短语)

5. S 力所能及地 V。

社会应该关注人们的健康，个人也应该**力所能及**地照顾他周围的人。(作状语)

使用语境： 含褒义，用于指在人自己的能力范围内能做到的。

近义： 得心应手

反义： 力所不及

连滚带爬 lián gǔn dài pá (rolling and crawling)

又滚又爬。用来形容因为害怕而逃跑时很难看的样子。

用法说明： 谓词性；常作状语，也作谓语。

1. S 连滚带爬地 V（逃、跑等）。

①那家伙挨了一枪，又惊又怕，**连滚带爬**地逃回去了。(作状语)

②他好像是被吓坏了，**连滚带爬**地跑回了家。(作状语)

③我们**连滚带爬**地逃离了这危险的地方，躲在了岩石后面。(作状语)

2. S 连滚带爬。(可独立作谓语)

①她一路喊着，**连滚带爬**，很吓人。(作谓语)

② 一个白色身影急速窜出，**连滚带爬**，非常狼狈。(作谓语)

使用语境： 含贬义，常用于形容坏人因害怕而逃跑时难看的样子。

恋恋不舍 liàn liàn bù shě (be reluctant to part with)

恋恋：留恋，爱恋。非常留恋，舍不得离开。

用法说明： 谓词性；常作谓语，也作定语、状语。

1. S（对……）恋恋不舍。(可独立作谓语)

①离别时，九岁的儿子对我**恋恋不舍**，我的眼泪一下子流了下来。(作谓语)

②分别时大家**恋恋不舍**，有的还流下了热泪。(作谓语)

③他深受官兵们的爱戴和尊敬，每次离开时，官兵们都紧紧地拉着他的手，**恋恋不舍**。(作谓语)

2. S 恋恋不舍地 V（离开、离去、望、看、走、告别等）。

①就要分开了，同志们**恋恋不舍**地挥手告别。(作状语)

②走出好远，他又回过头，**恋恋不舍**地望了我们一眼。(作状语)

③他拿起行李，**恋恋不舍**地再看了一眼住了四年的宿舍后离去。（作状语）

3. 恋恋不舍的 N（样子、双眼、目光等）。

①看到父母**恋恋不舍**的样子，他也很不舍。(作定语)

②望着小女儿**恋恋不舍**的双眼，他心里难受极了，眼泪止不住地往下流。(作定语)

使用语境：用于指人与人之间，人对景物、地方的依恋之情。

近义：依依不舍/流连忘返

近义词辨析：恋恋不舍 VS 流连忘返 VS 依依不舍

<table>
<tr><th colspan="2"></th><th>恋恋不舍</th><th>流连忘返</th><th>依依不舍</th></tr>
<tr><td>相同点</td><td colspan="4">都指舍不得离开。都常作谓语、定语。如：
一路上，不仅这儿的美景让人恋恋不舍/流连忘返/依依不舍，美食也让人念念不忘。</td></tr>
<tr><td rowspan="3">不同点</td><td>语义</td><td>偏重于不愿舍弃、离去。如：
这里的田园风光有些让人恋恋不舍。</td><td>偏重于忘记回归。如：
如此美丽的地方，真让人流连忘返。</td><td>偏重于依恋不忍分别。如：
学校大门口，同学们依依不舍地在相互送别。</td></tr>
<tr><td>语法功能</td><td>可作状语</td><td>一般不作状语</td><td>可作状语</td></tr>
<tr><td>适用范围</td><td>可指一切所留恋的人、事物、景物等</td><td>多指人对景物、地方的留恋感情</td><td>多指人与人的分离</td></tr>
</table>

寥寥无几 liáo liáo wú jǐ (just a very few)

寥寥：形容数量少。非常稀少，没有几个。

语法说明：谓词性；常作谓语，也作定语、补语。

1. S 寥寥无几。(不能受程度副词修饰，可独立作谓语)

①实际上这些事情很少发生，**寥寥无几**。(作谓语)

②这家书店刚开张，知道的人不多，所以来买书的人**寥寥无几**。（作谓语)

③听人家说，接受安乐死的人**寥寥无几**，我的想法是令人吃惊的。（作谓语)

2. 寥寥无几的 N（一般为具体的人或物)。

①初冬时节，树上**寥寥无几**的叶子，在寒风中瑟瑟发抖。(作定语)

②他在六十年的生活中，只保存下来**寥寥无几**的几样东西。(作定语)

3. S 显得寥寥无几。

大多数劳力到工厂打工去了，因此不挂锁的农家显得**寥寥无几**。(作补语)

使用语境：含贬义，常用于形容数量非常少。

近义：屈指可数

反义：不计其数

近义词辨析：寥寥无几 VS 屈指可数

<table>
<tr><th colspan="2"></th><th>寥寥无几</th><th>屈指可数</th></tr>
<tr><td>相同点</td><td colspan="3">都指少。都可作谓语、定语、补语。如：
这家图书馆近几年未曾购进一册新书，每天进图书馆的读者寥寥无几/屈指可数。</td></tr>
<tr><td rowspan="2">不同点</td><td>语义</td><td>形容的数目比较抽象。如：
由于连日阴雨，街上的行人寥寥无几。</td><td>形容的数目具体形象。如：
今天到场的亲友没几个，屈指可数。</td></tr>
<tr><td>适用范围</td><td>多形容某一方面的“人”少或某种可数的“物”少，不能用来计算时间</td><td>可以形容具体的“人”“物”少，也可描述具体的“日子”少。如：
时间过得真快啊，距离回家的时间只剩下屈指可数的四天了。</td></tr>
</table>

灵机一动 líng jī yī dòng（a bright idea suddenly occurs)

灵机：灵活而敏捷的思维能力。指突然间想出了办法。

用法说明：谓词性；多作谓语。常跟“忽然”“突然”一起连用。

S灵机一动，……

①第三个和尚**灵机一动**，想出了一个好办法。(作谓语)

②他**灵机一动**，想出了一个一箭双雕的好办法。(作谓语)

③正在这灰心绝望的时刻，他**灵机一动**，计上心来。(作谓语)

使用语境：含褒义，常用于指突然想出了好办法。

近义：急中生智

反义：一筹莫展

近义词辨析：灵机一动 VS 心血来潮

<table>
<tr><td colspan="2"></td><td>灵机一动</td><td>心血来潮</td></tr>
<tr><td>相同点</td><td colspan="3">都含有突然想起什么的意思。都常作谓语。如：
他灵机一动/心血来潮，打算在以后四五年内，集中精力完成两套“三部曲”。</td></tr>
<tr><td rowspan="2">不同点</td><td>语义</td><td>产生的是想法、主意。如：
我灵机一动，想到了一个非常好的方法。</td><td>产生的是做某事的念头。如：
他一时心血来潮，竟然顶风冒雪，在院子中间堆起雪人来了。</td></tr>
<tr><td>感情色彩</td><td>多含褒义</td><td>中性词</td></tr>
</table>

乱七八糟 luàn qī bā zāo（in a mess）

注意：“糟”不要写成“曹”。

形容非常乱。

用法说明：谓词性；多作定语、补语，也作状语（后加“地”）、谓语（后可加“的”）；前面不能受程度副词修饰。

1. 乱七八糟的N（东西）。

①管理员很快地收拾完了那一堆**乱七八糟**的东西。(作定语)

②这个房间太乱了，桌子上是**乱七八糟**的书，椅子上是**乱七八糟**的衣服，地上是**乱七八糟**的杂物。(作定语)

2. S+V（弄、搞、写等）得乱七八糟（的）。

①我以前作业写得**乱七八糟**的，现在好多了。(作补语)

②我没有准备，所以说得**乱七八糟**。（作补语）

③一会儿工夫，孩子们就把整洁的房间弄得**乱七八糟**。（作补语）

3. S 乱七八糟地 V。

①花园的小路两旁**乱七八糟**地扔满了儿童玩具。（作状语）

②他们一面工作，一面喝酒，桌上**乱七八糟**地堆满了东西。（作状语）

③我**乱七八糟**地买了一堆东西，把钱差不多都花完了。（作状语）

4. S 乱七八糟（的）。（可独立作谓语）

①屋子外面很漂亮，里头却**乱七八糟**。（作谓语）

②听了那个消息，他的心里**乱七八糟**，不知道该如何是好。（作谓语）

③她越想越拿不定主意，心里**乱七八糟**的。（作谓语）

使用语境：含贬义，常用于指某个地方或心里非常乱，没有秩序。

近义：乌七八糟

反义：井井有条

近义词辨析：乱七八糟 VS 乌七八糟

		乱七八糟	乌七八糟
相同点	都有糟得很的意思。都可作定语、状语、谓语和补语。如： 故事情节**乱七八糟/乌七八糟**，整部电影看完不知道是在讲什么。		
不同点	语义	偏重于混乱和杂乱。如： 你的这篇作文，写得**乱七八糟**。	偏重于恶劣和污秽。如： 在这种**乌七八糟**的地方，好人也会变坏。

使用偏误：

➤房间里**乱七八糟**了（的）。（“了”换成“的”。）

➤我的脑子里非常（去掉“非常”）**乱七八糟**。（“乱七八糟”前不能加程度副词修饰。）

➤吸烟者**乱七八糟**扔掉（乱扔）的烟头破坏了公园和街上的环境卫生。（“乱七八糟”是场面乱，没有随便、随手做事的意思。应该用“乱扔”。）

➤写满内容的信纸常常被我（弄得）**乱七八糟**的。（“乱七八糟”前加“弄得”，“乱七八糟”不能用作动词。）

络绎不绝 luò yì bù jué（in an endless stream；coming and going continuously）

络绎：连续不断，往来不断。形容行人、车马来来往往，接连不断。多用于形容人、物稠密、路途拥挤的景象。

用法说明：谓词性；常作谓语，也作定语、状语；可用于是字句。

1. S 络绎不绝。（可独立作谓语）

①慕名而来的开会者，**络绎不绝**。（作谓语）

②九寨沟的景色非常优美，游人**络绎不绝**。（作谓语）

③沿途汽车**络绎不绝**，因为这里是通向柴达木的要道。（作谓语）

2. S 络绎不绝地 V（来到、前往、进来等）。

①她出名了，人们**络绎不绝**地来到这小镇采访她。（作状语）

②几天来，各国的运动员、记者、观察员**络绎不绝**地来到这里，使这个城市到处呈现着欢乐的气氛。（作状语）

③过了 11 点，游客从大门**络绎不绝**地进来，窄窄的小桥上拥挤不堪。（作状语）

3. 络绎不绝的 N（人群、参观者、人、车、车流等）。

①长江大桥接待了南来北往的火车、汽车和**络绎不绝**的人群。（作定语）

②我左等右等，校门口那**络绎不绝**的车子就是没有一辆肯停下来。（作定语）

③展览会于 23 日开幕以来，吸引了**络绎不绝**的参观者。（作定语）

4. S……是络绎不绝。（用于判断句中）

①店铺开张了，买东西的人真是**络绎不绝**啊！（是字句）

②路上行人虽然不多，但马路上的车辆却是**络绎不绝**。（是字句）

使用语境：含褒义，多用于指行人车马来来往往，路途很拥挤。既能表示往不同的方向行进，又能表示向同一个方向行进。

近义：纷至沓来

反义：门可罗雀

近义词辨析：络绎不绝 VS 纷至沓来

		络绎不绝	纷至沓来
相同点	都有接连不断到来的意思。都可以作谓语、定语。如： 前来参观者**络绎不绝**，许多外国记者也**纷至沓来**。		
不同点	语义	除了可用于单向的到来外，多用于双向的来往不断。如： 大街上往来的行人和车辆**络绎不绝**。 星期天，到西湖游览的人**络绎不绝**。	一般用于单向的到来。如： 好消息**纷至沓来**，令大家高兴不已。
	语法功能	可作状语	一般不作状语

HSK 真题：

2018 阅读选项：眼下正是春茶上市的季节，每天来往仙都镇高村的茶商（**络绎不绝**）。

A 南辕北辙　B 络绎不绝　C 滔滔不绝　D 齐心协力

2018 阅读选项：3 月，磁湖南岸樱花盛开，远远望去如云如霞，游人**络绎不绝**。（正确句子）

没完没了 méi wán méi liǎo（be endless; without end）

无穷尽。

用法说明：谓词性；常作状语、谓语、定语，也作补语、宾语；可用于是字句。

1. S 没完没了地 V。

①她**没完没了**地批评我，我很不高兴。（作状语）

②由于妈妈没给她买电脑，她**没完没了**地闹。（作状语）

③这次是重感冒，他**没完没了**地咳嗽，背、胸都咳痛了。（作状语）

2. S（说起来、聊起来、下起来等）没完没了。

①他一喝酒，说起话来就**没完没了**。（作谓语）

②要是我一开始跟她说话，她就会**没完没了**，我连玩的时间也没有了。（作谓语）

③雨不下便罢，下起来就**没完没了**。(作谓语)

④他的这个电话真长，聊起来**没完没了**。(作谓语)

3. 没完没了的N。

①**没完没了**的汽车喇叭声在一些城市里仍是很严重的噪声污染。（作定语）

②**没完没了**的雨总是下个不停。不能外出干活，连吃饭的钱都没有了。(作定语)

③我们在东部地区旅行了几天，公路上**没完没了**的收费，让人头疼。(作定语)

4. S+ V得/V个没完没了。

①他俩只要在一起就高兴地说个**没完没了**。(作补语)

②我当学生时最讨厌的就是老师拖堂，该下课了老师还讲个**没完没了**。(作补语)

③他们几个在那儿吵嘴，你一言我一语他一句，吵个**没完没了**。（作补语)

5. S……是没完没了。(用于判断句中)

他们这种人叫起门来真是**没完没了**，直到你把门打开才行。(是字句)

使用语境：含贬义，常用于指让人讨厌的事情不停地进行。

眉开眼笑 méi kāi yǎn xiào（look cheerful）

眉头舒展，眼含笑意。形容高兴愉快的样子。

用法说明：谓词性；常作谓语，也作定语、状语（后加“地”）、补语。

1. S眉开眼笑。

①买来棒棒糖后，原本哭闹的妹妹立刻**眉开眼笑**。(作谓语)

②一看到我皮箱里各种各样吃的东西，他立刻**眉开眼笑**。(作谓语)

2. S眉开眼笑地V。

①这对新人**眉开眼笑**地接受大家的祝福，连声道谢。(作状语)

②他心里乐开了花，**眉开眼笑**地把钱放进了兜里。(作状语)

③妈妈**眉开眼笑**地收下礼物，顺手塞进身后的柜子里。(作状语)

3. 眉开眼笑的N（样子、神色等）。

①看你**眉开眼笑**的样子，有什么喜事啊？（作定语）

②她一脸**眉开眼笑**的神色，看起来是更加地甜美、可人。（作定语）

4. S+Adj/V（高兴、乐、喜、看、吃、听等）得眉开眼笑。

①听到我考上大学的消息，一家人乐得**眉开眼笑**。（作补语）

②当他说我做得很好时，我高兴得**眉开眼笑**。（作补语）

③晚上，她带来了一大堆水果，我们吃得**眉开眼笑**。（作补语）

使用语境：含褒义，常用于指因为有喜事而高兴愉快的表情。

近义：眉飞色舞

反义：愁眉苦脸

近义词辨析：眉开眼笑 VS 眉飞色舞

		眉开眼笑	眉飞色舞
相同点	都表示很高兴喜悦的样子。都常作谓语，亦作定语、状语、补语。如： 他兴冲冲地把喜讯告诉了父母亲，双亲高兴得**眉开眼笑**/**眉飞色舞**，连声夸奖。		
不同点	语义	偏重于满脸堆笑、十分高兴的神态，没有得意的意思。如： 小王说话十分幽默，经常逗得大家**眉开眼笑**。	偏重于兴奋得意的神色。如： 每次说起小时候得意的事，爸爸总是**眉飞色舞**，兴高采烈。

美中不足 měi zhōng bù zú（beautiful yet incomplete；a flaw in an apparently perfect thing）

不足：不够。大体虽然很好，但还有不足。

用法说明：谓词性；常构成的字短语，也作定语、主语、宾语。

1. 美中不足（的）是……

①他是个帅气的小伙子，**美中不足的**是个子矮。（的字短语作主语）

②这套房子位置好，面积大，**美中不足的**是客厅和储藏室的面积小了些。（的字短语作主语）

③两个人相亲相爱，**美中不足的**是女方的工作不太稳定。（的字短语作主语）

④今天玩得很好，**美中不足**就是眼镜不见了。（作主语）

2\. 美中不足的N（地方、感觉等）。

①那儿虽是风景优美，但也有**美中不足**的地方。（作定语）

②这本书写得相当精彩，读后使人受益匪浅。不过，仍然有一些**美中不足**的感觉。（作定语）

3\. S感到/觉得（有些/有点儿）美中不足。

①虽然我踏入了那所名牌大学，但我仍觉得**美中不足**。（作宾语）

②这部纪录片所反映的留日学生的生活很真实，但反映得不够完整，不太全面，总感到有点儿**美中不足**。（作宾语）

使用语境：用于指某人或某物虽然很好，但仍有让人不满意的地方，语气中略带有一些遗憾。

近义：白璧微瑕

反义：完美无缺

门当户对 mén dāng hù duì（be well-matched in social and economic status）

指男女双方家庭的社会地位和经济状况相当，结亲很合适。

用法说明：谓词性；常作谓语、定语，也作宾语；可用于是字句。

1\. S（跟……）门当户对。（可独立作谓语）

①他们两家**门当户对**，结为儿女亲家再恰当不过了。（作谓语）

②两人的爸爸都是领导，二人郎才女貌、**门当户对**。（作谓语）

③她配不上他，而且跟他并不**门当户对**。（作谓语）

2\. 门当户对的N（观念、媳妇、丈夫、人等）。

①我无法接受那种**门当户对**的观念，我要追求自己的幸福。（作定语）

②他是名门后代，自然要找个**门当户对**的媳妇。（作定语）

③对于她的婚事，父母希望她能找一个**门当户对**的丈夫：有事业、有物质、有社会地位。（作定语）

3\. S+V门当户对。

①过去，男女婚嫁十分讲求**门当户对**。（作宾语）

②这门亲事要是成功，那的确是**门当户对**。(是字句)

使用语境：常用于选择配偶上，指婚姻中男女双方的家庭状况差不多。

近义：门户相当

反义：齐大非偶

迷惑不解 mí huò bù jiě (be very much puzzled)

指对某事非常疑惑，很不理解。

用法说明：谓词性；常作谓语，也作状语（后加“地”）、定语；可用于兼语句。

1. S（有点儿/有些）迷惑不解。(可独立作谓语)

①众人**迷惑不解**，不知道他站到凳子上去做什么。(作谓语)

②他们听了有点儿**迷惑不解**，两双眼睛急切地注视着我，好像要在我脸上找出答案似的。(作谓语)

③当我兴高采烈地告诉他那个好消息时，他却一脸冷漠，我**迷惑不解**。(作谓语)

④他说出这样的话，真叫人**迷惑不解**。(兼语句)

2. S 迷惑不解地 V。

①他**迷惑不解**地问道：“那是用来干什么的？”（作状语)

②我不知老人的用意，**迷惑不解**地点点头。(作状语)

③他捡起一块猪油和一包大蒜，**迷惑不解**地看着我：“你为什么大老远地往这里带大蒜和猪油？”（作状语)

3. 迷惑不解的 N（样子、眼睛、神气、神情等）。

①他看了看爸爸，又看了看妈妈，一副**迷惑不解**的样子。(作定语)

②看到开门的人并不是妈妈，他们脸上显出**迷惑不解**的神气。(作定语)

使用语境：常用于指人们对某事不理解。

密不可分 mì bù kě fēn (be inseparable)

密：紧密。分：分割。形容十分紧密，不可分割。

用法说明：谓词性；常作谓语，也作定语；可用于是的句。

1. A 跟/和/与 B 密不可分。

①正因为食品与人们的健康**密不可分**，所以人们对食品的要求也越来越高。（作谓语）

②这个星球上的每一个人与我们相亲相近，**密不可分**。（作谓语）

③感谢我的兄弟们，公司今天的成功和你们的努力**密不可分**。（作谓语）

2. A 与 B 有（着）密不可分的 N（联系、关系等）。

①旅游业与公共关系有着**密不可分**的联系，建立旅游公共关系学学科体系十分必要。（作定语）

②他的身体非常结实，这跟他喜欢锻炼有**密不可分**的关系。（作定语）

3. S 是密不可分的。（用于判断句中）

①多劳多得，努力和成就是**密不可分**的。（是的句）

②人类生活在地球上，与自然界的关系是**密不可分**的。（是的句）

使用语境：常用于指两人或两物的关系非常密切，不能分割。

使用偏误：

➢流行歌曲已经和我们的生活密不分开（**密不可分**），走在街上，电视上都能听到一首又一首的流行歌曲。（成语的形式错误。）

面红耳赤 miàn hóng ěr chì（go red in the face；to flush with shame）

赤：红。脸和耳朵都红了。形容因激动或害羞等而脸色发红。

用法说明：谓词性；常作补语，也作谓语、状语（后加“地”）、定语。

1. S+V（争、吵、喝、气、羞、争论等）得面红耳赤。

①为了这道问题，我和同桌争得**面红耳赤**。（作补语）

②他气得**面红耳赤**，一句话也说不出来。（作补语）

③你们三个却为一点点小事吵得**面红耳赤**，宁愿渴死也不愿下山挑水喝。（作补语）

2. S 面红耳赤。（可独立作谓语）

①听了妈妈的话，他**面红耳赤**，很不好意思。（作谓语）

②小李的个性内向，上台没说几句话就**面红耳赤**，只好草草结束。（作

谓语）

③在有点寒意的教室里，校长**面红耳赤**，大脑袋上直冒热气。（作谓语）

3. S 面红耳赤地 V（低下头、争论等）。

①因为感到丢脸，小华**面红耳赤**地低着头，不说一句话。（作状语）

②在同学的笑声中，他**面红耳赤**地低下了头。（作状语）

③她知道自己错了，忙**面红耳赤**地向妈妈道歉。（作状语）

④他常常跟我**面红耳赤**地争论，我都习惯了。（作状语）

4. 面红耳赤的 N（现象、人、样子等）。

①喝酒可使血管扩张，因而常常出现“**面红耳赤**”的现象。（作定语）

②看着因为内疚而**面红耳赤**的学生，他没有多说什么。（作定语）

使用语境：含贬义，常用于形容人羞愧的样子或者激动时脸色发红。

反义：面不改色/神色自若

面面俱到 miàn miàn jù dào（cover all the bases; pay attention to all sides of a matter）

俱：全，都。各方面都注意到、照顾到，没有遗漏。

用法说明：谓词性；常作谓语，也作状语（后加“地”）、定语。

1. S（不必/不能/不可能）面面俱到。

①描写景物要突出特点，不必**面面俱到**。（作谓语）

②人有所长，必有所短，不能**面面俱到**。（作谓语）

③教师在课堂上，面对大多数学生的水平和进度授课，不可能**面面俱到**。（作谓语）

④这人善于观察，办起事来**面面俱到**，所以大小官员都很佩服他。（作谓语）

2. S 面面俱到地 V。

①要**面面俱到**地照顾到每一个人，难度很大。（作状语）

②明天就要考试了，没有时间**面面俱到**地复习，要抓住重点。（作状语）

③上课时，教师不要把学习内容**面面俱到**地讲给学生，也要给他们思考的机会。（作状语）

3. S+V（讲、照顾、考虑等）得面面俱到。

①在座的人士各党各派都有，要讲得**面面俱到**，恐怕很难。(作补语)

②学校的老师要面对很多的孩子，不可能对孩子照顾得**面面俱到**。（作补语）

③这是个重大项目，我们必须要考虑得**面面俱到**，才能保证项目顺利开展。(作补语)

4. 面面俱到的N（人）。

她是个八面玲珑、说话做事**面面俱到**的人。(作定语)

使用语境：中性词，用于指某人做事说话非常全面周到。

近义：八面玲珑

反义：顾此失彼

近义词辨析：面面俱到 VS 八面玲珑

		面面俱到	八面玲珑
相同点	都含有各方面都应付周到的意思。都可作谓语、定语、状语。如： 他待人接物虽不**面面俱到/八面玲珑**，倒也会察言观色。		
不同点	语义	一般用于形容说话做事周到，没有遗漏。如： 做事情应**面面俱到**，仔细周全。	一般用于形容手腕圆滑。如： 她这个人**八面玲珑**，很会随机应变。
	感情色彩	中性词	含贬义

面目全非 miàn mù quán fēi（to be changed beyond recognition; to look entirely different）

非：不一样。模样变得与原先完全不同。形容变化极大（多含贬义）。

用法说明：谓词性；常作补语，也作谓语、定语。

1. S被V（烧、撞、改、弄、改造、破坏等）得面目全非。

①前面发生交通事故了，一辆小汽车被撞得**面目全非**。(作补语)

②这篇文章已经被他改得**面目全非**了。(作补语)

③大客车已被烧得**面目全非**，只剩一副框架。(作补语)

2. S（人、地方、文章等）面目全非。(可独立作谓语)

①我们进去时，遇到一个车祸受伤的人，血肉模糊，**面目全非**。(作谓语)

②由于部分死者**面目全非**，他们的身份很难确定。(作谓语)

③这几年变化真大，景物人事都已**面目全非**。(作谓语)

3. 面目全非的N（人、物等）。

①十年战乱后，他回到了**面目全非**的家乡。(作定语)

②她一路追到医院，看到**面目全非**的儿子，当即晕了过去。(作定语)

③看着躺在病床上被火烧得**面目全非**的英雄，大家都心疼地流下了眼泪。(作定语)

使用语境：含贬义，用于指变化极大（一般指向不好的方面变化）。

名副其实 míng fù qí shí（be worthy of the name; to be true to the name）

注意："副"不要写成"富、付"。

副：相称，符合。名声、名称与实际一致、相符合。也作：名符其实。

用法说明：谓词性；常作定语，也作谓语、状语、宾语；可用于是字句。

1. 名副其实的N（身份、称号等）。

①香港是一个**名副其实**的国际大都市，这里通向世界。(作定语)

②昆明一年四季温暖如春，是**名副其实**的春城。(作定语)

③他现在身价百亿，已成为**名副其实**的大富翁了。(作定语)

2. S名副其实。(可独立作谓语)

①历史学家吴思先生的书写得极有味道，被评为"2001年十大好书"，**名副其实**。(作谓语)

②人们把办公室称作写字间是一种时尚，但对我们记者、编辑来说，它**名副其实**。(作谓语)

③她容貌出众，而且气质相当好，也很有亲和力，"美女棋手"的称号**名副其实**。(作谓语)

3. S名副其实地V（成、属于、成为等）。

①他说，中国永远属于第三世界，现在我们**名副其实**地属于第三世界。

（作状语）

②“中华之星”的时速超过了200千米，已**名副其实**地成为高速列车。（作状语）

③我们的各级干部，只有办好一件件的事情，才是**名副其实**地为人民服务。（作状语）

4. S……是名副其实。

①他口齿清晰，表现力强，得到演讲比赛第一名，真是**名副其实**。（是字句）

②所有的地方都壮观而且美丽，真是**名副其实**。（是字句）

使用语境：含褒义，用于指人或物的名声跟实际情况相符。

近义：名不虚传

反义：名不副实

莫名其妙 mò míng qí miào（no rhyme or reason）

注意：“名”不要写成“明”。

莫：没有人。名：说出。没有人能说出其中的奥妙。表示发生的事情很奇怪，解释不出道理来，使人难以理解。

用法说明：谓词性；常作谓语、定语，也作状语（后加“地”）、补语、宾语；可用于是字句、兼语句。

1. S（有些/有点/使人/令人/叫人）莫名其妙。（可受程度副词修饰）

①听了他的话，大家都**莫名其妙**，只有我懂得。（作谓语）

②我还不懂事，不知道母亲为什么生我的气，每次都**莫名其妙**。（作谓语）

③大家听了哈哈大笑，我有些**莫名其妙**，我实在是没说一句令人发笑的话呀。（作谓语）

④她有时开着会就流出了眼泪，使同志们**莫名其妙**。（兼语句）

2. 莫名其妙的N（事、问题、神情、表情等）。

①她常常爱跟他谈梦，谈梦中的那些离奇有趣、**莫名其妙**的事。（作定语）

②他在房间里转了一圈，心中感到**莫名其妙**的不安，但又不知道它是什么。(作定语)

③他露出**莫名其妙**的神情，困惑不解地问："长官，什么哈巴狗呀？我真的没见过呀！"(作定语)

3. S 莫名其妙地 V。

①昨天这台电脑还能正常地使用，今天却**莫名其妙**地死机了。(作状语)

②我没做错什么，妈妈就**莫名其妙**地对我发火。(作状语)

③大家想不到他这句话是啥意思，都**莫名其妙**地望着他。(作状语)

4. S+V 得莫名其妙。

①因为听得**莫名其妙**，我就这样探问。(作补语)

②地理学家听到这里，哈哈大笑，把大家弄得**莫名其妙**。(作补语)

5. S+V（感到）莫名其妙。

①小明刚才的一番话，谁也没听懂，大家都感到**莫名其妙**。(作宾语)

②同学们都很难过，他却突然哈哈大笑，大家都感到**莫名其妙**。(作宾语)

③就连外婆也眨着眼睛，觉得**莫名其妙**。(作宾语)

6. S……是莫名其妙。

①他常常无缘无故地生气，真是**莫名其妙**。(是字句)

②这家伙相当奇怪，问的问题更是**莫名其妙**。(是字句)

使用语境：常用于指人对发生的情况感到不可理解或不合情理，有不满的意味。

近义：不可思议

反义：恍然大悟

HSK 真题：

2018 书写部分文本：但自从我在你们家买了这辆新车后，怪事就发生了。每当我买了香草口味的冰激凌时，车子就**莫名其妙**地发动不了。

使用偏误：

➢他特别**莫名其妙**（奇怪）为什么这些东西让父母高兴。（"莫名其妙"后不能加宾语。）

➢这（真）是**莫名其妙**。（"是"前要加状语。）

➢我现在还认为汉语的语法难，但要用破釜沉舟的精神来对待这个**莫名其**

妙（难以理解）的汉语。汉语！我爱你。（句子中的意思是汉语这个语言虽然很难学，不容易明白，但是我很喜欢。“莫名其妙”在事物前面用来形容这件事情想不明白，常含有贬低之意，放在这个句子中显然不合适。）

默默无闻 mò mò wú wén（unknown to the public）

默默：没有声息。闻：出名。不出名，没有人知道。

用法说明：谓词性；常作定语，也作谓语、状语（后加“地”）。

1. 默默无闻的 N（人、地方等）。

①这位**默默无闻**的小学教师得到市政府的奖励，一下子成了全村注目的人物。（作定语）

②10 年前，这里只不过是个**默默无闻**的小渔村，现在已变成改革开放的窗口。（作定语）

③他从一个**默默无闻**的大学生，一夜之间成了名扬全国的新闻人物。（作定语）

2. S 默默无闻。（可独立作谓语）

①他几十年如一日，**默默无闻**，教书育人。（作谓语）

②这家企业，当初**默默无闻**，现在已摇身一变成了国内名牌企业。（作谓语）

③他穿着一身旧军装，一年到头在这里给我们烧开水，辛辛苦苦，**默默无闻**。（作谓语）

④她多年来一直**默默无闻**，想到过放弃，但出于对演员这一行的热爱，她坚持了下来。（作谓语）

3. S 默默无闻地 V（工作）。

①远方的士兵**默默无闻**地保卫着祖国，但国家和人民不会忘记他们。（作状语）

②他只是个普通的医生，兢兢业业，**默默无闻**地治病救人。（作状语）

③老同志在这里**默默无闻**地工作了 20 多年，奉献了自己的青春。（作状语）

使用语境：含褒义，常用于指人做事低调，不图名利，没什么名声。

近义：无声无息

反义：大名鼎鼎

目不转睛 mù bù zhuǎn jīng（fix eyes on；be all eyes for）

睛：眼珠子。指眼珠子一动不动地注视。形容注意力集中。也作：目不转视。

用法说明：谓词性；常作状语（后加“地”），也作谓语；可用于兼语句。

1. S 目不转睛地 V（看、盯、注视、望等）。

①每次上课时，他总是坐在第一排，**目不转睛**地注视着黑板。（作状语）

②飞机升到了天空，小刚**目不转睛**地看着它。（作状语）

③他**目不转睛**地盯着那位时髦的小姐，眼睛一眨不眨。（作状语）

2. S（令人）目不转睛。（可独立作谓语）

①看到儿子的镜头，母亲**目不转睛**，生怕错过了什么。（作谓语）

②她久久地盯着那个地方，**目不转睛**。（作谓语）

③比赛中，她漂亮而又高难度的动作，令观众和裁判**目不转睛**。（兼语句）

使用语境：常用于指注意力很集中地看。

近义：全神贯注/目不斜视

反义：左顾右盼/东张西望

使用偏误：

➢她还是**目不转**眼（**睛**）地瞪着我，我害怕得大哭起来。（“眼”误代“睛”。）

目瞪口呆 mù dèng kǒu dāi（be struck dumb with astonishment）

目瞪：睁大眼睛直视。口呆：嘴里说不出话来。瞪大眼睛说不出话来。形容受惊、害怕而愣住的样子。

用法说明：谓词性；常作谓语、补语，也作定语、状语（后加“地”）；可用于兼语句。

1. S（令人/叫人/让人）目瞪口呆。

①他一使劲，竟能把 85 千克的金球抱起来，在场所有的人都**目瞪口呆**。（作谓语）

②第一次检查行李时，所有在场的人都**目瞪口呆**：箱子里装的全是金银珠宝。(作谓语)

③这意外的结果令大家**目瞪口呆**。(兼语句)

2. S+V（吓、惊、看、听等）得目瞪口呆。

①弟弟看着被打碎的花瓶，吓得**目瞪口呆**。(作补语)

②他被惊得**目瞪口呆**，半天说不出话来。(作补语)

③大家看得**目瞪口呆**，半天回不过神来。(作补语)

3. S 目瞪口呆地 V。

①他**目瞪口呆**地站在那里，好久也没动一动。(作状语)

②不但家里的人惊呆了，连周围的人都站在那儿**目瞪口呆**地看着我们。(作状语)

③这个消息实在太突然了，一时之间每个人都**目瞪口呆**地反应不过来。(作状语)

4. 目瞪口呆的 N（人、样子等）。

①我看了看**目瞪口呆**的妈妈，不禁得意地笑了。(作定语)

②看到他一副**目瞪口呆**的样子，这位年轻的女子奇怪地问道："怎么了?"(作定语)

使用语境：用于描写一个人听了或看了某种现象后因为吃惊或者害怕而一时呆了的神态。

近义：瞠目结舌/呆若木鸡

反义：神色自若/神色怡然

近义词辨析：目瞪口呆 VS 瞠目结舌

		目瞪口呆	瞠目结舌
相同点	都有因某种原因而说不出话来的意思。都常作谓语、定语、状语、补语。如： 这类学校的收费高于正常公立学校的十倍、几十倍，令人**目瞪口呆**/**瞠目结舌**。		
不同点	语义	着重指眼睛盯着不动，一句话也说不出来；语义程度较重。如： 由于事情发生得太突然，大家都**目瞪口呆**，不知所措。	着重指瞪着眼睛，有时还能结结巴巴地说出点话来；语义程度较轻。如： 父亲的反问让儿子**瞠目结舌**，无言以对。
	语体色彩	用于口语和书面语	用于书面语

近义词辨析： 目瞪口呆 VS 呆若木鸡

		目瞪口呆	呆若木鸡
相同点	都表示人吃惊发呆。都作谓语、补语、定语、状语。如： 这突然的变化，把那强盗惊得**目瞪口呆**/**呆若木鸡**。		
不同点	语义	从人的面部表情来形容人发呆的样子。如： 杂技团的精彩表演，看得观众**目瞪口呆**。	从人的整体来形容人发呆的样子。如： 这突然的灾难把他吓得**呆若木鸡**，一动也不敢动。

使用偏误：

➢看着电视吃饭她妈妈都不说什么，这个情景让我口呆目瞪（**目瞪口呆**）了。(词序错误。)

目中无人 mù zhōng wú rén（look down one's nose at everyone）

眼里没有别人。形容骄傲自大，谁都看不起。

用法说明： 谓词性；常作谓语，也作定语、状语（后加"地"）。

1. S（有些/太）目中无人。(前可受程度副词修饰)

①他太**目中无人**了，太傲慢了！(作谓语)

②书读得多了，他总有些**目中无人**，难以相处。(作谓语)

③他一向**目中无人**，骄傲得不得了。(作谓语)

④你千万别觉得自己是受过高等教育的人，就**目中无人**，看不起老人家。(作谓语)

2. 目中无人的 N（样子、态度等）。

他那**目中无人**的态度，真令人受不了！(作定语)

3. S 目中无人地 V。

①她过去总是**目中无人**地走来走去。(作状语)

②小花猫突然从屋里跑出来，它**目中无人**地爬到了树干上，接着很快爬到高处。(作状语)

使用语境： 含贬义，用于批评某人过分骄傲自大。

近义： 目空一切/旁若无人

反义：虚怀若谷

近义词辨析：目中无人 VS 目空一切 VS 旁若无人

		目中无人	目空一切	旁若无人
相同点	都指态度傲慢，不把别人放在眼里。都常作谓语、定语、补语。如： 高桥站在他的旁边，仍然是一副**目中无人/目空一切/旁若无人**的样子，仿佛金牌已然在握。			
不同点	语义	指看不起任何人，心目中只有自己；语义较轻。如： 他是因为自卑，所以不理人，并不是**目中无人**。	什么都不放在眼里；语义较重。如： 年轻人还是要谦虚一点，如果**目空一切**，必然令人反感。	偏重于态度，意义较多，还可以形容态度自然，不受拘束和专心致志。如： 小红缓步走上舞台，**旁若无人**地唱了起来。
	感情色彩	贬义词	贬义词	中性词

使用偏误：

➢我扔下课本，**目中无人**（旁若无人）、大摇大摆地由教室里走了出来。（句子没有"骄傲自大"义，应用"旁若无人"。）

耐人寻味 nài rén xún wèi (provide much food for thought, be worth pondering over)

耐：经得起。寻味：探索体味。其中的意味经得起人们反复地体会、琢磨。形容意味深长，值得反复体味。

用法说明：谓词性；常作谓语，也作定语，构成的字短语；可受程度副词修饰。

1. S（更、十分、非常等）耐人寻味。

①这本书非常有教育意义，读起来**耐人寻味**。（作谓语）

②现实中的戏开始上演，而且远远比电影本身更戏剧性、更**耐人寻味**。（作谓语）

③一位时髦的女人靠在办公室的门旁，脸上似笑非笑的表情十分**耐人寻味**。（作谓语）

2. 耐人寻味的N（话、事、道理、现象、表情、笑容等）。

①他说了一句**耐人寻味**的话，让我一夜难眠。（作定语）

②在西安旅游的一个星期里，我了解了不少西安的情况和历史，使我觉得西安是一座**耐人寻味**的古都。（作定语）

③记者看到一个**耐人寻味**的现象：参加会议的50多所学校中，只有零星几所公办中学和大学。（作定语）

3. 耐人寻味的是……

①**耐人寻味的是**，他们恰恰是按中国传统文化中的道德标准来要求自己的。（的字短语作主语）

②**耐人寻味的是**，学生与家长的想法，在许多方面很不合拍。（的字短语作主语）

使用语境：多用于文学艺术作品，也用于指文章或讲话意味深长，值得回味。

近义：回味无穷

反义：淡而无味

近义词辨析：耐人寻味 VS 回味无穷

<table>
<tr><th colspan="2"></th><th>耐人寻味</th><th>回味无穷</th></tr>
<tr><td>相同点</td><td colspan="3">都指意味深长。都可作谓语、定语。如：
在上海乘地铁，地铁站内那些耐人寻味/回味无穷的人生格言以及幽默、诙谐的漫画，给我留下很深的印象。</td></tr>
<tr><td rowspan="3">不同点</td><td>语义</td><td>不仅指事后，也可以指当时体会到意味很深。如：
这部电影教育意义深刻，耐人寻味。</td><td>只限于指事后回忆、追忆中体会到意味很深。如：
老歌再重新去听的时候仍然让人回味无穷，让人很怀念！</td></tr>
<tr><td>语法功能</td><td>不能用于兼语句。前可受程度副词修饰</td><td>可用于兼语句。前不能受程度副词修饰</td></tr>
<tr><td>适用范围</td><td>不能用于形容具体事物给人的回味深</td><td>可用于表示具体事物给人的回味深。如：
这壶绿茶，喝一口就觉得满嘴清芬，回味无穷。</td></tr>
</table>

使用偏误：

➢这篇文章让我（去掉“让我”）**耐人寻味**。(“耐人寻味”不能用于兼语句。)

难得一见 nán dé yī jiàn（rare to see）

很难见到，不容易碰见的意思。

用法说明：谓词性；常作定语、谓语，也作状语（后加“地”）。

1. 难得一见的N（东西、笑容、资料、奇观、场景等）。

①在你们那儿**难得一见**的东西，在我们这儿却到处都是。(作定语)

②这套作品的不少镜头都来自历史的真实记录，是**难得一见**的珍贵资料。(作定语)

③爸爸回来的时候，心情似乎很好，脸上露出了**难得一见**的笑容。(作定语)

2. S难得一见。(可独立作谓语)

①那时的生活极度艰苦，鸡、鱼、肉**难得一见**。(作谓语)

②成功像彩虹，风雨之后也**难得一见**。(作谓语)

③在一向讲究“观棋不语”的围棋比赛中，这种热闹的场面实在**难得一见**。(作谓语)

3. S难得一见地V。

听说我拿了别人的东西后，妈妈**难得一见**地发了很大的火。(作状语)

使用语境：常用于指人或物的难得或者极少。

难以想象 nán yǐ xiǎng xiàng（be difficult to imagine beyond imagination）

指无法想象，难以理解。

用法说明：谓词性；常作谓语（后可带宾语）、定语；可用于是的句、兼语句。

1. S（后果、困难、人等）+（让人/令人/叫人）难以想象。

①进行化学实验时，千万要小心，否则后果**难以想象**。(作谓语)

②一个人的能量有多大，你有时候真的**难以想象**。(作谓语)

③ 如果没有人看管这个儿子，会出现什么样的后果，实在让人**难以想象**。(兼语句)

2. 难以想象，……

①**难以想象**，他是怎样度过那段艰难的日子的。(作谓语)

②**难以想象**，在参与者地位不平等的市场中会达成公平的交易。(作谓语)

3. 难以想象的 N（事情、困难、后果、程度、水平等）。

①目前的情况，对我们没有体验过饥饿的人来说，是一件**难以想象**的事。(作定语)

②她凭着自己坚强的毅力克服了常人**难以想象**的困难，并以优异的成绩考入美国哈佛大学。(作定语)

③对一般中国百姓而言，取消中医依然还是一件**难以想象**的事情。(作定语)

④在过去的一百多年中，世界历史和人类社会发生了剧烈而深刻的变化，达到了前人**难以想象**的程度。(作定语)

4. S 是难以想象的。

①他竟然开始主动举手回答老师的问题了，这在以前是**难以想象**的。(是的句)

②没有科学、系统的复习，要取得较好的高考成绩是**难以想象**的。(是的句)

使用语境：常用于指某种现象让人不能想象，很难理解。

难以置信 nán yǐ zhì xìn（incredible；unbelievable）

置信：相信。出乎意料，让人很难相信。

用法说明：谓词性；常作谓语（后可加宾语），也作状语（后加“地”）；可用于兼语句。

1. S 难以置信（宾语）。(后可加宾语，可独立作谓语)

①我的声音居然是那样子的，我**难以置信**。(作谓语)

②“有这种事？”他的眉头皱成一团，**难以置信**。(作谓语)

③亲眼看见大伯那肿胀的尸体，**难以置信**那就是我最敬爱的大伯。（作谓语）

2. S 叫人/让人/使人/令人难以置信。

①这个人的话，真让人**难以置信**。(兼语句)

②这些干旱地区严重缺水的情况令人**难以置信**。(兼语句)

③在歌友大赛中业余歌手竟然击败了多数职业选手，真叫人**难以置信**。(兼语句)

3. S 难以置信地 V。

"你刚才喝了 9 杯红啤酒?" 我**难以置信**地问他。(作状语)

使用语境：用于指某种事物或现象很难让人相信，主语可以是具有这一性质的事物，也可以是有这种感受的人。

反义：深信不疑

恼羞成怒 nǎo xiū chéng nù (be ashamed into anger)

恼：气恼，恼恨。羞：羞臊。因气恼和羞愧而发怒。也作：老羞成怒。

用法说明：谓词性；常作谓语，也作定语、状语（后加"地"）、补语。

1. S 恼羞成怒。(可独立作谓语)

①面对大家的不断指责，他**恼羞成怒**，发了脾气。(作谓语)

②没有得到满足的他**恼羞成怒**，产生了杀人的想法。(作谓语)

③对方没有得到满足，便**恼羞成怒**，竟拍着桌子吼。(作谓语)

2. 恼羞成怒的 N（人、样子、模样等）。

①已经**恼羞成怒**的老王，再也听不进任何人的劝告。(作定语)

②看见他**恼羞成怒**的模样，我不得不道歉。(作定语)

3. S 恼羞成怒地 V（说、骂、吼、回答、大喊等）。

①他**恼羞成怒**地说："你们都是坏人。"（作状语）

②遭到拒绝后，他们**恼羞成怒**地骂我是傻子。(作状语)

③"笑！笑什么笑!" 瘦小男子**恼羞成怒**地吼道。(作状语)

4. S+V 得恼羞成怒。

①小明被大家说得**恼羞成怒**，便转身跑出门去。(作补语)

②他被骂得**恼羞成怒**，大喊："住口！"（作补语）

使用语境：含贬义，用于指因自己的一些难于启齿的事情被人戳穿而发怒。

近义：气急败坏

反义：喜形于色

念念不忘 niàn niàn bù wàng（bear in mind forever）

念念：时刻思念。牢记在心，时刻不忘。

用法说明：谓词性；多作谓语（后可加宾语）；可用于兼语句。

1. S 对……（人、家乡、祖国等）念念不忘。

①父母亲对家乡的风俗和文化怀有浓厚的感情，**念念不忘**。（作谓语）

②虽然离开家乡已经20年了，但我一直对故乡**念念不忘**。（作谓语）

③我这次返回新加坡是因为对祖国**念念不忘**，毕竟我所有的亲人都在这里。（作谓语）

④人总是对得不到的东西**念念不忘**，这是人之常情。（作谓语）

2. S 念念不忘……（人、工作、故乡等）。

①他**念念不忘**父母的养育之恩。（作谓语）

②他**念念不忘**故乡。很多年来，他总想为上海做些什么。（作谓语）

③直到生命的最后时刻，他仍**念念不忘**孩子的衣食冷暖、成长进步。（作谓语）

3. S 让/叫人念念不忘。

①山里的风景让我**念念不忘**，真希望再去一次。（兼语句）

②一路上，不仅澳洲的美景让人流连忘返，美食也让人**念念不忘**。（兼语句）

使用语境：用于指时时刻刻把某人或某事物挂在心上。

近义：朝思暮想

反义：置之脑后

弄虚作假 nòng xū zuò jiǎ（to employ trickery; practise fraud）

虚：虚假。假：不实。用虚假的东西欺骗别人。

用法说明：谓词性；常作谓语，也作定语、宾语。

1. S（不）弄虚作假。（可独立作谓语）

①有的干部**弄虚作假**，骗取上级领导的信任。（作谓语）

②我们要当老实人，说老实话，做老实事，不**弄虚作假**。（作谓语）

③如果干部**弄虚作假**，危害会非常大。（作谓语）

2. 弄虚作假的 N（人、行为、问题、现象等）。

①这种**弄虚作假**的行为迟早会被发现的。（作定语）

②眼下有些广告却不实事求是，而是采取**弄虚作假**的方法。（作定语）

③在检验学生数年学习成效的毕业论文中，居然也出现了**弄虚作假**的现象，这实在值得深思。（作定语）

3. S+V 弄虚作假。

①他做事总爱**弄虚作假**，已经没有人相信他了。（作宾语）

②CUBA 的组织者坚决反对**弄虚作假**，反对以专业队选手假冒大学生参赛。（作宾语）

使用语境：含贬义，常用于指责那些作假骗人行为。

反义：实事求是

鹏程万里 péng chéng wàn lǐ （have a bright future）

鹏：传说中的大鸟。意思是相传鹏鸟能飞万里路程。后比喻前程远大。

用法说明：谓词性；多作谓语。

①当代的年轻人只有掌握了科学技术，才能够展翅高飞，**鹏程万里**。（作谓语）

②请接受我对你成功的祝贺，衷心祝你**鹏程万里**。（作谓语）

③祝愿澳门特区更加兴旺发达、**鹏程万里**。（作谓语）

使用语境：含褒义，常用于祝福别人前程远大。

近义：前程万里/锦绣前程

反义：穷途末路/走投无路

近义词辨析：鹏程万里 VS 锦绣前程

		鹏程万里	锦绣前程
相同点	都指前程好		
不同点	语义	偏重于前程的远大。如： 每位老师都希望自己的学生能够**鹏程万里**。	偏重于前程的美好。如： 你可不要做傻事，耽误了自己的**锦绣前程**。
	语法功能	用作动词	用作名词

疲惫不堪 pí bèi bù kān (be tired to death; extremely tired)

疲惫：十分疲乏。不堪：不能忍受。形容非常疲乏。

用法说明：谓词性；常作谓语、定语，也作补语、状语（后加“地”）；前不受程度副词修饰。

1. S 疲惫不堪。(可独立作谓语)

①他已经**疲惫不堪**，一坐在沙发上就睡着了。(作谓语)

②他在医院干了一天重活，回到住所时，人已**疲惫不堪**。(作谓语)

③妈妈**疲惫不堪**，可是她不肯去休息，坚持给我们做饭吃。(作谓语)

2. 疲惫不堪的 N（人、身体、样子、神色等）。

①我拖着**疲惫不堪**的身体下了飞机，真想现在睡一觉呀。(作定语)

②每当看到母亲**疲惫不堪**的样子，我都很心疼，就拼命地干家务。(作定语)

③他的身子还没有康复，走路极其艰难，脸上也带着**疲惫不堪**的神色。(作定语)

3. S+V/Adj 得疲惫不堪。

①我一口气把暑假作业写完了，累得**疲惫不堪**。(作补语)

②为了寻路牌，走了好几站地，累得**疲惫不堪**。(作补语)

③老师们常常围着学生转，把自己弄得**疲惫不堪**，根本没时间搞教学。(作补语)

4. S 疲惫不堪地 V。

①爸爸**疲惫不堪**地从公司回来了。(作状语)

②他整整忙了一夜，直到第二天早上才**疲惫不堪**地回来。(作状语)

使用语境：含贬义，常用于指人非常疲乏。

近义：筋疲力尽/精疲力竭

反义：生气勃勃/生机勃勃

萍水相逢 píng shuǐ xiāng féng （meet by chance）

萍：浮萍。浮萍随水漂泊，聚散无定。比喻互相不认识的人偶然相遇。

用法说明：谓词性；常作谓语，也作定语、宾语；可用于是字句。

1. S（A 和/与跟 B）萍水相逢　可独立作谓语。

①他与你**萍水相逢**，他的话怎么能完全相信呢？（作谓语）

②他不明白，大家**萍水相逢**，为什么比亲兄弟还亲？（作谓语）

③我们**萍水相逢**，可我们心灵相通，相处得很好。（作谓语）

④我一直想知道她为什么那么关心我，她和我**萍水相逢**，甚至语言不通。（作谓语）

2. 萍水相逢的 N（人、朋友等）。

①我和这位**萍水相逢**的朋友成了无话不谈的知己。（作定语）

②对于那些**萍水相逢**的朋友，我们只有一个不全面的印象。（作定语）

3. S……是萍水相逢。

我和他只是**萍水相逢**，谈不上感情深厚。（是字句）

使用语境：只用于不认识的人，指偶然认识一个人，并无深交。

近义：不期而遇

迫不及待 pò bù jí dài （can't wait to do sth.）

迫：紧急。急迫得不能再等待。形容心情十分急切。

用法说明：谓词性；常作状语（多，后加“地”），也作谓语、定语、宾语；可用于是字句。

1. S 迫不及待地 V。

①今天有足球赛，我刚进屋就**迫不及待**地打开了电视机。（作状语）

②他劝我等你回来再宣布，可我仍然**迫不及待**地宣布了。（作状语）

③爸爸打断叔叔的话，**迫不及待**地问。（作状语）

④一放暑假，几个同学就**迫不及待**地相约一起到海边去度假。（作状语）

2. S 迫不及待。（可独立作谓语）

①快点上班，我已经**迫不及待**了。（作谓语）

②本来预定明天搬来，但我**迫不及待**，又提前了一天。（作谓语）

③因为太好吃，朋友**迫不及待**，在照相前抢着吃了。（作谓语）

3. 迫不及待的 N（人、样子、心情、神情等）。

①他那**迫不及待**的样子，引起了一阵哄堂大笑。（作定语）

②听说有好吃的，他赶快跳下床，露出一副**迫不及待**的神情。（作定语）

③他并不急着见她，也没有**迫不及待**的心情。（作定语）

4. S……是迫不及待。

妈妈想出去逛逛，我更是**迫不及待**。（是字句）

使用语境：常用于指人或动物心情很急切地做什么事。

近义：迫在眉睫

反义：从容不迫

近义词辨析：迫不及待 VS 迫在眉睫

		迫不及待	迫在眉睫
相同点	都有紧急的意思。都可作谓语、定语		
不同点	语义	多指主观上的心情，自己急着去做。如： 小羊一见到妈妈，就**迫不及待**地跑过去吃奶。	多指客观情况紧急，不容迟缓。如： 事情已经**迫在眉睫**了你才准备，是不是太晚了？
	语法功能	可作状语。主语为生命体	不能作状语。主语为事物

使用偏误：

➢换过衣服，我都急不迫待（**迫不及待**）地跳下水了！（词序错误）

➢当我刚出生时，爸爸很穷，所以妈妈就**迫不及待**（地）离开他，让他自己照顾我。（“迫不及待”作状语时后常加“地”）

扑面而来 pū miàn ér lái（come into face；sweep over）

朝着你的方向过来。

用法说明：谓词性；常作谓语，也作定语，并可构成的字短语。

1. S（香气、臭气、气息、热浪等）扑面而来。（可独立作谓语）

①站在五楼的走廊上，阵阵凉风**扑面而来**。（作谓语）

②走进温室，热浪**扑面而来**。（作谓语）

③她来到厨房，打开厨房门，一阵饭菜的香气**扑面而来**。（作谓语）

2. 扑面而来的 N（风、气息、热气等）。

①大风一起，大街小巷尘土飞扬，**扑面而来**的风沙吹得人睁不开眼。（作定语）

②顶着炎炎烈日和**扑面而来**的热气，人们开始了一天的工作和生活。（作定语）

③青春，是**扑面而来**的春风。（作定语）

3. 扑面而来的是……

①走进小店，**扑面而来的**是应接不暇的鲜花和各种新奇的工艺品。（的字短语作主语）

②穿行在界首平原上，所到之处，**扑面而来的**是令人心醉的丰收景象。（的字短语作主语）

③走进校园，**扑面而来的**是大学生的青春热情和真诚。（的字短语作主语）

使用语境：常用于指风、雨、雪、气味等事物从正对着自己的方向急促地赶来，通常形容某种感觉和状态。

七嘴八舌 qī zuǐ bā shé（all talking at once）

人多嘴杂，你一言，我一语，说个不停。

用法说明：谓词性；多作状语、谓语。

1. 七嘴八舌地 V（说、喊、告诉、回答、议论等）。

①人们走到她身边，**七嘴八舌**地安慰她。（作状语）

②这个消息一传开，厂里的工人们都**七嘴八舌**地议论起来。（作状语）

③球迷们一面看足球比赛，一面**七嘴八舌**地议论着。（作状语）

④女教师画了同样的圆圈儿问孩子们："这是什么？"孩子们立刻**七嘴八**

舌地回答："是太阳！""是老师的大眼睛！"（作状语）

2. S 七嘴八舌。（可独立作谓语）

①人们都围了上去，**七嘴八舌**，他不知听谁的好。（作谓语）

②几个女生**七嘴八舌**，使得原本就不安静的红茶店更吵了。（作谓语）

③大家**七嘴八舌**，反复讨论，最后基本统一了思想。（作谓语）

④见到总书记，心情非常激动，大家**七嘴八舌**，你一言我一语地向总书记汇报着。（作谓语）

使用语境：常用于指在人多的场合大家都争着发表自己的看法。

近义：人多嘴杂/议论纷纷

反义：异口同声/众口一词

近义词辨析：七嘴八舌 VS 人多嘴杂

		七嘴八舌	人多嘴杂
相同点	都有说得杂乱，说法多种多样的意思。都可作谓语、定语。如： 面对农民代表**七嘴八舌/人多嘴杂**的提问，他时而埋头记录，时而抬头聆听。		
不同点	语义	有你一言我一语的意思。如： 校门口围了一大堆人，同学们还在**七嘴八舌**地议论着刚才发生的事情。	只表示议论多，说法多。如： 酒馆这种地方，**人多嘴杂**，最易打听消息。
	语法功能	常作状语	一般不作状语

齐心协力 qí xīn xié lì（to pull together; work together as one）

协力：合力。形容思想一致，共同努力。

用法说明：谓词性；常作谓语、状语（后"地"可加可不加），也作定语、宾语。

1. S 要/应该/必须齐心协力。（可独立作谓语）

①困难当前，我们要**齐心协力**，努力拼搏，夺取胜利。（作谓语）

②在拔河比赛中，同学们**齐心协力**，终于战胜了对手。（作谓语）

③只要大家**齐心协力**、共同努力，就没有战胜不了的困难。（作谓语）

2. S 齐心协力（地）V（度过、摆脱、解决、创造、挫败、克服、发展等）。

①咱们应该**齐心协力**地联合搞这个项目，不应该像过去那样各干各的。

(作状语)

②你就能由此知道这不是你一个人的问题，并可以跟大家一起**齐心协力**地对付它。(作状语)

③如果没有团结的精神，又怎么能**齐心协力**地解决社会问题呢？（作状语)

④两个人**齐心协力**帮助他一个人，完成任务就有把握了。(作状语)

3. 其他。

①拔河比赛最讲究**齐心协力**。(作宾语)

②三个月大家**齐心协力**的拼搏，竟然拼出了一台轰动京津舞坛的大型舞剧。(作定语)

使用语境：含褒义，常用于指两人或多人想法一样、共同努力做一件事，以改变某种不好的状况或开辟新的领域。

近义：群策群力

反义：各行其是

近义词辨析：齐心协力 VS 群策群力

<table>
<tr><th colspan="2"></th><th>齐心协力</th><th>群策群力</th></tr>
<tr><td colspan="2">相同点</td><td colspan="2">都有思想上一致、行动上共同努力的意思。都可作谓语、状语。如：
我们要调动起广大干部和群众的积极性，集思广益，齐心协力/群策群力地建设社会主义。</td></tr>
<tr><td rowspan="2">不同点</td><td>语义</td><td>强调思想认识一致的意思。如：
我们俩齐心协力，一起动手，很快就完成了任务。</td><td>强调共同出主意，想办法的意思。如：
大家群策群力，用集体的智慧战胜了困难。</td></tr>
<tr><td>适用范围</td><td>可用于众人，也可用于两个人</td><td>只适用于众人</td></tr>
</table>

奇花异草 qí huā yì cǎo（exotic flowers and rare herbs）

奇异的花草。

用法说明：名词性；多作宾语、主语。

①花展上我看到那么多**奇花异草**，真是大开眼界。(作宾语)

②全岛有十四个公园，种有三千多种**奇花异草**。(作宾语)

③北京植物园里的**奇花异草**真不少。(作主语)

④百花山上，**奇花异草**散发着清香。(作主语)

使用语境：含褒义，常用于指不常见的花草。

岂有此理 qǐ yǒu cǐ lǐ (totally unreasonable)

哪里有这样的道理。指别人的言行或某一事物极其荒谬。

用法说明：谓词性；多作分句；可用于是字句。

①天冷了刮大风了就不来上课了？**岂有此理**！(作分句)

②怎么啦，大半天没见到他，连吃饭也要人家来请吗？**岂有此理**！(作分句)

③**岂有此理**，哪有自己人打自己人的道理！(作分句)

④我一心要帮你，你却骂我，真是**岂有此理**！(是字句)

⑤你自己学不好，还怪别人，真是**岂有此理**。(是字句)

使用语境：含贬义，常用于对不合理现象表示反对和愤慨的场合。

近义：莫名其妙/不可思议

反义：理所当然/天经地义

使用偏误：

➢这对吸烟者来说，非常不公平，真是**岂有此理**的事了（去掉“的事了”）。(“岂有此理”一般不用作定语。)

➢我从前好几次看过这样**岂有此理**（不讲道理）的人。(“岂有此理”一般不用作定语。)

➢这哪能**岂有此理**的呢（这真是岂有此理！）？(“岂有此理”不能用在“哪能”的反问句中。)

➢为什么别人不用干，偏偏把这样麻烦的事放在我身上？其（**岂**）**有此理**。(“其”误代“岂”。)

迄今为止 qì jīn wéi zhǐ (so far; up to now)

迄：到。今：目前。迄今是指从古至今，是一个时段。意思是到目前为止，到现在为止。

用法说明：谓词性；常作状语。

①请说出**迄今为止**你用自己的财富所做过最好的事。(作状语)

②这是**迄今为止**新加坡在海外举办的最大型的商品交易会。(作状语)

③这是**迄今为止**对吸烟者最为严厉的惩罚措施。(作状语)

使用语境：指从以前到现在较长的一段时间内某事情的情况，常跟“最”一起用。

恰到好处 qià dào hǎo chù（be to the point）

恰：正巧，刚好。说话做事恰好到了最恰当的地步。

用法说明：谓词性；常作状语（后加“地”）、补语，也作定语、谓语、宾语；可用于是字句、是的句。

1. S 恰到好处地 V。

①他用适当的方法，**恰到好处**地处理了这件事。(作状语)

②我刚才说的那句话你听了很高兴，很愉快，因为我**恰到好处**地赞美了你。(作状语)

2. S+V（说、煮、搭配、表现等）得恰到好处。

①你这话说得**恰到好处**，既不伤他的感情，也能让他心领神会，达到咱们的目的。(作补语)

②孩子的鞋袜不但干净整洁，而且与衣服搭配得**恰到好处**。(作补语)

③这只鸡的确很好吃，结实但鲜嫩，煮得**恰到好处**。(作补语)

3. S 恰到好处。(可独立作谓语)

①老田对这件事的处理公正妥当，**恰到好处**。(作谓语)

②他们的表演华而不艳，美而不俗，**恰到好处**。(作谓语)

③广场上照的那张照片相当不错，那天光线**恰到好处**。(作谓语)

4. 恰到好处的 N（话、距离等）。

①说话不仅是一门技巧，更是一门艺术。一句**恰到好处**的话，可以改变一个人的命运。(作定语)

②他与小主人保持着**恰到好处**的距离，既不会太远，也不至于听不见主

人的吩咐。(作定语)

5. S 是恰到好处（的）。

①他一脸微笑着，但又不是那种很过分的表情，总之是**恰到好处**。(是字句)

②她的头发的颜色，她的声调和她的言笑，都是**恰到好处**的。(是的句)

使用语境：含褒义，常用于指某人说话做事与当时的场合正合适。

近义：恰如其分

反义：过犹不及

近义词辨析：恰到好处 VS 恰如其分（见“恰如其分”）

恰恰相反 qià qià xiāng fǎn （on the contrary）

所指的事物截然不同，正好相反。

用法说明：谓词性；常作谓语，也作插入语。

1. S（和/与/跟……）恰恰相反。(可独立作谓语)

①他无论遇到什么事情都能保持头脑冷静，这和我**恰恰相反**。(作谓语)

②我的另一位好友的性格**恰恰相反**，不但在同学圈子里，甚至在校外也是一位“名人”。(作谓语)

③男人和女人属于两个世界，这两个世界的语言和规则，有一部分相同，有一部分**恰恰相反**。(作谓语)

④他不喝茶，只喝咖啡。而她则**恰恰相反**，不喝咖啡，只喝茶。(作谓语)

2. ……，恰恰相反，……

①舞会并没有特别的豪华，**恰恰相反**，一切都很简单。(作插入语)

②中国人并不比任何一个国家的人愚笨，**恰恰相反**，中国人民非常聪明和勤劳。(作插入语)

③中国的发展不会对任何国家构成威胁，**恰恰相反**，中国的发展将为外国同中国的经济合作带来更多的机遇。(作插入语)

使用语境：常用于指 A 和 B 两人或者两事物正好相反。

恰如其分 qià rú qí fèn （say or do something appropriate）

注意：“分”读作“fèn”；“分”不能写成“份”。

分：分寸，正当的限度。办事或说话正合分寸。

用法说明：谓词性；常作状语（后加“地”），也作谓语、定语、补语、宾语；可用于是字句、是的句。

1. S 恰如其分地 V（评价、赞美、运用等）。

①就在他还在犹豫的时候，老师的声音**恰如其分**地响了起来。(作状语)

②要**恰如其分**地评价取得的成绩，既不能夸大，也不能贬低。(作状语)

③要**恰如其分**地赞美别人是件很不容易的事。如果称赞不得法，反而会遭到排斥。(作状语)

④有了好的产品，加上**恰如其分**地运用广告手段进行宣传，就能占领市场。(作状语)

2. S（态度、用词、评价等）恰如其分。

①他的作文不但内容生动，而且用词**恰如其分**。(作谓语)

②他该动的时候才动，不多不少，**恰如其分**。(作谓语)

③她对歌德的态度**恰如其分**，不让歌德对她产生非分之想。(作谓语)

3. 恰如其分的 N（名字、评价等）。

①食草兽是一种四足食草动物，它们整天都在吃草，因此被起了这么一个**恰如其分**的名字。(作定语)

②我们要对上述不良文风进行**恰如其分**的批评，坚持作文与做人的统一。(作定语)

4. S+V（说、运用、表现等）得恰如其分。

①我暗下决心，要把话说得**恰如其分**，准确无误。(作补语)

②职场称呼，运用得**恰如其分**，可以迅速拉近同事、上下级之间的关系。(作补语)

5. S……是恰如其分（的）。

①他的这个话，并不过分，可以说是**恰如其分**。(是字句)

②在这种场合开个玩笑，似乎也是**恰如其分**的。(是的句)

使用语境：含褒义，用于称赞某人说话办事分寸正合适。

近义：恰到好处

反义：过犹不及

近义词辨析：恰如其分 VS 恰到好处

		恰如其分	恰到好处
相同点	都表示做事、说话达到适当的程度，常可通用。都可作状语、谓语、补语、定语、宾语。如： 一个建筑物的尺度必须结合它的环境、内容、性质等，才能做到**恰到好处/恰如其分**。		
不同点	语义	强调正合分寸。如： 小明的作文不但内容生动，而且用词**恰如其分**。	强调恰巧达到最好的地步。如： 作为一名老演员，他上场的时间把握得**恰到好处**。

千变万化 qiān biàn wàn huà（unending changes；ever-changing）

形容变化极多。

用法说明：谓词性；常作谓语、定语，也作宾语（少）；不能受程度副词修饰；可用于是的句。

1. S 千变万化。（可独立作谓语）

①手写字一人一个样，**千变万化**。（作谓语）

②流行歌曲总是**千变万化**，总给人们带来新鲜感。（作谓语）

③市场**千变万化**，我们也要变，要变得快，变得好。（作谓语）

④吃的种类日益繁多，吃的方式也**千变万化**，但越吃问题也似乎随之越多。（作谓语）

2. 千变万化的 N（形势、情况、市场、需求等）。

①**千变万化**的国际情势，谁都无法预料未来究竟如何发展。（作定语）

②农户信息不灵，如何面对**千变万化**的市场呢？（作定语）

③企业应根据**千变万化**的市场需求，不断调整产品结构，开发新的产品。（作定语）

3. S+V 千变万化。

在动作上要求**千变万化**，速度可慢可快。（作宾语）

4. S 是千变万化的。

生活是丰富多彩的，也是**千变万化**的。（是的句）

使用语境：常用于指事物变化多。

近义：变化多端/变化莫测

反义：一成不变/千篇一律

使用偏误：

➤最后，现在的情势变化越来越快，简直是**千变万化**（瞬息万变）。（文中意思是变化又多又快，应用“瞬息万变”。）

千方百计 qiān fāng bǎi jì（by every possible way; by all means）

方：方法。计：计策，办法。很多的办法和计谋。

用法说明：名词性；常作状语（后“地”可加可不加），也作宾语。

1. S 千方百计（地）V。

①孩子丢了，大家正在**千方百计**地寻找。（作状语）

②困难再大，我们也要**千方百计**地完成任务。（作状语）

③他总是**千方百计**为自己所犯下的错误找到合适的理由。（作状语）

2. S+V 千方百计。

①为了解决眼前的难题，他们确实用尽了**千方百计**。（作宾语）

②我们试过**千方百计**，也爱莫能助。（作宾语）

③他们想尽**千方百计**，但还是没能解决那个问题。（作宾语）

使用语境：语义较重，常用于指人们在不利情况下想尽一切办法去解决。

近义：想方设法

反义：无计可施

近义词辨析：千方百计 VS 想方设法

		千方百计	想方设法
相同点	都有为了解决问题而采取多种措施的意思。都常作状语。如： 这里的多数人十分懒惰，他们总**千方百计/想方设法**逃避工作。		
不同点	语义	是指想尽、用尽一切办法；语义较重。如： 我为了能上网玩游戏，想尽**千方百计**去讨好妈妈。	是指多方面想办法；语义较轻。如： 他把学生证丢了，正在**想方设法**寻找。
	语法功能	名词性；可作宾语	谓词性；不能作宾语，可作谓语。如： 资金虽不富余，上海新华书店仍**想方设法**，积极改造书店的购物环境。

使用偏误：

➢如果没有两代人的互相了解的话，**千方百计**（什么方法）也没有用。（“千方百计”一般不做主语。）

千家万户 qiān jiā wàn hù（innumerable homes）

指众多人家。

用法说明：名词性；常作宾语，也作定语、主语。

1. S+V（送到、走进、走入、进入、关系到等）千家万户。

①农民需要的，都买进来，送到**千家万户**。（作宾语）

②经过多年的发展，国内的汽车产业已经形成了很大的规模，大量的国产车、经济型车开始走进**千家万户**。（作宾语）

③人们的生活水平迅速提高，电冰箱、电视机、空调等家用电器已经进入了**千家万户**。（作宾语）

2. 千家万户的N（生活、利益、餐桌、农民、居民等）。

①物价问题关系到**千家万户**的生活，不能忽视。（作定语）

②这件工作涉及**千家万户**的利益，大家都很关心。（作定语）

③随着肉食鸡越来越多地进入**千家万户**的餐桌，消费者对相应产品质量的要求也越来越高。（作定语）

3. 千家万户V……

①夜幕降临了，**千家万户**亮起了灯光。（作主语）

②**千家万户**都有狗，把每条狗都管住，这谈何容易啊。（作主语）

③除夕晚上，**千家万户**坐在电视机前高高兴兴地观看新年联欢晚会。（作主语）

使用语境：用于指众多人家。

使用偏误：

➢一想到我的父母又不是**千家万户**（大户人家），我来中国留学对他们来说并不是简单的事。（“千家万户”意为众多人家，父母不能是“千家万户”。）

千军万马 qiān jūn wàn mǎ（a mighty force；thousands upon thousands of horses and soldiers）

很多士兵，很多战马。形容雄壮的队伍或浩大的声势。

用法说明：名词性；常作宾语，也作主语。

1. S+V（指挥、带领、面对、组织、调动等）千军万马。

①十年内战时期，他指挥**千军万马**，打了很多次胜仗。(作宾语)

②面对**千军万马**，纸上谈兵是远远不够的，这只能打败仗。(作宾语)

③他带领**千军万马**保卫着那里的人民和土地。(作宾语)

④社会主义事业要调动**千军万马**，每一个人的力量都是不可缺少的。(作宾语)

2. 千军万马 V……

①**千军万马**挤独木桥的美好年代过去了，我们都是走钢索的人。（作主语)

②有个好领队，**千军万马**才会发挥作用。(作主语)

③他一声令下，**千军万马**直奔城北体育馆。(作主语)

使用语境：含褒义，用于形容队伍雄壮或者声势浩大。

近义：万马奔腾

反义：单枪匹马

千钧一发 qiān jūn yī fà（at a crucial moment）

钧：古时三十斤为一钧。千钧重量吊在一根头发丝上。比喻情况万分危急。

用法说明：谓词性；多作定语。

千钧一发的 N（危急时刻、生死关头、危急关头、危险关头、瞬间等）。

①在**千钧一发**的危急时刻，他拦住了受惊的军马。(作定语)

②在这**千钧一发**的生死关头，他把生的希望留给了孩子。(作定语)

③对方总是在**千钧一发**的关头，将他从生死边缘上拉回来。(作定语)

使用语境：用于形容情况万分危急。

近义：危如累卵

反义：稳如泰山

近义词辨析：千钧一发 VS 危如累卵

		千钧一发	危如累卵
相同点	都有非常危险的意思。都可作定语。如： 在国家民族**千钧一发/危如累卵**的时刻，他毅然离开了亲人和家庭，投入了党所领导的民族解放战争。		
不同点	语义	偏重于紧急。如： 眼看着女孩要掉下楼，他在**千钧一发**之际冲到楼下，用双臂接住了她。	偏重于危险。如： 公司目前经营情形，**危如累卵**，前途发展令人担忧。
	语法功能	一般不作谓语	可作谓语，如： 这个江山已经**危如累卵**，你做皇亲的还袖手旁观，一毛不拔！
	适用范围	不能用于具体事物	可用于具体事物

前赴后继 qián fù hòu jì（advance wave upon wave）

赴：到（某处）去。继：紧接着跟上去。前面的上去了，后面的紧跟上来。形容英勇战斗，不怕牺牲，奋勇向前。

用法说明：谓词性；常作谓语，也作状语（后“地”可加可不加）、定语。

1. S（要）前赴后继。(可独立作谓语)

①我们要**前赴后继**，继续完成英雄先辈们未完成的事业！(作谓语)

②战士们冒着枪林弹雨，**前赴后继**，冲向敌阵。(作谓语)

③在革命和战争年代，共产党人**前赴后继**，为人民翻身解放而英勇斗争。(作谓语)

2. S 前赴后继（地）V。

①知识青年**前赴后继**来到边疆，决心把青春献给祖国。(作状语)

②我军战士不怕牺牲，**前赴后继**地冲向敌人的阵地。(作状语)

③一批批科学家和工作人员**前赴后继**地来到南极，为人类的南极事业做出自己的贡献。(作状语)

3. 前赴后继的N（人、斗争、精神、勇气等）。

①中国人民经过几十年**前赴后继**的英勇斗争，终于在中国共产党的领导下，取得了革命的胜利。(作定语)

②63年来，**前赴后继**的中国新闻工作者，与历史风雨兼程，与时代大潮俱进，献身于中国的新闻事业。(作定语)

使用语境：含褒义，常用于赞美人们英勇战斗，不怕牺牲，奋勇向前的精神。

近义：前仆后继（语义更重）

反义：临阵逃脱

使用偏误：

➢到现在为止许许多多的外国朋友**前赴后继**（陆陆续续）地来到中国学习汉语。(“前赴后继”形容英勇战斗，不怕牺牲，奋勇向前。而来中国学习汉语不是战斗，不需要牺牲。)

前所未有 qián suǒ wèi yǒu (unprecedented)

历史上从来没有过。

用法说明：谓词性；多作谓语、定语；可用于是的句。

1. S前所未有。(可独立作谓语)

①改革开放以来中国经济的发展速度之快，世界上**前所未有**。(作谓语)

②要与传染性极强的病人近距离接触，医务人员面临的压力**前所未有**。(作谓语)

③当代中国正在发生广泛而深刻的变革。我们面临的机遇**前所未有**，面临的挑战也**前所未有**。(作谓语)

2. 前所未有的N（挑战、危机、水平、机遇、事业、成绩、奇迹等）。

①在这样的背景下，我国银行卡的发展将面临**前所未有**的挑战。（作定语）

②在双方共同努力下，两国各领域交流合作达到**前所未有**的水平。（作定语）

③两天里中国队夺得三块个人金牌，两项团体第一，创造了中国田径史上**前所未有**的佳绩。(作定语)

3. S是前所未有的。

改革以来的农业增长速度是**前所未有**的。(是的句)

使用语境：常用于指第一次出现、发生的大事件。

近义：史无前例/空前绝后

反义：屡见不鲜

近义词辨析：前所未有 VS 空前绝后

		前所未有	空前绝后
相同点	都指以前没有过。都可作谓语、定语。都可用于是的句。如： 改革开放15年来，天津以**前所未有/空前绝后**的速度，向社会主义现代化的目标迈进。		
不同点	语义	只指以前没有过，既可指人，又可指物。如： 我省今年工农业总产值超过历史最好水平，这是**前所未有**的。	指前所未有，也指今后也不会有。如： 在音乐史上，莫扎特是**空前绝后**的音乐天才。

前无古人 qián wú gǔ rén（have no predecessors）

指以前的人从来没有做过的或者从没有过的。也指空前的。

用法说明：谓词性；多作谓语、定语；可用于是字句、是的句。

1. S前无古人（后无来者）。(可独立作谓语)

①他精通天下各种武功，内力之高**前无古人**，后无来者。(作谓语)

②这项科研是开创性的工作，在我国**前无古人**，今人谁也没做过，要克服重重难关。(作谓语)

③改革开放之路，**前无古人**，唯有敢于开拓，扎实工作，才能取得成效。(作谓语)

2. 前无古人的N（事业、成绩、成就、创举、奇迹、高度等）。

①建设四个现代化，是**前无古人**的伟大事业。(作定语)

②“一国两制”是**前无古人**的事业，任重道远。要把这项事业做好，需要我们团结奋斗。(作定语)

③在这二十年里，中国人民取得的经济成就创造了世界经济发展史上**前无古人**的奇迹。(作定语)

3. S……是前无古人（的）。

①他的绘画艺术真是**前无古人**，精彩绝伦。(是字句)

②在我们这样一个大国，要实现中国式的社会主义现代化确实是**前无古人**的。(是的句)

使用语境：用作褒义，用来形容事业等富有创造精神。

近义：前所未有/史无前例

前仰后合 qián yǎng hòu hé（rock forwards and backwards with laughter)

身体前后晃动，站不住，坐不稳。形容大醉或大笑或困倦得直不起腰的样子。也说前俯后合、前俯后仰。

用法说明：谓词性；常作补语，也作状语。

1. S+V（笑、乐、看、吐等）得前仰后合。

①老师讲的笑话真逗人，同学们笑得**前仰后合**。(作补语)

②她忍不住咯咯地笑了起来，笑得**前仰后合**。(作补语)

③那次喝醉酒后，他吐得**前仰后合**，撕心裂肺。(作补语)

2. S 前仰后合地 V（笑、打盹等)。

①看到他滑稽的样子，大家**前仰后合**地笑了起来。(作状语)

②老人**前仰后合**地打着盹儿，没有回答我的问题。(作状语)

③没有心理准备的他立刻**前仰后合**地站立不稳，最后还是这位长老把他扶稳。(作状语)

使用语境：常用于指大醉、大笑或困倦时身体前后晃动的样子。

潜移默化 qián yí mò huà（be unconsciously influenced)

潜：暗中。默：不说话，没有声音。移、化：改变。人的思想、性格等在不知不觉中受到环境的影响，产生变化。

用法说明：谓词性；常作定语、状语，也作宾语；可用于是的句。

1. 潜移默化的N（影响、作用、效果等）。

①父母的一言一行都会对孩子产生**潜移默化**的影响。(作定语)

②在王老师**潜移默化**的影响下，我渐渐地从一个不听话的坏女孩，成长为一个成熟、懂得思考的女孩。(作定语)

③这些活动的开展对培养学生的身体素质，起到了**潜移默化**的作用，从而提高了教育效果。(作定语)

2. S潜移默化地V（多为“影响”）。

①这类父亲所具备的良好特质，**潜移默化**地影响了子女的心理发育。(作状语)

②父母有意识或无意识的思想、行为会**潜移默化**地对孩子产生影响。(作状语)

③教师对待他人的态度及方式**潜移默化**地在学生身上起了作用，影响了学生性格的成长。(作状语)

3. V（或介词）潜移默化。

①她还怕中毒，怕**潜移默化**。(作宾语)

②老父亲的言传身教让我在**潜移默化**中懂得了做人的道理。(作宾语)

③美育的特点在于以情感活动为中介，通过**潜移默化**达到教育的目的。(作宾语)

4. S是潜移默化的。

文学对人的影响是**潜移默化**的。(是的句)

使用语境：多指对人的思想、性格、作风等有正面或积极的影响，且这种影响是间接的、不易察觉的，需要经过一段较长的时间。

近义：耳濡目染

近义词辨析：潜移默化 VS 耳濡目染

	潜移默化	耳濡目染
相同点	都指在不知不觉中受到影响。都常用于书面语；都常作谓语、定语、状语。如： 出生在这样一个中医世家，又在爷爷身边长大，**潜移默化/耳濡目染**，我怎能不受影响呢？	

续表

		潜移默化	耳濡目染
不同点	语义	强调人的思想、性格、习惯、作风等受环境或他人的影响慢慢地发生变化。如： 父母的**潜移默化**，使他对书法产生了浓厚的兴趣。	强调人长期生活在某一环境中，通过所听所看，不知不觉地受到影响。如： 小明父母是美术工作者，他平时**耳濡目染**，从小就喜欢绘画。

使用偏误：

➤这些对孩子都起着**潜移**漠（**默**）**化**的教育作用，有利于孩子的智力开发。（“漠”误代“默”。）

勤工俭学 qín gōng jiǎn xué（study and work）

一边求学读书，一边工作、劳动。

用法说明：谓词性；常作谓语，也作定语、宾语。

1. S 勤工俭学。

①暑期大学生做业余导游，既可**勤工俭学**，又可饱览祖国河山。（作谓语）

②他年轻时曾到法国**勤工俭学**、寻求救国之道。（作谓语）

③青年学生利用假期到社会上**勤工俭学**，有益于他们了解社会，培养适应社会的能力。（作谓语）

2. 勤工俭学（的）N（收入、活动、岗位、机会等）。

①他用自己**勤工俭学**的收入为妈妈买了一副手套。（作定语）

②在学校的推荐下，他得到了**勤工俭学**的机会。（作定语）

③ 为帮助困难学生，学院给学生提供了助学金及很多**勤工俭学**岗位。（作定语）

3. S+V（开展、依靠、从事等）勤工俭学。

①她依靠**勤工俭学**，完成了学业。（作宾语）

②学生个人自行到社会从事**勤工俭学**，一般应限于假期，学校要给予必要的引导和管理。（作宾语）

使用语境：用于指求学期间工作或劳动。

轻而易举 qīng ér yì jǔ（can be easily done；a piece of cake）

轻、易：容易，做起来不费事。举：举起。很轻松、很容易地举起来。形容事情容易做，不费力，省事。

用法说明：谓词性；常作状语（后加“地”）、定语，也作宾语、谓语；可用于是字句。

1. S轻而易举地V（动补结构、双音节动词、动词短语等）。

①他真是个大力士，**轻而易举**地搬走了一块大石头。（作状语）

②在母亲那儿，当我**轻而易举**地背出四句诗文时，总会有一点奖励。（作状语）

③入侵者具有高超的技术手段，**轻而易举**地修改了各网站的内部系统。（作状语）

④他当初想做却不敢做的事情，人家却**轻而易举**地做到了，他心里不服。（作状语）

2. 轻而易举的N（事、事情等）。（常用于判断句中）

①我原以为这是**轻而易举**的事，没想到花了那么大的功夫还是没办成。（作定语）

②其实学汉语并不是一件**轻而易举**的事情，你必须有相当的决心和动力才能学好。（作定语）

3. S轻而易举。

①他太弱小了，对付他简直**轻而易举**。（作谓语）

②我骑马技术很好，骑骆驼应该**轻而易举**。（作谓语）

4. S……是轻而易举。（用于判断句中）

①凭他家的财力，要做到这点，绝对是**轻而易举**。（是字句）

②这少年不会说谎，要从他口中问出点事情，简直是**轻而易举**。（是字句）

使用语境：含褒义，用于指做事情容易，不费力。

近义：易如反掌/手到擒来

反义：寸步难行/举步维艰

倾家荡产 qīng jiā dàng chǎn（become bankrupt and homeless; lose all one's property）

倾：倒出。荡：弄光。全部家产都给弄光了。

用法说明：谓词性；常作谓语，也作补语、宾语；可用于兼语句。

1. S 倾家荡产。

①一场大火使他一夜之间**倾家荡产**。（兼语句）

②最好远离赌场，不然你会**倾家荡产**。（作谓语）

③他们为给儿子治病，**倾家荡产**，债台高筑，但仍缺 10 万元治疗费。（作谓语）

2. S+V（输、赔、罚、弄等）得倾家荡产。

①我的那些孩子们可真能吃，他们会把我吃得**倾家荡产**的。（作补语）

②他一天到晚赌博，最后输得**倾家荡产**，把房子都卖了。（作补语）

③造假者一旦被抓就会被罚得**倾家荡产**，很难东山再起。（作补语）

3. 其他。

为了治好父亲的病，他变卖了家里所有的东西，直到**倾家荡产**。（作宾语）

使用语境：含贬义，常用于指家产被弄光的情况。

近义：一贫如洗

反义：白手起家

情不自禁 qíng bù zì jīn（can't help but do）

注意："禁"的发音是"jīn"

禁：抑制。感情激动得不能控制。强调完全被某种感情所支配。

用法说明：谓词性；常作状语（后加"地"），也作谓语。

1. S 情不自禁地 V。

①他太喜欢她了，就**情不自禁**地跟着她。（作状语）

②当大家都哼这首歌时，我也**情不自禁**地跟着哼。（作状语）

③小萍是个舞迷，只要听到音乐，她就会**情不自禁**地跳动起来。（作状语）

2. S情不自禁。

①这真无法相信，我是他的粉丝，我**情不自禁**了。（作谓语）

②他知道不该跟她吃醋，但就是有点儿**情不自禁**。（作谓语）

使用语境：用于指人的感情不能自我控制。

近义：不由自主

反义：无动于衷

近义词辨析：情不自禁 VS 不由自主

<table>
<tr><th colspan="2"></th><th>情不自禁</th><th>不由自主</th></tr>
<tr><td>相同点</td><td colspan="3">都指自己不能控制住自己。都可作谓语、状语。如：
走进28 000平方米的宽敞车间，几位记者环顾四周，情不自禁/不由自主地“啊”了一声。</td></tr>
<tr><td>不同点</td><td>语义</td><td>原因在“情”上，形容热情奔放、心情无比兴奋和激动；只用来形容整体的人。如：
听了奶奶讲的这个感人的故事，我情不自禁地流出了泪。</td><td>原因可能是情，也可以是其他因素；不仅能形容整个人，也可以形容整体的某部分。如：
他不听医生的话，吃药过了量，只觉得头重脚轻，身子不由自主地倒了下去。</td></tr>
</table>

取而代之 qǔ ér dài zhī（take sb's place）

原指夺取别人的地位而代替他。后泛指某一事物代替另一事物。

用法说明：谓词性；常作谓语，也构成的字短语；可用于兼语句、被字句。

1. S被/用/以/由/让……取而代之。

①小王的职位被人**取而代之**，他很是懊恼。（作谓语，被字句）

②进口零件价格昂贵，如果用国产零件**取而代之**，那就可以节省一大笔外汇。（作谓语）

③只要发现干部的德和能不相称的，要及时拿下来，让优秀人才**取而代之**。（兼语句）

2. S取而代之。（可独立作谓语）

①你就可以借此除掉他，自己**取而代之**。（作谓语）

②一些代表性不强的项目将被清除出奥运会，新的项目将**取而代之**。(作谓语)

③豆类、马铃薯等产品的需求随消费者收入增加而减少，因为较贵的商品将**取而代之**。(作谓语)

3. 取而代之的是……

①她被人踢掉了，**取而代之**的是一个能够赢得选举的领导人物。(的字短语作主语)

②我们没有那样做，**取而代之**的是，我们所有人，自始至终都围在他身旁。(的字短语作主语)

③许多旧的观念已被淘汰，**取而代之**的是新出炉的新观念。(的字短语作主语)

使用语境：常用于指某一事物代替另一事物。

使用偏误：

➤三代同堂的家庭已经消失了，代之而取（**取而代之**）的是夫妻和孩子的核心家庭。(词序错误。)

全力以赴 quán lì yǐ fù（spare no effort to do；make every effort to）

注意："赴"不能写成"负、复、付"。

赴：去，前往。把全部力量或精力都投进去。

用法说明：谓词性；常作状语（后"地"可加可不加）、谓语，也作定语、宾语。

1. S（应该/一定会）全力以赴。(可独立作谓语)

①只要我们**全力以赴**，比赛一定能赢。(作谓语)

②拔河比赛时，大家**全力以赴**，希望能夺得冠军。(作谓语)

③你放心，这件事我一定会**全力以赴**。(作谓语)

2. S 全力以赴（地）V。

①他表示自己会**全力以赴**完成领导交付的任务。(状语)

②我们要**全力以赴**地帮助有困难的人。(状语)

③感谢人民对我的信任，我一定努力学习，**全力以赴**地做好工作。(状语)

3. 全力以赴的N（精神）。

他们缺乏一种主动的、积极的**全力以赴**的精神。（作定语）

4. S……是全力以赴。

他做什么都是**全力以赴**，使生命的活力发挥到极点。（是字句）

使用语境：含褒义，用于指把全部精力用于做某件事上。

近义：竭尽全力/尽力而为

反义：敷衍了事/敷衍塞责

使用偏误：

➢如贵公司认为本人符合要求，他日定当**全力以**付（**赴**），将自己的一切能力完全贡献给公司。（“付”误代“赴”。）

➢如被录取，本人将尽（去掉“尽”）**全力以赴**把业务发展得更好。（“全力以赴”前不能加动词。）

➢若能为贵公司效劳，我当尽（**全**）**力以赴**。（“尽”误代“全”。）

全心全意 quán xīn quán yì（heart and soul）

只有一个念头，不夹有其他念头。多表示很忠诚。

用法说明：谓词性；常作状语（后“地”可加可不加）、谓语，也作定语、宾语。

1. S（对……）全心全意。

①多少年来，凡是为她工作过的秘书，对她总是**全心全意**，忠心耿耿。（作谓语）

②有一个女孩曾经对他很好，对他**全心全意**。（作谓语）

③为民办实事不能三心二意，要**全心全意**。（作谓语）

2. S全心全意（地）V。

①他们**全心全意**为顾客服务，得到了大众的一致好评。（作状语）

②这位医生**全心全意**照顾他，但是他的病越来越严重了。（作状语）

③我的儿女爱游泳、爱踢球，我都是**全心全意**地支持他们，不论刮风还是下雪，我都是从来不让他们缺一堂课的。（作状语）

3. 全心全意的 N（关心、支持、帮助、奉献等）。

①学校领导对老师和学生们给予了**全心全意**的关心和支持。（作定语）

②他们**全心全意**的奉献，是默默的，无怨无悔的。（作定语）

4. S……是全心全意（的）。

①我无法保证未来，但我对你确实是**全心全意**。（是字句）

②我也不会对爱情偷懒，对于我爱的人，我都是**全心全意**的。（是的句）

使用语境：含褒义，用于指把全部精力和心思用于做某一件事。

近义：一心一意

反义：三心二意

近义词辨析：全心全意 VS 一心一意

<table>
<tr><th colspan="2"></th><th>全心全意</th><th>一心一意</th></tr>
<tr><td colspan="2">相同点</td><td colspan="2">都指把全部思想感情放在一件事上。都可作状语、谓语、定语。如：
他不计个人得失，全心全意/一心一意地为父老乡亲办实事。</td></tr>
<tr><td rowspan="2">不同点</td><td>语义</td><td>强调投入全部精力，没有杂念，含有忠诚的意思。如：
他们全心全意为顾客服务，得到了大众的一致好评。</td><td>强调把全部的思想感情全部集中在某一件事情上或某个人身上。多形容专心做事。如：
姐姐从小到大一心一意只想当画家，努力多年后，终于在今天开办了个人画展。</td></tr>
<tr><td>适用范围</td><td>用于好事</td><td>可以是好事，也可以是坏事</td></tr>
</table>

忍饥挨饿 rěn jī ái è（to suffer hunger）

忍受饥饿。形容极其贫困，苦苦度日。

用法说明：谓词性；常作谓语，也作定语、状语（后加“地”）。

1. S 忍饥挨饿。（可独立作谓语）

①在山里那几天我**忍饥挨饿**，孤苦无依。（作谓语）

②粮食问题尚未根本解决，全球有近 8 亿人在**忍饥挨饿**。（作谓语）

③他不用再**忍饥挨饿**，他已经能够养活自己了。（作谓语）

2. 忍饥挨饿的N（人、生活、日子等）。

①他小时候家里很穷，过着**忍饥挨饿**的生活。（作定语）

②他把身上的食物分送给所有**忍饥挨饿**的人，自己却什么也没留下。（作定语）

③虽然现在生活好了，但是他还常常想起那段**忍饥挨饿**的日子。（作定语）

3. S忍饥挨饿地V。

我宁可呆在我那穷透了的家里，**忍饥挨饿**地过一辈子，也不想多在这儿呆一个星期了。（作状语）

使用语境：常用于指生活困苦。

任人宰割 rèn rén zǎi gē（meat in the chopping board）

听凭别人宰杀与欺辱，没有反抗的能力。

用法说明：谓词性；多作谓语、定语。

1. S任人宰割。

①如果自己不能强大地保护自己，到时候只能**任人宰割**。（作谓语）

②明知道凶手要对她下毒手，她却无能为力，只能**任人宰割**。（作谓语）

③此时，他早没有反抗之力，就像案板上的鱼肉，**任人宰割**。（作谓语）

2. 任人宰割的N（羔羊、时代、历史、命运、局面、地步等）。

①新中国成立了，中华民族**任人宰割**的时代已经一去不复返了。（作定语）

②中国人民真正站立起来了，彻底结束了**任人宰割**的历史。（作定语）

③在昨天的比赛中，他们踢得一点脾气也没有，犹如一只只**任人宰割**的羔羊。（作定语）

使用语境：用于指人或国家没有能力反抗别人或别国的欺辱。

日复一日 rì fù yī rì（day after day）

复：再，又。过了一天又一天。比喻日子久，时间长。也形容光阴白白地过去。

用法说明：谓词性；常作分句，也作状语（后“地”可加可不加）、定语。

1. ……，日复一日，……

①明天太阳照常升起，**日复一日**，年复一年。(作分句)

②假如没有遇见你，我还是那个我，**日复一日**，在这喧闹的人海里奔波。(作分句)

2. S 日复一日（地）V。

①我这样**日复一日**躺在病床上，何时是尽头啊！(作状语)

②**日复一日**地上网闲逛，他有时也会觉得无聊。(作状语)

③出院后回到家，他躺在床上，**日复一日**地吃着药。(作状语)

3. 日复一日的 N（晨练、工作、生活等）。

①在**日复一日**的晨练中，共同的爱好，使我和王大爷成为忘年之交。(作定语)

②我们又平静下来，回到我们**日复一日**的工作和生活中。(作定语)

使用语境：用于指长时间地做某一件事。

近义：成年累月

日新月异 rì xīn yuè yì（to change very fast）

新：更新。异：不同。天天都在更新，月月都在变化，形容进步发展很快，新事物、新气象不断出现。

用法说明：谓词性；常作谓语、定语，也作宾语、状语（后加“地”）。

1. S 日新月异。(可独立作谓语)

①随着时代的进步，人们的生活水平和观念也**日新月异**。(作谓语)

②众所周知，世界科学技术发展**日新月异**。(作谓语)

③科学技术不断进步，市场上的商品**日新月异**，丰富多彩。(作谓语)

2. 日新月异的 N（科技、经济发展、变化、社会、世界、地点等）。

①**日新月异**的生物科技，让很多患不治之症的病人燃起了重生的希望。(作定语)

②这**日新月异**的变化，来自我们对美好生活的执着追求。(作定语)

③改革开放以来，中国正发生着**日新月异**的变化。(作定语)

3. S……是日新月异（的）。(用于判断句中)

①自从通了火车，小镇的变化真是**日新月异**。(是字句)

②传媒界使用这些工具的方法也是**日新月异**的。(是的句)

4. 其他。

①随着科学技术的**日新月异**，经济发展对劳动力的需求日益由数量变为质量。(作宾语)

②随着商家的入驻，未来城正**日新月异**地在扩大。(作状语)

使用语境：含褒义，常用于指发展变化快、新。

近义：一日千里

反义：江河日下

近义词辨析：日新月异 VS 一日千里

		日新月异	一日千里
相同点	都可以形容发展速度快。都可作谓语、定语、状语。如： 现在世界的发展**日新月异/一日千里**，每天都在变化，特别是科学技术。		
不同点	语义	偏重于变化得快。如： 我国的服装工业发展很快，花色款式**日新月异**。	偏重于前进得快。如： 自从参加数学课外兴趣小组后，小明的进步**一日千里**。

使用偏误：

➢随着社会各个方面的日异月新（**日新月异**）的发展，随之而来，人的观念、思维等变化也很大。(词序错误。)

容光焕发 róng guāng huàn fā（glowing with health）

容光：脸上的光彩。焕发：光彩四射的样子。脸上的光彩四射。形容身体健康、精神饱满。

用法说明：谓词性；常作谓语，也作定语、状语（后加“地”）。

1. S 容光焕发。(可独立作谓语)

①爷爷虽已八十多岁，但他**容光焕发**，精神仍然很好。(作谓语)

②他的气色很好，**容光焕发**，双眼炯炯有神，看来他过得很舒心。(作谓语)

③虽然已是满头白发，但他身体健硕，**容光焕发**，没有一点病人的样子。(作谓语)

2. 容光焕发的 N（人、脸、样子等）。

①前台经理看上去三十岁左右，**容光焕发**的脸上画着淡妆。(作定语)

②一辆小汽车突然停在前面，从车里走出一个**容光焕发**的男人。(作定语)

③看着老太太白发苍苍、**容光焕发**的样子，他很是羡慕。(作定语)

3. S 容光焕发地 V。

①她洗了澡，换上干净的连衣裙，**容光焕发**地走下楼。(作状语)

②看着他衣衫整洁，**容光焕发**地来到面前，我不由得暗自吃惊。(作状语)

③近百名抗战老战士，穿着整齐的服装，佩带着功勋章，**容光焕发**地登上主席台。(作状语)

使用语境：含褒义，用于指人身体健康，气色好。

近义：神采奕奕/精神焕发

反义：无精打采/萎靡不振

近义词辨析：容光焕发 VS 神采奕奕

		容光焕发	神采奕奕
相同点	都表示精神状态很好。都可作谓语定语、状语。都含褒义。如： 老夫人头发已经花白，但身体很好，**容光焕发/神采奕奕**。		
不同点	语义	强调面貌上的光彩和身体的健康。如： 他**容光焕发**，丝毫看不出是大病初愈。	偏重于精神兴奋和情绪高昂。如： 讲台上的王老师感情充沛，**神采奕奕**。

如痴如醉 rú chī rú zuì（be out of one's mind; lose one's mind）

痴：沉迷于某种对象而不能自拔。像是醉了、痴了一样。形容神态失常，失去自制。也作：如醉如痴。

用法说明： 谓词性；常作谓语，也作定语、状语（后加“地”）、补语；可用于兼语句。

1. S 如痴如醉。(可独立作谓语)

①他潇洒自如地拉着提琴，**如痴如醉**。(作谓语)

②伴随着歌声乐曲，人们情不自禁地跳起舞来，**如痴如醉**。(作谓语)

③他们在外国演出时，观众**如痴如醉**，常常使他们下不了场，不得不一再加演。(作谓语)

④我有幸又一次聆听她演奏的作品，演技风格更加完美，让人**如痴如醉**。(兼语句)

2. S+V（看、写、听等）得如痴如醉。

①她的舞姿是那样的优雅，所有的观众都看得**如痴如醉**。(作补语)

②他是中学生时，特别爱写诗，写得**如痴如醉**。(作补语)

③他现场翻唱了许多经典老歌，观众们听得**如痴如醉**。(作补语)

3. 如痴如醉的 N（程度、观众、样子、神情等）。

①他对绘画非常入迷，到了**如痴如醉**的程度。(作定语)

②小时候看着父亲背诗时摇头晃脑、**如痴如醉**的样子，觉得他特别伟大。(作定语)

③优美的中国民乐乐曲给观众带来了许多美好的时刻。一曲完了，**如痴如醉**的观众总是报以雷鸣般的掌声。(作定语)

4. S 如痴如醉地 V。

①他苦苦盼着她的来信，**如痴如醉**地思念着她。(作状语)

②他买过许多梅先生的唱片，没事的时候常常**如痴如醉**地听戏。（作状语)

使用语境： 含贬义，多用于形容某人阅读诗歌、小说、听戏曲、音乐等时因为喜爱而忘我的精神状态。

如愿以偿 rú yuàn yǐ cháng（to have one’s wish fulfilled）

偿：满足。像所希望的那样得到满足。指愿望得以实现。

用法说明：谓词性；常作谓语，也作状语（后加“地”）；可用于兼语句。

1. S 如愿以偿地 V。

①经过长时间的努力，小明终于**如愿以偿**地考上了北京大学。（作状语）

②他**如愿以偿**地进入公司，成为有史以来最年轻的老板。（作状语）

③因为历史原因，他没能**如愿以偿**到清华大学求学，这是他最大的遗憾。（作状语）

2. S（没有/不能）如愿以偿。（可独立作谓语）

①哥哥立志要考上重点大学，最后**如愿以偿**。（作谓语）

②他好不容易得到了这本书，总算**如愿以偿**了。（作谓语）

③6 年后的一天，她**如愿以偿**，也在民族文化宫剧场举办了个人音乐会。（作谓语）

④我们没有足够的金钱去实现这理想，我们只希望有钱的人能帮忙，使我们**如愿以偿**。（兼语句）

使用语境：含褒义，用于指愿望实现。

近义：称心如意/心满意足

反义：事与愿违/鸡飞蛋打

使用偏误：

➢我一直想到北京读书，如今我已**如愿以**尝（**偿**），这与你们的帮助和支持离不开。（“尝”误代“偿”。）

➢可是心愿（去掉“心愿”）不能**如愿以偿**。（“心愿”跟“如愿以偿”语义重复。）

三番五次 sān fān wǔ cì（do over and over again）

三、五：概数，指次数多。番：遍、次、回。形容一再，多次。

用法说明：数量短语；多作状语（后“地”可加可不加）。

S 三番五次（地）V。

①最近，她**三番五次**地找我，让我帮她办事。（作状语）

②我**三番五次**请她来，她都拒绝了。（作状语）

③不让他去他不干，**三番五次**找我谈，最后只好让他去。（作状语）

使用语境：中性词，形容做某事次数很多。

近义：屡次三番

身不由己 shēn bù yóu jǐ（lose control of oneself; not of one's own accord）

由：听从。身体不由自己作主。

用法说明：谓词性；常作谓语，也作状语（后加“地”）、定语。

1. S 身不由己。（可独立作谓语）

①事到如今，他已**身不由己**，不得不做。（作谓语）

②她**身不由己**，就在书桌前面坐下来，拿起那本书看了起来。（作谓语）

③做儿子的，应在您身旁照顾您，但我在外地工作生活，**身不由己**。（作谓语）

④工作以后**身不由己**，相比以前，我跟你们联系少，去看你们也难。（作谓语）

2. S 身不由己地 V。

①他真的十分厌恶那种情况，偏偏却又**身不由己**地深陷其中。（作状语）

②他让歌声吸引着，**身不由己**地上了船。（作状语）

③他停不住了，**身不由己**地向前冲了两步。（作状语）

3. 身不由己的 N（人、年代、地步、境地等）。

①那是一个**身不由己**的时代，谁也不能幸免。（作定语）

②我的身体一天比一天弱，已到**身不由己**的地步。（作定语）

使用语境：多含贬义，指身体不能由自己支配，常用于指自己不得已做某事。

近义：不由自主

反义：自由自在

近义词辨析：身不由己 VS 不由自主（见“不由自主”）

使用偏误：

➢聊天也在学汉语时给我很大的帮助，这是**身不由己**（不知不觉）的。

（“身不由己”意思是行为不受自己控制，而汉语水平是在聊天中不知不觉提高的，不能用“身不由己”。）

深入人心 shēn rù rén xīn（deep to one’s heart；deeply rooted）

深深地进入人们的心里。指理论、学说、政策等为人们深切了解和接受。

用法说明：谓词性；常作谓语，也作定语、宾语；可用于兼语句（多）、是字句、是的句。

1. S（使/让……）（观念、思想、意识、政策等抽象名词）深入人心。（可独立作谓语）

①党的改革开放政策**深入人心**，我国人民十分拥护。（作谓语）

②长久以来，“要想富，先修路”的观念**深入人心**。（作谓语）

③我们要继续进行普法教育，让法律**深入人心**、入耳入脑。（兼语句）

2. 深入人心的N（形象、运动、作品、形象、观念等）。

①李素丽**深入人心**的形象，贴切而生动地诠释了“模范服务”的内涵。（作定语）

②赛车已经是一项**深入人心**的运动，取消它是不现实的。（作定语）

③作者要深入生活、深入群众，创作出**深入人心**的作品。（作定语）

3. S……是深入人心（的）。（用于判断句中）

①那种乡村生活的描写真的是**深入人心**，生动而深刻。（是字句）

②能让人哭出来的电影绝对是**深入人心**的，是能引起共鸣的。（是的句）

使用语境：含褒义，指政策、观念、理论、措施等受到拥护。

反义：不得人心

盛气凌人 shèng qì líng rén（in imposing manner）

盛气：骄横的气焰。凌：欺凌。以骄横的气势压人。形容傲慢自大，气势逼人。

用法说明：谓词性；常作谓语，也作定语、状语（后加“地”）、宾语；可用于是字句、是的句。

1. S（不能）盛气凌人。

①我和老板的秘书吵了一架，这几天她总是**盛气凌人**。（作谓语）

②领导干部跟群众交谈时，绝不能**盛气凌人**，态度生硬。（作谓语）

③她总是高高在上，**盛气凌人**，没人喜欢她。（作谓语）

2. 盛气凌人的 N（感觉、样子、态度、语气等）。

①他们那**盛气凌人**的态度真让人生气。（作定语）

②他总给人一种**盛气凌人**的感觉，我们都不愿意与她交往。（作定语）

③这个总经理过去站在别人面前，总是一副**盛气凌人**的样子，今天竟然呆呆地半低着头，站在那里。（作定语）

3. S 盛气凌人地 V。

①主任**盛气凌人**地走进来，查问是谁违背了他的命令。（作状语）

②当警察赶到后，她还**盛气凌人**地说："你知道我是谁吧？你知道我姓什么吗？"（作状语）

4. S……是盛气凌人（的）。

①他的语气真是**盛气凌人**，丝毫没有悔悟的意思。（是字句）

②她朝那些人友好地微笑着，但眼光和声音却是**盛气凌人**的。（是的句）

使用语境：含贬义，常用于指人骄傲自大、气势逼人。

近义：咄咄逼人

反义：平易近人

近义词辨析：盛气凌人 VS 咄咄逼人

<table>
<tr><th colspan="2"></th><th>盛气凌人</th><th>咄咄逼人</th></tr>
<tr><td>相同点</td><td colspan="3">都形容人的言辞、态度逼人。都可作谓语、定语、状语。如：
克林顿以他那盛气凌人/咄咄逼人的气势、优秀的口才赢得了人心，使公众真正看到了变革的希望。</td></tr>
<tr><td rowspan="2">不同点</td><td>语义</td><td>偏重骄横傲慢。如：
虽然是有钱人家的女儿，但她很谦虚，一点儿也不盛气凌人。</td><td>偏重气势汹汹。如：
辩论会上，正方咄咄逼人的气势压得反方连连失误。</td></tr>
<tr><td>感情色彩</td><td>贬义词</td><td>中性词</td></tr>
</table>

十字路口 shí zì lù kǒu (crossroads; at a critical turning point)

两条路纵横交叉的地方，比喻在重大问题上需要对去向做出选择的境地。

用法说明：名词性；多作主语、宾语。

①昨天在这个**十字路口**发生了严重的车祸。(本义，作宾语)

②他开车的时候行为很差，在**十字路口**时，他为了快一点到达目的地而闯红灯。(本义，作宾语)

③站在人生的**十字路口**，我们常常会犹豫不决。(比喻义，作宾语)

④西安的道路笔直，**十字路口**很多，导致交通十分拥挤。(本义，作主语)

⑤在大城市差不多每个**十字路口**都有名烟名酒商店。(本义，作主语)

使用语境：可用于以下两种情境：用于指两条道路交叉的地方；用于指人生中需要做重大选择时。

实话实说 shí huà shí shuō (call a spade a spade; tell it like it is)

把真实的话如实地说出来。

用法说明：谓词性；常作谓语，也作插入语、定语、宾语。

1. S (对/跟 sb) 实话实说。

①我**实话实说**，他却非常生气。(作谓语)

②我不敢对他**实话实说**，怕伤了他的自尊。(作谓语)

③我的经历从来没有跟别人讲过，但是跟你我可以**实话实说**。(作谓语)

2. 实话实说，……

①**实话实说**，我知道我只是在这里多待三个月，但是我还是会尽力踢好每一场比赛的。(作插入语)

②**实话实说**，我们在中国的时候我没有太重视韩国学校的学习。(作插入语)

③这所中学培育了我，但**实话实说**，我对学校印象不佳。(作插入语)

3. 其他。

①思前想后最终我还是决定**实话实说**。(作宾语)

②我是个一是一，二是二，**实话实说**的人。(作定语)

使用语境：可用于以下两种情境：用于指为人诚实，不说假话；作插入语，后面是真实的情况。

实事求是 shí shì qiú shì（be practical and realistic）

实事：客观事物。求：研究。是：事物内部的规律性。指根据实际情况，探求事物的规律性，认识事物的本质。现也指从实际出发，不夸大，不缩小，正确地对待和处理问题。

用法说明：谓词性；常作谓语、定语、状语（后加“地”），也作主语、宾语。

1. S 不/要实事求是。

①向报社或上级反映情况要**实事求是**，不夸大，不缩小，更不能无中生有，任意编造。(作谓语)

②制订计划要**实事求是**，既不能思想保守，也不能脱离实际。(作谓语)

③不**实事求是**，不从实际出发，就会影响，甚至破坏生产力的发展。(作谓语)

2. S 实事求是地 V。

①这篇论文既指出了作品的优点，也**实事求是**地指出了缺点，是篇值得看的文章。(作状语)

②对待这个问题我们要认真调查研究，**实事求是**地做出结论。(作状语)

③高校招生宣传时要**实事求是**地介绍学校的情况，不能只讲优势，不讲劣势。(作状语)

3. 实事求是的 N（态度、原则、作风等）。

①我从来都保持**实事求是**的态度，努力奋斗。(作定语)

②应该以**实事求是**的态度来评价我们工作中的成绩和不足。(作定语)

③做商业广告也应遵守**实事求是**的原则，不可夸大其词，欺骗顾客。(作定语)

4. 其他。

①我们在做学问上一定不能掩耳盗铃，要的是**实事求是**。(作宾语)

②社会要不断发展，就要坚持**实事求是**，与时俱进。(作宾语)

③**实事求是**是我们党的优良作风，决不能丢。(作主语，用于判断句中)

使用语境：含褒义，常用于指人能够根据实际情况处理问题，不虚假。

反义：弄虚作假

使用偏误：

➢我的爸爸对任何事情都实是求事（**实事求是**），在人与人之间的关系上总是安分守己，那是因为他从前的生活非常艰苦。(词序错误。)

➢过了一个月我冷静考虑为什么我到这样的地步，是因为不努力，不**实事求是**（地）向同学们学习。(“实事求是”作状语时要加“地”。)

史无前例 shǐ wú qián lì (without precedent in history; unprecedented in history)

历史上从来没有过这种事情。

用法说明：谓词性；常作谓语、定语，也作宾语；可用于是字句、是的句。

1. 史无前例的 N（成功、伤亡、事业、业绩等）。

①这次地震造成了**史无前例**的伤亡，太惨了。(作定语)

②《哈利·波特》——一个英籍巫师小男孩的故事书为 J. K. Rowling 带来了生命中**史无前例**的成功。(作定语)

③建立社会主义市场经济体制，这是**史无前例**的伟大事业，无现成的经验可以借鉴。(作定语)

2. S 史无前例。

①此次活动无论是从合作交流的深度还是广度上说，都**史无前例**。(作谓语)

②让几十万家国有企业在市场中转型，这样的巨大变革**史无前例**，绝无仅有。(作谓语)

③这样大的决心，这样多的投入，不仅在江西，而且在全国，**史无前例**。

（作谓语）

3. S……是史无前例（的）。（用于判断句中）

①好棒！他的杰出表现的确是**史无前例**。（是字句）

②七名裁判员一致给了满分，这在重大国际比赛中是**史无前例**的。（是的句）

使用语境：用于指以前从未发生过的重大事情。

近义：前所未有

反义：屡见不鲜/司空见惯

势不可当 shì bù kě dāng（be a trend which cannot be halted）

当：抵挡。来势迅猛，不可抵挡。也作：势不可挡。

用法说明：谓词性；常作谓语，也作定语、状语、宾语；可用于是字句。

1. S 势不可当。

①这场运动如急风暴雨，**势不可当**。（作谓语）

②信用消费作为一种新型的消费方式，发展潜力**势不可当**。（作谓语）

③计算机历经四代更新，从大型化到小型化，从个人电脑到互联网络，发展迅猛，**势不可当**。（作谓语）

2. 势不可当的 N（时代潮流、速度、力量等）。

①这是**势不可当**的时代潮流，你无法抗拒。（作定语）

②这个混合气体团冲出面包房，以**势不可当**的力量横扫餐饮大厅。（作定语）

③ 和平、发展、合作，是世界人民共同的心愿，是当今世界**势不可当**的潮流。（作定语）

3. S 势不可当地 V。

①强大的泥石流，**势不可当**地破坏了桥梁和马路。（作状语）

②虽然医生用尽了各种方法，但病魔仍在**势不可当**地悄然前进。（作状语）

4. S……是势不可当。（用于判断句中）

汽车时代已经来临，汽车进入家庭已是**势不可当**。（是字句）

使用语境：用于指事物来势迅猛。

近义：势如破竹/锐不可当

反义：强弩之末

守株待兔 shǒu zhū dài tù（stand by a stump waiting for more hares to come and crash into it; blind trust to chance and windfalls）

株：露出地面的树木的根和茎。守着树桩，等着兔子撞过来。比喻不主动地努力，而存万一的侥幸心理，希望得到意外的收获。也比喻死守狭隘的经验，不知变通。

用法说明：谓词性；常作谓语，也作定语、状语（后加“地”）。

1. S（会/不能）守株待兔。

①食肉植物约有675多种，很多都会**守株待兔**。(比喻义1，作谓语)

②为了找到送报人，两战士多次“**守株待兔**”，都未见到这位神秘的送报人。(比喻义1，作谓语)

③ 经验固然重要，但却不能**守株待兔**，不知变通。(比喻义2，作谓语)

④我们生活在社会上，如果**守株待兔**，坐享其成，就会被社会淘汰。(比喻义2，作谓语)

2. 守株待兔的N（做法、方式、方法等）。

①你每天在这儿等她出现，这种**守株待兔**的做法未免太笨了。(比喻义1，作定语)

②为确保人赃俱获，专案组决定采用**守株待兔**的方式守候伏击。(比喻义1，作定语)

3. S守株待兔地V（等）。

①一早很多人就**守株待兔**地等在那里，去得晚了，好一点的书早被抢光了。(比喻义1，作状语)

②“请进来，走出去”，中国人并不想**守株待兔**地等着别人送人才上门。(比喻义1，作状语)

使用语境：含贬义；用于指人不知变通，固守以往的经验；常用于讽刺人们妄想不劳而获的心理；指在某一个地方专门等待某人或者某物出现。

近义：刻舟求剑

反义：见机行事/随机应变

水落石出 shuǐ luò shí chū（get to the bottom of；come out in the wash）

水落下去，石头自然就会显露出来。比喻事情真相大白。

用法说明：谓词性；常作补语，也作谓语；可用于把字句。

1. S+V（查、弄、搞等）得/个水落石出。

①考试作弊的事，我们一定要查个**水落石出**。（作补语）

②他一生下来，就对一切现象和事物十分好奇，而且决心弄个**水落石出**。（作补语）

③公安人员依靠群众，很快把案子搞得**水落石出**。（作补语，把字句）

2. S（案子、案件、情况等）水落石出。

①通过警察叔叔的调查，这件案子终于**水落石出**了。（作谓语）

②有关部门经过多次调查，真实情况终于**水落石出**。（作谓语）

使用语境：含褒义，常用比喻义，用于指事情真相到一定时候清楚明白。

近义：真相大白

近义词辨析：水落石出 VS 真相大白

		水落石出	真相大白
相同点	都指有了最终的结果。都可作谓语、补语。如： 警方接到报案就开始侦查，历时一年四个月，终于使案情**水落石出**/**真相大白**。		
不同点	语义	强调到一定时候结果自然清楚。如： 这件事的发生非常蹊跷，他决心要把真实情况弄个**水落石出**。	强调被掩饰的真实情况彻底清楚。如： 十几年的冤案，现在终于**真相大白**。
	语法功能	可用于把字句；作补语时前边可以是“得、个”	一般不用于把字句；作补语时前边一般是“个”

水涨船高 shuǐ zhǎng chuán gāo（When the river rises, the boat floats high）

注意：“涨”读“zhǎng”。

水位升高，船身也随之浮起。比喻事物随着它所凭借的基础的提高而提高。

用法说明：谓词性；多作谓语。

S（费用、价格、收入、需求等）水涨船高。

①随着父亲的收入增多，家里的生活水平也**水涨船高**。(作谓语)

②原材料涨价，我们的产品价格也只得**水涨船高**。(作谓语)

③近些年来，我国经济发展速度加快，城镇居民的收入也**水涨船高**。(作谓语)

④项目增加，工作人员也要增加，费用也就**水涨船高**。(作谓语)

使用语境：用于指事物随情况的发展变化而增长。

近义：水大鱼多

反义：一成不变

顺理成章 shùn lǐ chéng zhāng（follow as a matter of course; be logical/rational）

顺：依顺。理：条理。章：章法。形容写文章或做事，顺着条理就能做好；也比喻某种情况合乎情理，自然产生某种结果。

用法说明：谓词性；多作谓语、状语（后加“地”）、定语；可用于是的句。

1. S 顺理成章。

①有了总体设计，就有了清晰的思路，然后下笔，才能**顺理成章**。（本义，作谓语）

②“靠海吃海”，渔民出海捕鱼，历来**顺理成章**。(比喻义，作谓语)

③ 这些学校的教学质量和知名度在国内数一数二，学费高于其他学校也就**顺理成章**。(比喻义，作谓语)

2. S 顺理成章地 V。

①这件事情办得不错，他也**顺理成章**地受到了表扬。（比喻义，作状语）

②把关键的工作抓好，其他工作也就**顺理成章**地好完成了。（比喻义，作状语）

③班里同学都吃，爸爸妈妈要求自己也吃，这样他就**顺理成章**地接受了。（比喻义，作状语）

3. 顺理成章的 N（事、事情等）。

①各位评委都认为他的这篇论文写得好，所以获奖是**顺理成章**的事。（比喻义，作定语）

②冰糖的生产比白糖和红糖都要复杂，价格高也是**顺理成章**的事情。（比喻义，作定语）

4. S 是顺理成章的。

事件完全是美国单方面造成的，因此，由美方来承担一切后果是**顺理成章**的。（是的句）

使用语境：常用于指某种情况自然产生某种结果。

近义：水到渠成/理所当然

顺其自然 shùn qí zì rán （let it be）

指顺应事物的自然发展，不人为去干涉。

用法说明：谓词性；常作谓语，也作状语（后加“地”）、定语；可用于是的句（少）。

1. S 要/应（该）+顺其自然。

①教育孩子不能够拔苗助长，应该**顺其自然**。（作谓语）

②不要盘算太多，要**顺其自然**。该是你的终会得到。（作谓语）

③我认为人生活在大自然的环境中，一切就应**顺其自然**。（作谓语）

2. S 顺其自然地 V。

①如果你**顺其自然**地生活，你就决不会贫穷；如果别人怎么说你怎么做，那你就永远不会变富。（作状语）

②有效阅读就是要找一些自己喜欢的和需要的文章来读，这样我们就会

顺其自然地把我们所读到的知识用到实际生活中。(作状语)

3. 顺其自然的N(事情、态度等)。

①完成这些以后，取消黄金周实际上会成为一件很**顺其自然**的事情。(作定语)

②他对于恋爱的关心甚少，基本保持着一个**顺其自然**的态度。(作定语)

4. S是顺其自然的。

上帝为你打开一扇门，其实后面的事情都是比较**顺其自然**的。(是的句)

使用语境：常用于指顺应事物发展规律自然发展。

使用偏误：

➤所以父母和子女，或者老人和年轻人之间有不同的地方是**顺其自然**(自然)的。(语义错误。)

司空见惯 sī kōng jiàn guàn (be too common to surprise people, be a common occurrence)

司空：古代官名。司空经常看到，不足为奇。指某事常见，不足为奇。现在用“司空见惯”表示看惯了就不觉得奇怪。

用法说明：谓词性；常作谓语、定语，也作宾语；可用于是字句、是的句。

1. S司空见惯。

①对于这种行为，大家都已经**司空见惯**了。(作谓语)

②长期以来，停水在这个地区已**司空见惯**。(作谓语)

③对于刚进入幼儿园的小班幼儿来说，哭、闹、喊、跑、不肯吃饭、不肯上课的情况**司空见惯**。(作谓语)

2. 司空见惯的N(行为、现象、事等)。

①能从**司空见惯**的现象中看出问题，那是非常不简单的。(作定语)

②他学习好，考试拿第一已经是**司空见惯**的事了。(作定语)

③在四年前，买卖二手房这一目前**司空见惯**的行为在我们这个城市却是极少数人的“游戏”。(作定语)

3. S……是司空见惯(的)。(用于判断句中)

①这无疑是一个骗局，大家对此已经是**司空见惯**了。(是字句)

②现代社会生活节奏加快，大城市里，日未出而作，日落仍不息已是**司空见惯**。(是字句)

③但是到了现在，已是**司空见惯**，感觉不到新鲜了。(是字句)

④刮风下雨对当地人是**司空见惯**的，但这一次却是风狂雨骤。(是的句)

使用语境： 常用于指某事情人们已经看惯了，不觉得奇怪。

近义： 屡见不鲜

反义： 鲜为人知

使用偏误：

➢因为现在在什么地方都可以看得到吸烟的人，边走边抽烟的人也（是）**司空见惯**的。(少“是”。)

➢其实这种场所，在日本、韩国以及其他欧洲国家已经（是）**司空见惯**的东西。(少“是”。)

➢现今社会开放，结婚后离婚是（去掉“是”）**司空见惯**。(多“是”。)

思前想后 sī qián xiǎng hòu （think back and forth to oneself）

形容前前后后地反复思考。

用法说明： 谓词性；多作谓语。

S 思前想后。

①我**思前想后**，还是决定先完成学业再去找工作。(作谓语)

②她办事总是**思前想后**，顾虑太多。(作谓语)

③小李**思前想后**，感到这件事十分难办。(作谓语)

使用语境： 常用于指一个人做决定前反复考虑，非常谨慎。

死心塌地 sǐ xīn tā dì （whole-heartedly; be dead set）

原指死了心，不作别的打算。后常形容主意已定，决不改变。

用法说明： 谓词性；常作谓语，也作定语、状语（后加“地”）。

1. S（对……）死心塌地。

①他对老板**死心塌地**，老板也非常喜欢他。(作谓语)

②狗是有灵性的，你只要对它们好，它们就会对你**死心塌地**，不离不弃。(作谓语)

③以她的个性，一旦投入就会**死心塌地**，就算头破血流也不回头。(作谓语)

2. 死心塌地的N（朋友、犯罪分子等）。

①对那些**死心塌地**的犯罪分子，必须严惩。(作定语)

②有你这样**死心塌地**的朋友，我真幸福！(作定语)

3. S死心塌地地V。

①她**死心塌地**地要跟外国人结婚，谁也阻止不了。(作状语)

②这些极少数的反革命分子，都是**死心塌地**地同人民为敌的。(作状语)

③这回他该知足了，可以**死心塌地**地在这里一直干下去了。(作状语)

使用语境：多含贬义，用于指人主意已定，不再改变。

近义：执迷不悟

反义：回心转意

四面八方 sì miàn bā fāng（in all directions; all around）

指各个地方，泛指周围各地或各个方面。

用法说明：名词性；常作宾语，也作主语、定语。

①这些战士来自祖国的**四面八方**。(作宾语)

②人们从**四面八方**赶来听这位著名小提琴家的演奏。(作宾语)

③当我们逛街时，不管是在大街上还是在商店里面都能听到从**四面八方**传来的“流行歌曲”。(作宾语)

④听说他遇到困难后，**四面八方**都向他伸出了援助之手。(作主语)

⑤现在农民最苦，**四面八方**向他们伸手要钱，引起了他们的强烈不满。(作主语)

⑥鱼食一丢进水里，**四面八方**的鱼儿都急忙游了过来。(作定语)

使用语境：常用于指人、事、物等从各个方向过来。

近义：五湖四海

近义词辨析： 四面八方 VS 五湖四海

		四面八方	五湖四海
相同点	都含有各个方面的意思。都可作宾语、主语、定语。如： 这些来自**四面八方/五湖四海**的年轻人，在推动公司的发展上做出了巨大的贡献。		
不同点	语义	所指范围相对要小。如： 市民们从**四面八方**涌向广场，欢庆胜利。	所指范围相对要大。如： 本人相貌端正，常常以笑来接待从**五湖四海**到新加坡来旅游的游客。

似曾相识 sì céng xiāng shí（something or someone you seem to have met or known before）

曾：曾经。好像曾经认识一样。形容对遇到的人或物感到熟悉，又不很确定。

用法说明： 谓词性；多作定语、谓语。

1. 似曾相识的 N（人、姑娘、感觉等）。

①站在大门外看了好长时间，他也没有看到一个**似曾相识**的人。（作定语）

②他漫不经心地散着步，突然发现前面有个**似曾相识**的年轻姑娘。（作定语）

③握手的时候，两人都有一种**似曾相识**的感觉，后来才知道两人是三四十年代在上海邮政界的老同事。（作定语）

2. S 似曾相识。

①我们俩**似曾相识**，但我的确记不住是在什么时候见过了。（作谓语）

②我俩初次见面，就**似曾相识**，谈天说地，大有相见恨晚之感。（作谓语）

使用语境： 用于指对遇到的人或物感到熟悉，又不很确定。

反义： 素不相识

似是而非 sì shì ér fēi（apparently true，but really wrong）

似：好像。是：对；非：不对。好像是对的，实际上不对。

用法说明：谓词性；多作定语、谓语。

1. 似是而非的N（话、问题、观念、观点、说法、想法、东西等）。

①对于那些**似是而非**的问题，决不能放过，我们一定要弄明白。（作定语）

②近年来，市场上流行着一些**似是而非**的说法，有必要予以纠正。（作定语）

③如果一个作家总是向他的读者提供**似是而非**的东西，则会极其轻易地失去他的读者们。（作定语）

2. S（话、观点、答案等）似是而非。

①他讲的观点，听起来好像有道理，实际上**似是而非**。（作谓语）

②不少考生的答案，要么**似是而非**，要么答非所问，要么就是一字不答。（作谓语）

③她的话，听起来**似是而非**。（作谓语）

使用语境：含贬义，多用于形容相似而不同但又容易被混淆的事物。常与“观点、看法、话语、道理、认识”等抽象名词搭配使用。

素不相识 sù bù xiāng shí（not to know someone at all）

素：平素，向来。向来不认识。

用法说明：谓词性；多作谓语、定语。

1. S（跟/和/与sb）素不相识。

①我和他**素不相识**，但在我摔伤后，他立即把我带到医院治疗。（作谓语）

②我们与这位民警**素不相识**，但他是那样热情地帮助我们。（作谓语）

③虽然我俩**素不相识**，可谈起话来却很投机。（作谓语）

2. 素不相识的N（人）。

①小明迷路了，是一位**素不相识**的青年把他送回家的。（作定语）

②临走时，许多**素不相识**的群众哭着送别他。（作定语）

③几天前上班途中，一个**素不相识**的八九岁女孩热情地向我打招呼。（作定语）

使用语境： 用于指某人跟他人不认识。

近义： 素昧平生

酸甜苦辣 suān tián kǔ là（joys and sorrows of life）

指各种味道。比喻人生的幸福、欢乐、痛苦、磨难等各种境遇、各种感受。

用法说明： 名词性；多作主语、宾语。

1. S+V（体会、体验、尝遍、饱尝、经历等）酸甜苦辣。

①他当过瓦工，跑过运输，做过保安，尝遍了人生的**酸甜苦辣**。（比喻义，作宾语）

②他曾经在外地办过企业，饱尝了**酸甜苦辣**。（比喻义，作宾语）

③记者要和被采访者同吃、同住、同行，才能体会到他们生活的**酸甜苦辣**，才能发现最真实的东西。（比喻义，作宾语）

2. 酸甜苦辣……

①母亲从不挑食，**酸甜苦辣**、荤的素的什么都吃。（原义，作主语）

②人生不可能一帆风顺，**酸甜苦辣**是人生的重要组成部分。（比喻义，作主语）

使用语境： 中性词，常用于指人生的各种感受。

随时随地 suí shí suí dì（any time and any place）

任何时间、地点；时时处处。

用法说明： 名词性；多作状语（后“地”可加可不加）。

S 随时随地（地）V。

①成功的秘诀，在于**随时随地**把握时机。（作状语）

②父母的言行举止，**随时随地**都在影响着孩子。（作状语）

③他们不选地方、场合，**随时随地**地吸烟。（作状语）

④在我们的生活中，我们**随时随地**可以听到各种各样的歌曲。（作状语）

使用语境： 常用于指任何时间和地点都（做某事）。

使用偏误：

➢但事实告诉我们，死亡的来临无人能计划得来，死亡会**随时随地**（发生）。（“随时随地”不能作谓语，后须加动词。）

随心所欲 suí xīn suǒ yù（to do as one likes）

随：听任。欲：希望，想要。一切都由着自己的心意，想怎么做就怎么做。

用法说明：谓词性；常作谓语、状语（后加“地”），也作定语、宾语；可用于兼语句、是字句、是的句。

1. S（不要/不能）随心所欲。

①我们每一个人都要认认真真，不要**随心所欲**。（作谓语）

②我们要按要求办事了，不能**随心所欲**。（作谓语）

③不少大城市在建筑的色彩设计上**随心所欲**，想怎么搞就怎么搞。（作谓语）

④对重点人物我们一定要有专人盯住，不能让他们**随心所欲**。（兼语句）

2. S 随心所欲地 V。

①暑假到了，终于能**随心所欲**地玩了。（作状语）

②他又来到江边，借助江上的明月，在沙滩上**随心所欲**地写和画。（作状语）

③我们在北京逛市场，买几根冰棍，边走边吃，**随心所欲**地闲聊。（作状语）

3. 随心所欲的 N（人、行为等）。

①这种**随心所欲**的人，你最好是不要用他。（作定语）

②在我们班，他却是一个影响力很强的人物，他的一些**随心所欲**的行为经常会扰乱班级的秩序，很让人头疼。（作定语）

4. S……是随心所欲（的）。（用于判断句中）

①任何决策都是在一定的环境条件下的决策，不可能是**随心所欲**的。（是的句）

②农民修房造屋仍然是**随心所欲**，“远看高低不平，近看横七竖八”。（是

字句）

使用语境：中性词，常指人按着自己的心意想怎么样就怎么样。

近义：为所欲为/恣意妄为

反义：循规蹈矩/谨小慎微

损人利己 sǔn rén lì jǐ（to harm others to benefit oneself; to make gains at others' expense）

使别人受到损失而使自己得到好处。

用法说明：谓词性；常作定语，也作谓语、宾语。

1. 损人利己的N（人、事、行为、思想、做法等）。

①结果没有水了，他们这种**损人利己**的做法是我们应该批判的。（作定语）

②他总是做**损人利己**的事，群众对他意见很大。（作定语）

③**损人利己**的行为不会得到大家的支持，只会遭到大家的指责。（作定语）

2. S损人利己。

①他自私自利，**损人利己**，所以一个朋友也没有。（作谓语）

②如果他**损人利己**，那么他无疑是个坏人。（作谓语）

3. 其他。

他这个人喜欢**损人利己**，大家都不喜欢他。（作宾语）

使用语境：含贬义，常用于批评那些做有利于自己而损害别人的事的非常自私的人。

近义：损公肥私

反义：大公无私

所作所为 suǒ zuò suǒ wéi（one's conduct and deeds）

指人所做的事。

用法说明：名词性；多作主语、宾语。

①一个人的**所作所为**是受其思想支配的。（作主语）

②身教重于言教，教师的**所作所为**会直接影响到学生的成长。（作主语）

③我跟随她的时日虽然只有短短的几年，但她一生的**所作所为**，却深深地影响了我的一生。（作主语）

④从孩子出生的那一天开始，他们就看父母的**所作所为**，跟父母学习。（作宾语）

⑤回想以往的**所作所为**，我非常后悔。（作宾语）

⑥最近你们看着我的**所作所为**，是否感到失望呢？（作宾语）

⑦我们一向很尊敬他，从来没有怀疑过他的**所作所为**。（作宾语）

使用语境：中性词，常用于指人所做的事。

滔滔不绝 tāo tāo bù jué（talking fluently and endlessly）

滔滔：水流滚滚不绝的样子。绝：完结。像河水一样奔流不息，比喻说话一句接着一句，连续不断。

语法说明：谓词性；常作状语（后加“地”）、谓语，也作定语、宾语；可用于是字句。

1. S 滔滔不绝地 V（讲、说、谈、发表、叙述等）。

①他在教室里，**滔滔不绝**地讲着什么。（比喻义，作状语）

②他在会上**滔滔不绝**地讲了两个钟头。（比喻义，作状语）

③一些平时在大庭广众中都不敢说话的学生，在网上却能**滔滔不绝**地发表意见。（比喻义，作状语）

2. S（谈起来、说起话来等）滔滔不绝。

①谈起工作，他**滔滔不绝**。（比喻义，作谓语）

②李伯伯善于言谈，说起话来**滔滔不绝**。（比喻义，作谓语）

③在健康养生方面，他谈起来**滔滔不绝**，一套一套的，真像行家。（比喻义，作谓语）

3. 滔滔不绝的 N（话、发言、河水等）。

①**滔滔不绝**的黄河水日夜不停地向东流入大海。（本义，作定语）

②他**滔滔不绝**的会议发言，像催眠曲一样让人想睡觉。（比喻义，作定语）

4. S……是滔滔不绝。

他是个健谈者，说起什么来，都是**滔滔不绝**。（比喻义，是字句）

使用语境：多用来形容说话不停的样子。

近义：口若悬河

反义：沉默寡言

讨价还价 tǎo jià huán jià（to bargain，to negotiate the price）

指买卖双方要价还价，也比喻接受任务或谈判时来回地讲条件。

用法说明：谓词性；常作谓语、定语，也作宾语。

1. S（跟……）讨价还价。

①她每天亲自去菜市场买菜，跟商贩们**讨价还价**。（原义，作谓语）

②某些商场的服装没标价格，即使标了，买卖双方也可以**讨价还价**。（原义，作谓语）

③妈妈让我做什么我就做什么，不能**讨价还价**，不然做的事会更多。（比喻义，作谓语）

2. 讨价还价的N（余地、筹码、能力、机会、结果等）。

①所有的社会成员都享有平等的尊重，毫无**讨价还价**的余地。（比喻义，作定语）

②你既然输了，就失去了**讨价还价**的筹码了。（比喻义，作定语）

③我们实力相差太大了，我没有任何**讨价还价**的机会。（比喻义，作定语）

④**讨价还价**的结果就是一斤苹果五元，但必须一次买十斤以上。（本义，作定语）

3. S+V（经过、学会等）讨价还价。

①在集市上买东西，必须学会**讨价还价**。（本义，作宾语）

②经过一番**讨价还价**，这本书以五元的价格成交了。（本义，作宾语）

③欧盟各国领导人通过漫长的**讨价还价**，才最终勉强达成了这样一份协

议。(比喻义，作宾语)

使用语境：有时含贬义，用于指做生意时讲价钱或者接受任务或谈判时讲条件。

提心吊胆 tí xīn diào dǎn（have one's heart in one's mouth）

注意："吊"不能写成"掉"。

对事情不能放心，非常害怕。

用法说明：谓词性；常作谓语、定语、状语（后加"地"），也作补语、宾语；可用于兼语句、是字句、是的句。

1. S 提心吊胆（的）。

①自从丈夫出远门后，她每天**提心吊胆**的，就怕听到坏消息。(作谓语)

②在逃跑的两年多时间里，他每天**提心吊胆**，从未和家里人联系过。(作谓语)

③在那条曲折的山路上驾车真让人**提心吊胆**。(兼语句)

2. 提心吊胆的 N（生活、日子、样子等）。

①他一副**提心吊胆**的样子，向着走近自己的两人。(作定语)

②一家人至今仍居住在危房内，过着**提心吊胆**的日子。(作定语)

③那夜是我两年**提心吊胆**的生活中，第一次放心地睡着了。我至少知道她身在何处。(作定语)

3. S 提心吊胆地 V（等、等待等）。

①那天晚上妈妈一直没回来，小东**提心吊胆**地等了一夜。(作状语)

②手里拿着成绩单，我**提心吊胆**地走在回家的路上。(作状语)

③那晚的声音实在太可怕了，我后半夜几乎没睡着，就这么**提心吊胆**地过去了。(作状语)

4. S+V（过、看等）得提心吊胆。

①这个城市治安太差，我整天过得**提心吊胆**。(作补语)

②她在高处走得摇摇晃晃，地上的人们看得**提心吊胆**。(作补语)

③由于没有合法身份，司机们过得**提心吊胆**，既要留心白天被抓，又要提防晚上被骗。(作补语)

5. S……是提心吊胆（的）。(用于判断句中)

①我现在看中国队的比赛已经没有必胜的信心了，每一场都是**提心吊胆**。(是字句)

②我们几乎每天都是**提心吊胆**的，每天都要提安全问题。(是的句)

使用语境：含贬义，用于指因对某事或做某事不放心而担心害怕。

近义：忐忑不安/胆战心惊

反义：心安理得/安之若素

使用偏误：

➢在回家的路上带着零分的答卷，我心里（去掉“心里”）**提心吊胆**，做好了挨骂的思想准备。(“心里”跟“提心吊胆”语义重复。)

天长地久 tiān cháng dì jiǔ（everlasting and unchanging）

跟天和地存在的时间一样长。形容时间长久，也形容永久不变（多指爱情、友情）。也作：地久天长。

用法说明：谓词性；多作谓语、宾语。

1. S 天长地久。

①我们两国人民的友谊**天长地久**，万古长青。(作谓语)

②愿我俩的友谊**天长地久**。(作谓语)

③从前的夫妻，容易**天长地久**，这可能与“要求不高”有关。(作谓语)

2. S+V 天长地久。

①爱是永远，爱是**天长地久**。(作宾语)

②他们对感情抱有信仰，相信纯真、相信**天长地久**。(作宾语)

③每个人的要求不一样，有的人不在乎**天长地久**，只在乎曾经拥有的爱情。(作宾语)

使用语境：含褒义，可用于祝愿爱情、友情长久。

近义：天长日久/天荒地老

反义：弹指之间

使用偏误：

➢你们跟我**天长地久**（每天）生活在一起。（语义错误。）

➢你以后不要再生病了，**天长地久**（永远）地活下去吧！（语义错误。）

天经地义 tiān jīng dì yì（right and proper；perfectly justified）

经：规范，原则。义：正理。天地间历久不变的常道。指非常正确、不容改变的道理。也指理所当然，不用怀疑。

用法说明：名词性/谓词性；常作定语、宾语，也作谓语；不能受程度副词修饰；可用于是字句、是的句。

1. 天经地义的N（事、事情等）。

①吃饭得要钱，这是**天经地义**的事情。（作定语）

②国家有难，大家出钱出力是**天经地义**的事。（作定语）

③在中国，自古以来孩子听从父母的话是**天经地义**的事情。（作定语）

2. S+V（是、成、视为、看成、并非等）天经地义。

①在家庭中，家务由女性承担并非**天经地义**。（作宾语）

②人们已经习惯铁路的一切规定，购票乘车已成**天经地义**。（作宾语）

3. S天经地义。（S常为主谓结构、动宾结构）。

①杀人偿命，欠债还钱，**天经地义**，古今同理。（作谓语）

②生了病就要找大夫，**天经地义**，理所当然。（作谓语）

③动物吃植物，自古**天经地义**。（作谓语）

4. S是天经地义的。

①那原本是中国的领土，现在归还中国是**天经地义**的。（是的句）

②该罚就罚，不该罚就不罚，这是**天经地义**的。（是的句）

使用语境：语气较重，色彩庄重。指某个道理绝对正确或者做某事理所当然，这是由社会约定俗成，全民所共同认可的。

近义：理所当然/毋庸置疑

反义：荒谬绝伦

使用偏误：

➢千万不要因为我们的自私伤害我们的父母，因为孩子尊重父母是**天经地议**（**义**）的事。（“义”误代“议”。）

同舟共济 tóng zhōu gòng jì（pull together in times of trouble）

舟：船。济：渡，过河。大家坐一条船过河。比喻在艰险的处境中大家团结互助，共同战胜困难。

用法说明：谓词性；常作谓语，也作定语。

1. S（要/应该/须）同舟共济。

①急流泛舟开始时，领队说这一段路程大家要**同舟共济**，否则会翻船。（本义，作谓语）

②大家要**同舟共济**，共同面对接下来的困难。（比喻义，作谓语）

③在困难的时候，我们应该**同舟共济**。（比喻义，作谓语）

④灾难发生后，全国人民和灾区人民**同舟共济**，共渡难关。（比喻义，作谓语）

2. 同舟共济的N（精神、情谊、兄弟等）。

①我们就像**同舟共济**的兄弟，有福共享，有难同当。（比喻义，作定语）

②在他们两家之间，产生了一种**同舟共济**的情谊。（比喻义，作定语）

③在这次危机中，靠着大家**同舟共济**的精神，企业渡过了难关。（比喻义，作定语）

使用语境：含褒义，常用于指人们遇到困难时团结互助，共同战胜困难。

近义：患难与共/风雨同舟

反义：同室操戈

近义词辨析：同舟共济 VS 风雨同舟

<table>
<tr><th colspan="2"></th><th>同舟共济</th><th>风雨同舟</th></tr>
<tr><td colspan="2">相同点</td><td colspan="2">都表示同心协力，共渡难关。都可作谓语、定语。如：
在涉及两国重大利益的问题上，两国始终相互同情，相互支持，体现了同舟共济/风雨同舟的真挚情谊。</td></tr>
<tr><td>不同点</td><td>语义</td><td>偏重于“共济”，强调同心协力，含有利害相同、共同克服困难的意思。如：
大家要同舟共济，共同面对接下来的困难。</td><td>偏重于“风雨”，强调共渡难关。如：
无论以后发生什么事，在人生的道路上我都会和你风雨同舟。</td></tr>
</table>

头头是道 tóu tóu shì dào（what one says be clear and logical）

头头：各个方面。道：道理。用以形容一个人说话做事很有条理。

用法说明： 谓词性；常作谓语、补语，也作状语（后加“地”）。

1. S 头头是道。

①他是个小机灵鬼，说话办事**头头是道**。（作谓语）

②他虽然年纪很轻，但处理事情**头头是道**。（作谓语）

③说起 DV 的拍摄，他**头头是道**。（作谓语）

2. S+V（说、讲、解释等）得头头是道。

①他对此事解释得**头头是道**，我们不得不相信他。（作补语）

②她有理有据，有数字有实例，说得**头头是道**，一清二楚。（作补语）

3. S 头头是道地 V（讲、说、解释、讲述等）。

①他把班上的趣事**头头是道**地讲给我听。（作状语）

②现代人的口才普遍好，每个人都会**头头是道**地分析问题、说看法。（作状语）

使用语境： 含褒义，多用于指说话、办事有条理。

近义： 井井有条/有条不紊

反义： 杂乱无章/乱七八糟

使用偏误：

➢保守派的丈夫则希望结了婚的太太学做个贤妻良母，在家相夫教子，把家庭打理得**头头是道**（井井有条）。（把家里打理得整齐有序，应该用“井井有条”。）

➢晚辈的观念和长辈的都一套一套的、**头头是道**（有条有理）。（“头头是道”不跟“观念”搭配。）

突如其来 tū rú qí lái（come unexpectedly；something completely unexpected that surprises you very much）

突如：突然。突然到来或发生。

用法说明：谓词性；常作谓语、定语，也作状语（后加“地”）。

1. 突如其来的N（雨、灾难、困难、疫情等）。

①他被**突如其来**的雨淋得浑身湿透。（作定语）

②这一场**突如其来**的灾难，夺走了多少人的生命。（作定语）

③**突如其来**的“非典”疫情结束后，全世界人民更重视健康。（作定语）

④生命中总有不能控制的因素，一些**突如其来**的困难，有些可以克服，有些只能接受。（作定语）

2. S（大雨、灾难、紧急情况、突发事件等）突如其来。

①大雨**突如其来**，把大家都淋湿了。（作谓语）

②灾难**突如其来**，群众不知所措。（作谓语）

③由于突发事件往往**突如其来**，事先毫无准备，所以解决起来难度很大。（作谓语）

3. S突如其来地V。

①他**突如其来**地从房间里跑出去，吓了大家一跳。（作状语）

②她**突如其来**地一叫，吓了那人一跳，手中的东西也掉了。（作状语）

使用语境：含贬义，常用于指困难、灾难、疫情等事件突然发生。

近义：猝不及防

土生土长 tǔ shēng tǔ zhǎng（local born and bred）

本地出生、本地长大。

用法说明：谓词性；常作定语，也作谓语。

1. 土生土长的N（人、地方等）。

①他是**土生土长**的当地人，对那里的风土人情十分了解。（作定语）

②他是一个**土生土长**的农民，这几年靠养鸡发了大财。（作定语）

③十年前他离开了**土生土长**的家乡来到了北京。（作定语）

2. S土生土长。

①他在这里**土生土长**，对这一带的情况非常熟悉。（作谓语）

②我从小在这里**土生土长**，又会劳动，对乡里情况又熟悉。（作谓语）

使用语境：用于指人本地出生本地长大。

脱口而出 tuō kǒu ér chū (blurt out)

不用思考，随口说出或才思敏捷、不假思索就能回答出来。

用法说明：谓词性；常作谓语，也作状语（后加“地”）。

1. S 脱口而出。

①虽然我心中也是这个答案，但还是以问句的形式**脱口而出**了。（作谓语）

②我们平常说话，往往**脱口而出**，一般不会在说话以前考虑这么说合不合规则。(作谓语)

③她愣愣地看着他的笑容，不知不觉将心中的想法**脱口而出**：“你笑起来很好看。”(作谓语)

2. S 脱口而出地 V（说、叫、道、赞道等)。

①爸爸看到妙处，不禁**脱口而出**地叫了声“好”。(作状语)

②看到孩子们如此优秀，他**脱口而出**地赞道：“真棒啊!”（作状语)

使用语境：常用于指不经过考虑就把话说出来，有时也指说话不慎重。

近义：冲口而出

反义：字斟句酌

脱颖而出 tuō yǐng ér chū (stand out)

颖：尖儿。指锥尖透过布袋显露出来，比喻人的本领全部显示出来。

用法说明：谓词性；多作谓语，也作定语、宾语；可用于兼语句。

1. S（从/在……中）脱颖而出。

①他能从众多强劲对手中**脱颖而出**，可见实力不弱。(作谓语)

②他在这次运动员选拔赛中**脱颖而出**，大家都很替他高兴。(作谓语)

③我们要创造公平竞争的良好环境，让优秀人才**脱颖而出**。(兼语句)

2. 脱颖而出的 N（人才、选手等)。

①此次比赛中**脱颖而出**的选手，将代表国家到美国参赛。(作定语)

②从近千名选手中**脱颖而出**的 24 名选手参加了决赛。最后，一名高中女

孩夺得冠军。(作定语)

③目前公司 281 位中高级管理者中，近年来**脱颖而出**的大学毕业生就占了 222 名！(作定语)

3. S 得以脱颖而出。

①他把主要的心思用在学习和工作上，因而得以**脱颖而出**。(作宾语)

②他的创新精神和过硬的工作技能，赢得了领导、同事的信任，得以**脱颖而出**。(作宾语)

使用语境：含褒义，用于指有才能的人得到机会把全部本领显现出来。

近义：崭露头角

反义：深藏不露

万古长青 wàn gǔ cháng qīng (remain fresh forever; last forever; be evergreen)

千秋万代，像松柏一样永远保持青翠。形容精神、友谊等永远存在下去。也作：万古长春。

用法说明：谓词性；多作谓语、定语；可用于是的句。

1. (愿) ……(友谊、精神等) 万古长青。

①愿我们间的友谊地久天长，**万古长青**。(作谓语)

②无数革命先烈前赴后继，奋斗牺牲，他们的革命精神**万古长青**。(作谓语)

③在两国新一代领导人的亲切关怀下，两国间的友谊必将世代相传，**万古长青**。(作谓语)

2. 万古长青的 N (事业、友谊等)。

①在世界名人植树区，卡斯特罗主席种植了一棵**万古长青**的龙柏。(作定语)

②在长期的互帮互助中，两国已建立了**万古长青**的伟大友谊。(作定语)

3. S 是万古长青的。(用于判断句中)

我们的友谊是永恒的、**万古长青**的。(是的句)

使用语境：含褒义，常用于祝愿某种精神、友谊等能永远存在下去。

近义：万古长存

反义：好景不长

万无一失 wàn wú yī shī（nothing will go wrong; no risk at all）

失：失误，差错。没有万分之一的差错。指非常有把握，绝对不会出差错。

用法说明：谓词性；常作谓语、宾语，也作定语、状语（后加“地”）；可用于是字句、是的句。

1. S会/必须/可以万无一失。

①只要我把事情做到尽善尽美，就一定会**万无一失**。（作谓语）

②为了确保成功，你的计划必须**万无一失**。（作谓语）

③凡事都要自己负责，不管有几个人，这样才可以**万无一失**。（作谓语）

2. S+V（保证、确保、做到等）万无一失。

①你把资金投到那家公司，保证**万无一失**。（作宾语）

②我们一定要精心细密地准备，做到**万无一失**。（作宾语）

③这项工作意义重大，要确保**万无一失**。（作宾语）

3. 万无一失的N（方案、计划、办法、安全措施等）。

①我们感谢武汉公安局辛苦筹划，提供**万无一失**的安全措施。（作定语）

②改革没有**万无一失**的方案，不犯错误不可能，要争取犯得小一点。（作定语）

③直到现在，大家还没有想出一个**万无一失**的办法。（作定语）

4. S万无一失地V。

他向领导保证，绝对会**万无一失**地完成任务。（作状语）

5. S……是万无一失（的）。（用于判断句中）

①要保证孩子的安全，待在家里并不是**万无一失**的。（是的句）

②有这么多人保护着你，简直是**万无一失**。（是字句）

使用语境：含褒义，常用于指有把握，不会出任何差错。

近义：十拿九稳

亡羊补牢 wáng yáng bǔ láo（mend the fold after the sheep have been stolen；It is never too late to mend）

亡：逃亡，丢失。牢：牲口圈。丢了羊再去修补羊圈，还不算迟。比喻出了问题以后，要想办法补救，免得再受损失。

用法说明：谓词性；常作谓语，也作主语、宾语；可用于是字句。

1. S 亡羊补牢。

①你现在**亡羊补牢**，还不算太晚。（作谓语）

②事故发生后，厂方马上**亡羊补牢**，在门口建了两扇大门。（作谓语）

③通过反思吸取以往的经验教训，可以**亡羊补牢**，把今后的工作做得更好。（作谓语）

2. 其他。

①虽然你已经犯下了错误，但是**亡羊补牢**也为时不晚。（作主语）

②**亡羊补牢**并非为了弥补以往的损失，而是为了减少或杜绝以后再发生类似的状况。（作主语）

③墙虽然坏了，但只要及时补，就能做到**亡羊补牢**。（作宾语）

④小偷入室后才发出警报，那是**亡羊补牢**。（作宾语）

使用语境：含褒义，常与“犹未为晚”连用，用于指人做错事以后及时改正还来得及。

近义：防患未然/未雨绸缪

微不足道 wēi bù zú dào（not worth mentioning，insignificant）

微：小。足：值得。道：谈起。指意义、价值等很微小，不值得一提。

用法说明：谓词性；常作谓语、定语，也作补语、宾语；多用于是的句，也用于是字句。

1. S（很/太/非常等）微不足道。（前面可以受程度副词修饰）

①这点小事对我来说太**微不足道**了。（作谓语）

②它实在太不起眼，太**微不足道**，所以一般人都不大知道它。（作谓语）

③我见证了一片叶子在生命最后一瞬间的美，虽然这种景象很**微不足道**，但却很感人。（作谓语）

2. 微不足道的N（小事、小人物、数字等）。

①我们不要把精力全放在非常**微不足道**的小事上，而要从大局出发，大处着眼，统筹规划。（作定语）

②别看南方人到北方打工，说话南腔北调，也许几年后，他们就不是**微不足道**的小人物了。（作定语）

③我从开始学习汉语到现在只背了四百多个成语，这是**微不足道**的数字。（作定语）

3. S+V（变、小等）得微不足道。

①这件事情也许小得**微不足道**，却让记者难忘。（作补语）

②这些在过去遥不可及、至关重要的东西，现在却变得**微不足道**、无足轻重了。（作补语）

4. S……是微不足道（的）。（用于判断句中）

①这些都说明资产阶级给我们留下的遗产，是**微不足道**的。（是的句）

②在灾难面前，一个人的能力是**微不足道**的。（是的句）

③他一个月的工资只有200元，就是自己一分不花，每个孩子才只有50元，真是**微不足道**。（是字句）

使用语境：用于指人或事物的价值小而不值得一提。

近义：微乎其微

反义：举足轻重

近义词辨析：微不足道 VS 微乎其微

		微不足道	微乎其微
相同点	都有极其微小的意思。都可作谓语、定语、补语。如： 同日本人相比，他们的人数显得**微不足道/微乎其微**。		
不同点	语义	可指具体数量，也可以不指具体数量；偏重于不值得说。如： 我们个人的力量是**微不足道**的，群众的力量却是不能忽视的。	主要着眼于量上；偏重于少。如： 这种病目前还无药可救，痊愈的希望**微乎其微**。

HSK 真题：

2018 阅读选项：一切伟大的行动和思想，往往都有一个**微不足道**的开始。（正确）

使用偏误：

➢或许在别人的眼里他为我所做的一切都是**微不足道**（的）。（少“的”。）

➢回顾二十年余之不足微道（**微不足道**）的这一辈子，对我有影响的人确实不少。（词序错误。）

无恶不作 wú è bù zuò（commit all sorts of crimes；be as wicked as possible）

没有什么坏事不干。形容做尽了坏事。

用法说明：谓词性；常作谓语，也作定语。

1. S（人、动物等）无恶不作。

①他**无恶不作**，在这地区早已臭名远扬。（作谓语）

②老鼠虽小，却无处不在、**无恶不作**。（作谓语）

③他们对老百姓就是公开地抢，公开地杀，抓拿骗吃，**无恶不作**。（作谓语）

2. 无恶不作的 N（人）。

①他是一个**无恶不作**的坏蛋，这里的坏事都是他做的。（作定语）

②这是一个**无恶不作**的黑社会组织，人们对它深恶痛绝。（作定语）

③他从前是个**无恶不作**的人，自得了那一次教训后便洗手不干了。（作定语）

使用语境：含贬义，用于指人什么坏事都干。

近义：作恶多端

反义：乐善好施

近义词辨析：无恶不作 VS 作恶多端

	无恶不作	作恶多端
相同点	都表示坏事做了很多。都可作谓语、定语。如： 那个阴险狡猾、**无恶不作/作恶多端**的坏蛋，受到了应有的惩罚。	

续表

		无恶不作	作恶多端
不同点	语义	强调坏事做尽，语义较重。如： 这家伙在乡里横行霸道，**无恶不作**，百姓们都恨之入骨。	强调坏事做了许多，语义较轻。如： 他**作恶多端**，是个大罪犯。

无关紧要 wú guān jǐn yào（make no odds；be of no great importance）

紧要：急切的，重要的。与紧急的、重要的没有关系。表示不重要，不会影响大局。

用法说明：谓词性；常作谓语、定语，也作宾语；可用于是字句、是的句（多）。

1. S 无关紧要。

①我们信仰什么，这**无关紧要**；重要的是，我们要有信仰。（作谓语）

②作为消费者，关心的是商品质量，至于广告形式，则**无关紧要**。（作谓语）

③他可能胖，也可能瘦，这都**无关紧要**。重要的是他能不能胜任这个工作。（作谓语）

2. 无关紧要的 N（人、事、话、事情、问题等）。

①这种**无关紧要**的事也要一再提出来讨论，太小题大做了。（作定语）

②尽管比赛中也出现了一些失误，但是都是一些**无关紧要**的失误。（作定语）

③我难过不是因为一些**无关紧要**的人的出现，而是因为我朋友。（作定语）

④我们喝着热茶，说了一些**无关紧要**的话。（作定语）

3. S……是无关紧要（的）。

①这个故事是否真实，是**无关紧要**的。（是的句）

②对一个工作人员来说，名字是**无关紧要**的，能力更重要。（是的句）

③那件 18 年前发生的事真是**无关紧要**，你不要再提了。（是字句）

使用语境：用于指人或事物不重要，对整个局势没有影响。

近义：无足轻重

反义：举足轻重

无话可说 wú huà kě shuō（have nothing to say）

没有什么话可以说。在某些场合下包含一种无奈、郁闷的情感。

用法说明：谓词性；常作谓语，也作宾语；可用于是字句。

1. S（与……）无话可说。

①有些朋友，曾经无话不说，现在**无话可说**。（作谓语）

②父亲被儿子问住了，**无话可说**。（作谓语）

③如果烟民对我表示不满，我也**无话可说**。（作谓语）

④如果你总这样乱说，我也没办法，我**无话可说**。（作谓语）

2. S……是无话可说。

①我什么都不说，实在是**无话可说**。（是字句）

②王先生沉默不语，他确实是**无话可说**。（是字句）

使用语境：常用于以下两种情况：指双方因没有共同话题而没有话说；因为无奈、失望等而没有话可说。

使用偏误：

➢我上高中的时候不太爱学习，经常跟朋友们出去玩，这样一来我的成绩是**无话可说**（毫无疑问是）倒数第几名。（“无话可说”在某些场合下包含一种无奈，郁闷的情感。我不学习只玩，成绩肯定是倒数而不是“无话可说倒数”。）

无济于事 wú jì yú shì（of no help；of no use）

济：补益，帮助。对于事情没有帮助或益处。比喻解决不了问题。

用法说明：谓词性；常作谓语，也作宾语；可用于是字句、是的句。

1. S（对于……）无济于事。

①今天的会议大家各说各话，对于问题的解决**无济于事**。（作谓语）

②夜里他突然发烧，吃退烧药**无济于事**，只好赶紧去医院。（作谓语）

③时代变了，旧的办法已经**无济于事**了。（作谓语）

④奔跑时，方向跑错了，跑得再快也**无济于事**。（作谓语）

2. S……是无济于事（的）。（用于判断句中）

①如果方法不对，怎么努力也是**无济于事**。（是字句）

②如果一棵树的根子烂了，光把它的枝条砍去是**无济于事**的。（是的句）

使用语境：含贬义，指某方法解决不了问题。

近义：无补于事

反义：行之有效

无家可归 wú jiā kě guī (be homeless and without a place of refuge)

归：返回。没有家可回。指人因遭受灾难等失去家庭，无处投靠。

用法说明：谓词性；多作谓语、定语；可用于是字句。

1. S 无家可归。（可独立作谓语）

①旧社会，许多穷人背井离乡，**无家可归**。（作谓语）

②84 岁的老人有 6 个子女，如今他却**无家可归**。（作谓语）

③昨晚那片平房区发生火灾，6 人死亡，数千人**无家可归**。（作谓语）

2. 无家可归的 N（人、灾民、难民、动物等）。

①比起那些**无家可归**的人，我真是太幸运、太幸福了！（作定语）

②这对夫妇收留了那个**无家可归**的孩子。（作定语）

③天冷了，我们要给**无家可归**的动物们找到一个温暖的家。（作定语）

使用语境：含贬义，多用于指人或动物孤苦伶仃、流离失所。

近义：流离失所

反义：安居乐业

近义词辨析：无家可归 VS 流离失所

	无家可归	流离失所
相同点	都指没有家可回。都可作谓语、定语。都含贬义。如： 战争从城市发展到农村，估计已造成 50 万人丧生、250 万难民**无家可归/流离失所**。	

续表

		无家可归	流离失所
不同点	语义	偏重于无家室。如： 旧社会，有许多劳动人民**无家可归**，被迫流浪街头。	偏重于无安身之处。如： 战争期间，人们**流离失所**，生活艰难。
	适用范围	可用于群体，也可用于个体。如： 这对夫妇收留了那个**无家可归**的孩子。	多用于群体

使用偏误：

➢吸烟者会说："现在我们没地方吸烟，真是**无家可归**（无处可去），而且在路上也不让我们抽烟。"（句子的意思是没地方可去，宜用"无处可去"。）

无精打采 wú jīng dǎ cǎi （feel blue/depressed）

注意："采"不要写成"彩"。

采：精神，神色。没有精神，提不起劲头的样子。形容精神不振。也作：没精打采。

用法说明：谓词性；常作谓语、状语（后加"地"），也作定语、补语。

1. S 无精打采（的）。

①他今天有点不舒服，上课时**无精打采**。（作谓语）

②不知道为什么，他今天做事**无精打采**的。（作谓语）

③他在服药后**无精打采**，也不吃不喝，还不时呕吐。（作谓语）

2. S 无精打采地 V。

①他**无精打采**地坐在椅子上，有气无力的样子。（作状语）

②她拖着脚步，**无精打采**地向同事们挥挥手，进了休息室。（作状语）

③店里一个客人都没有，王老板**无精打采**地在店堂中走来走去。（作状语）

3. 无精打采的 N（样子、表情、神态、模样等）。

①看他那**无精打采**的样子，一定是昨天夜里又玩电子游戏了。（作定语）

②从搜救员**无精打采**的神态中，大家读出了"没戏"。（作定语）

③从考场出来，他露出一副**无精打采**的表情。（作定语）

4. S+V（听、晒、变、饿、表现）得无精打采。

①他活下来了，变得**无精打采**，沉默少语。（作补语）

②在太阳下的孩子们一个个被晒得**无精打采**，有的哈欠连天，有的干脆直接用衣服把头包住。（作补语）

③今天的课堂气氛非常沉闷，学生听得**无精打采**。（作补语）

使用语境：含贬义，常用于指人不高兴，精神不振作。

近义：灰心丧气/垂头丧气

反义：精神抖擞/精神焕发

使用偏误：

➤去山下挑水是修炼内容之一，和尚们才**无精打**彩（**采**）地到山下挑水去了。（"彩"误代"采"。）

无可奉告 wú kě fèng gào（no comment.；have nothing to say）

奉告：敬辞，即告诉。没有什么可以告诉对方的，或是对方所问及的事情不便直接相告。

用法说明：谓词性；多作谓语。

S 无可奉告。（可独立作谓语）

①其他的事情公司正在调查，现在**无可奉告**。（作谓语）

②事关公司的财务机密，因此**无可奉告**。（作谓语）

③如果你要谈私人的事，我**无可奉告**。（作谓语）

使用语境：敬语，常用于拒绝回答对方的提问。

无可厚非 wú kě hòu fēi（give no cause for much criticism）

厚：过分。非：非议，否定。不可过分指责、苛求。

用法说明：谓词性；常作谓语；可用于是的句。

1. S无可厚非。

①结果终于成功了，那么损失一点，也**无可厚非**。(作谓语)

②爱美之心，人皆有之，女大学生化妆**无可厚非**。(作谓语)

③当生存不再是第一位的压力之后，做自己想做的事情，圆自己想圆的梦，真的**无可厚非**。(作谓语)

2. S……是无可厚非（的）。

①丈夫为了帮她解除痛苦而给她进行了“安乐死”，这实在也是**无可厚非**。(是字句)

②因为她头一次使用高压锅，把饭煮糊了，这是**无可厚非**的。(是的句)

使用语境：用于指人说话做事虽有缺点，但还有可取之处，可以原谅。

近义：无可非议（做得妥当，没有什么可以指责的）

反义：评头论足

使用偏误：

➢母亲怀胎九月后把我们养育成人，总希望儿女听话，这是**无可厚非**(的)。(少“的”。)

无可奈何 wú kě nài hé (have no other choice)

奈何：怎么办。指没有一点办法，只好这样了。

用法说明：谓词性；常作谓语、定语、状语，也作宾语；可用于是字句(多)。

1. S无可奈何地V。

①因为我总是哭，妈妈**无可奈何**地答应了我的要求。(作状语)

②电话不停地响着，他掀开被子，**无可奈何**地下了床。(作状语)

③警察在前面一站，拦住了车子的去路，他**无可奈何**地停下车。(作状语)

2. S（对……）无可奈何。(可独立作谓语)

①警察**无可奈何**，只好让他走了。(作谓语)

②我舍不得把钱白给他，但又**无可奈何**。(作谓语)

③这个问题是司法中的普遍现象，他对此感到不满，却又**无可奈何**。(作

谓语）

3. 无可奈何的N（样子、表情、神情、手势等）。

①他耸耸肩，又摊开双手，显出一副**无可奈何**的样子。（作定语）

②他看着眼前乱糟糟的一切，露出**无可奈何**的表情。（作定语）

③他摊开手，做了个**无可奈何**的手势。（作定语）

4. S……是无可奈何。

①遇到这么不讲理的人，我也是**无可奈何**。（是字句）

②这么多土地不种庄稼可惜，种了又常常颗粒不收，实在是**无可奈何**。（是字句）

使用语境：用于指对事情毫无办法。

近义：无计可施

使用偏误：

➢现在我**无可奈何**（没有能力）帮助你们，可是我很爱你们。（语义错误。）

➢“代沟”问题很容易变成一个**无可奈何**（不能解决）的社会问题。（语义错误。）

➢虽然你觉得不合理，但是这样的人到处都有，你只能**无可奈何**（地）接受这个情况。（少“地”。）

无能为力 wú néng wéi lì（cannot do anything about it）

用不上力量，帮不上忙。指没有能力去做好某件事情、解决某个问题。

用法说明：谓词性；常作谓语、定语，也作状语、宾语；可用于是字句、是的句。

1. S（对……）无能为力。

①这种病是绝症，再好的医生对这种病也**无能为力**。（作谓语）

②他不是不想帮忙，他真的**无能为力**。（作谓语）

③工作中再大的困难我都能克服，可生活中的困难我却**无能为力**。（作谓语）

④我很想帮忙，可惜实在**无能为力**。（作谓语，表推辞）

⑤这次采写黄一牛如何致富的报道，却使我**无能为力**，非常尴尬。(兼语句)

2. 无能为力的N（人、事、样子、感觉等）。

①那种**无能为力**的感觉很让人难受，但我无力摆脱。(作定语)

②他是个成年人，不是一个**无能为力**的小孩。(作定语)

3. S+V 无能为力。

①铁路上的工作人员有的耸肩走开了，有的翻翻眼，都表示**无能为力**。(作宾语)

②这件事情已经积非成是，每个人都感到**无能为力**。(作宾语)

4. S……是无能为力（的）。(用于判断句中)

①虽然她努力想睁开眼睛，却是**无能为力**。(是字句)

②这世上有很多事情，人们是**无能为力**的。(是的句)

③没有他的帮助，他的父亲是**无能为力**的。(是的句)

使用语境：常用于以下两种情况：指没有能力做好某事或解决某问题；用于表推辞。

近义：力不从心

反义：力所能及

无情无义 wú qíng wú yì（to have no emotion or sense of justice)

没有一点情义。形容冷酷无情。

用法说明：谓词性；多作谓语、定语。

1. S（对……）无情无义。

①他心很硬，对任何人都**无情无义**。(作谓语)

②小李对你**无情无义**，你为什么还愿意跟他在一起呢？(作谓语)

③你是军人，在战场上，就只能**无情无义**。(作谓语)

2. 无情无义的N（人、孩子、东西、家伙等）。

①他是个**无情无义**的人，你别跟他打交道。(作定语)

②你这**无情无义**的东西，连自己的亲生父母都不认了！(作定语)

③这是一个**无情无义**的孩子，谁都不爱。(作定语)

使用语境：含贬义，用于指人非常冷酷无情。

近义：薄情寡义

反义：深情厚谊

无所事事 wú suǒ shì shì（have nothing to do；goof off；sit around）

事事：做事情。什么事都不干。

用法说明：谓词性；常作谓语，也作定语、状语。

1. S 无所事事。

①退休后，我有一段日子**无所事事**，每天只盯着电视看。（作谓语）

②他整日**无所事事**，除了吃睡，什么正事也不干。（作谓语）

③她已经 30 岁了，整天在家里**无所事事**，父母非常担心。（作谓语）

2. 无所事事的 N（人、日子、样子等）。

①我不是一个**无所事事**的人，我有自己的事要做，我很忙。（作定语）

②整天**无所事事**的日子真无聊啊，还是有事忙好。（作定语）

③看他整天**无所事事**的样子，我感觉很难过。（作定语）

3. S 无所事事地 V。

①我们**无所事事**地呆在宿舍，躺在各自的床上，呆望着天花板。（作状语）

②朋友睡着了，我**无所事事**地坐在桌前翻看今天的报纸。（作状语）

使用语境：含贬义，用于指人很闲，不干事。

近义：游手好闲

反义：日理万机

无所作为 wú suǒ zuò wéi（attempt nothing and accomplish nothing）

作为：做出成绩。不去努力做出成绩或没有做出什么成绩。指人工作中安于现状，缺乏进取心或创造性。

用法说明：谓词性；多作谓语、定语。

1. S（不要/不能）无所作为。

①我们要认真学习本领，不要将来**无所作为**。（作谓语）

②我已长大成人，但依然**无所作为**，只能加重家庭负担。(作谓语)

③来到这个世界，我们不能一辈子**无所作为**，现在仍然需要努力。(作谓语)

2. 无所作为的N（人、态度、思想等）。

①我们需要的是敢于创新的青年，不需要那种**无所作为**的人。(作定语)

②那种丧失信心、**无所作为**的思想和行为，是有害无益的。(作定语)

③他们的这种**无所作为**的态度，终于导致了不可收拾的局面。(作定语)

使用语境：含贬义，常用于指人没有做出成就。

近义：碌碌无为

反义：大有作为

无微不至 wú wēi bù zhì（with great care/meticulousness, in every possible way）

注意："至"不要写成"致"。

微：细微。至：到。没有一个细小的地方不照顾到。形容关心、照顾得非常细致周到。

用法说明：谓词性；常作定语和状语（后加"地"），也作谓语、补语、宾语；可用于是字句。

1. 无微不至的N（关怀、照顾、关心、爱护、庇护等）。

①永远感谢我的妈妈，感谢妈妈在我生病时对我**无微不至**的照顾。(作定语)

②在我生病期间，老师和同学们给了我**无微不至**的关怀。(作定语)

③儿童从出生、学步到进入幼儿园、小学，一直处于家长**无微不至**的关心和照顾下。(作定语)

2. S无微不至地V（关心、关照、照顾等）。

①厂长**无微不至**地关照着我们，让我们感觉很温暖。(作状语)

②她既在生活上**无微不至**地关心他，又在事业上勤勤恳恳地做他的助手。(作状语)

3. S+ V（照顾、照料等）得无微不至。

①姐姐从小便身兼母职，把弟弟照顾得**无微不至**。（作补语）

②大伙儿对这孩子是疼爱有加，照顾得**无微不至**。（作补语）

③四个儿女轮流伺候，把母亲照料得**无微不至**。（作补语）

4. S 对 sb（的关心/关怀/照顾）无微不至。（前可受“更加”修饰）

①她是家里的独生女，与父母关系亲密，父母对她的照顾**无微不至**。（作谓语）

②随着社会的发展，党对知识分子的关怀更加**无微不至**。（作谓语）

5. S……是无微不至。

①他替我交涉，替我计划，替我更正图样，真是**无微不至**。（是字句）

②这些年来，领导对他的关怀可以说是**无微不至**了。（是字句）

使用语境：含褒义，常用于指上级对下级、长辈对晚辈的关怀周到细致，使用对象为他人，不能用于自己。

近义：体贴入微

反义：漠不关心

HSK 真题：

2018 阅读选项：年幼时，我们渴望拥有一双独立的翅膀，能挣脱父母（**无微不至**）的庇护。

A 心甘情愿　[B] 无微不至　C 滔滔不绝　D 一如既往

使用偏误：

➤对待公公婆婆要敬重，**无微不致**（**至**）（地）关心他们，使老人能安心地度过晚年。（“致”误代“至”；少“地”，“无微不至”作状语时后要加“地”。）

无忧无虑 wú yōu wú lǜ（carefree and lighthearted; without a care in the world）

没有任何忧虑。形容心情非常舒畅自然。

用法说明：谓词性；常作定语、状语、谓语，也作宾语、补语。

1. 无忧无虑的 N（生活、日子、童年、人、样子等）。

①人只有在孩童时代，才过着天真烂漫、**无忧无虑**的生活。（作定语）

②因为有爷爷奶奶的帮助，他度过了一个**无忧无虑**的童年。（作定语）

③与**无忧无虑**的孩子相比，家长就想得多得多。（作定语）

④放了暑假的孩子们正在享受着**无忧无虑**的美好时光。（作定语）

2. S 无忧无虑地 V（生活、学习、玩耍等）。

①在和风细雨的春天里，他**无忧无虑**地学习，快乐地成长着。（作状语）

②他应该同普通人家的孩子一样，**无忧无虑**地学习、生活。（作状语）

③有了这一大笔钱财，你就可以**无忧无虑**地过一辈子了。（作状语）

3. S 无忧无虑。（可独立作谓语）

①一群年轻人在野外郊游，他们**无忧无虑**，追跑打闹。（作谓语）

②他独住一处，**无忧无虑**，自得其乐。（作谓语）

③敬老院里的老人读书、下棋、种花，一天三餐，有鱼有肉，生活**无忧无虑**。（作谓语）

4. S+V（生活/过）得无忧无虑。

①父母努力工作，是为了孩子将来能够生活得**无忧无虑**。（作补语）

②他的生活非常美好，参加化装舞会、打网球，过得**无忧无虑**。（作补语）

使用语境：用于指人或动物生活没有忧愁、顾虑。

近义：无牵无挂/高枕无忧

反义：心事重重/寝食难安

HSK 真题：

2018 阅读选项：我的人生就像小说中那棵无花果树一样，枝繁叶茂，我看见自己坐在这棵无花果树的枝丫上（**饥肠辘辘**），就因为我下不了决心，究竟摘取哪一枚果子。（超纲词）

[A] 饥肠辘辘　B 狼吞虎咽　C 无忧无虑　D 竭尽全力

无足轻重 wú zú qīng zhòng（be insignificant）

足：够得上，配，值得。没有它并不轻些，有它也并不重些。不足以影响物体的轻重。指无关紧要。

用法说明：谓词性；多作谓语、定语；可用于是的句。

1. S（对……）无足轻重。

①尽管有几家工厂没有完成任务，但对全市工业总产值**无足轻重**。(作谓语)

②今日的中国已不是昨天的中国，从各方面来看，我们不再**无足轻重**。(作谓语)

③以前中国队竞技水平不高，在世界上**无足轻重**。(作谓语)

2. 无足轻重的N（人、事、话、地位、角色、人员等)。

①他在本厂是个**无足轻重**的人员，他要辞职，很快就被批准了。（作定语)

②不管你同不同意，他在来美国之前只是一个**无足轻重**的人。（作定语)

③中印两国都是发展中国家，但在世界上都不是**无足轻重**的国家。（作定语)

3. S是无足轻重的。

在这个问题上，小数点后的数字，绝不是**无足轻重**的。(是的句)

使用语境：用于指人、事、物不重要，可有可无。

近义：无关紧要

反义：举足轻重

五花八门 wǔ huā bā mén（all kinds of)

原为古代战术中变化多端的阵势。比喻事物花样繁多或变幻多端。

用法说明：谓词性；常作谓语，也作定语、宾语；可用于是字句、是的句。

1. S（事物）五花八门。

①信的内容**五花八门**，但有一个共同点就是要钱。(作谓语)

②市场上的奶制品**五花八门**，什么鲜牛奶、常温牛奶、酸奶，让消费者挑花了眼。(作谓语)

③罐头种类**五花八门**，有鱼有肉、有水果有蔬菜，应有尽有。(作谓语)

2. 五花八门的N（多为具体的食物)。

①面对**五花八门**的儿童读物，我不知道该买哪一本才好。(作定语)

②**五花八门**的游戏网站吸引了许多小学生。(作定语)

③书摊上**五花八门**的书不少，值得买的书不多。(作定语)

3. S……是五花八门（的）。(用于判断句中)

①游乐场里的游戏真是**五花八门**，让人一去就舍不得回家。(是字句)

②老师提出的问题，同学们回答的真是**五花八门**，可我却不知怎么回答。(是字句)

③因为人与人不同，这个问题的答案常常是**五花八门**的。(是的句)

使用语境：中性词，用于指事物花样多，让人眼花缭乱。

近义：形形色色

使用偏误：

➤由吸烟所引起的疾病的种类实在（是）**五花八门**。(少“是”。)

➤而遇到了挫折后，产生的结果都是**五花八门**（的）。(少“的”。)

五颜六色 wǔ yán liù sè（colourful，of various colors）

形容颜色多。

用法说明：谓词性；多作定语、谓语。

1. 五颜六色的 N。

①马路边、站路牌、公共汽车上，都是**五颜六色**的广告。(作定语)

②公园里开满了**五颜六色**的花，漂亮极了。(作定语)

③一进商场，满眼都是**五颜六色**的衣服，总想买一件回家。(作定语)

2. S 五颜六色。

①水中的鱼儿**五颜六色**，真好看。(作谓语)

②市场上销售的食品**五颜六色**，多种多样，大大地丰富了人民的生活。(作谓语)

③夏天了，姑娘们大都穿起了裙子，**五颜六色**，花花绿绿。(作谓语)

使用语境：中性词，用于指事物的颜色多。

息息相关 xī xī xiāng guān（be closely linked）

息：呼吸。相：相互。关：关系，关联。呼吸也相互关联。比喻关系极为密切。

用法说明：谓词性；多作谓语、定语；可用于是的句。

1. S与/跟/和……息息相关。

①阳光、空气和水与人的生存**息息相关**。(作谓语)

②这件事与他**息息相关**，并不像他所说的与他无关。(作谓语)

③物价与人民生活**息息相关**，物价的波动直接影响到居民的收入和消费。(作谓语)

2. (与……) 息息相关的N。

①由于交通和通信的发展，世界已变成了一个**息息相关**的地球村。(作定语)

②在现代化的社会中，社会的生产和生活组成一个**息息相关**的整体。(作定语)

③环境污染成为与我们每个人**息息相关**的大问题。(作定语)

3. S是息息相关的。

①艺术水平和观众的鉴赏能力是**息息相关**的。(是的句)

②人的思想是和经验、生长环境、社会变化**息息相关**的。(是的句)

使用语境：用于指两者之间关系非常密切。

近义：唇齿相依/休戚相关

反义：无关痛痒

熙熙攘攘 xī xī rǎng rǎng (hustle and bustle)

熙熙：和乐的样子。攘攘：纷乱的样子。形容人来人往，非常热闹拥挤。

用法说明：谓词性；多作谓语、定语。

1. S (人、地方等) 熙熙攘攘。(可独立作谓语)

①星期天的上海南京路总是人山人海，**熙熙攘攘**。(作谓语)

②一到星期天，农贸市场上便**熙熙攘攘**，买卖十分兴隆。(作谓语)

③这里的产品非常受欢迎，每天来这里求购的人**熙熙攘攘**。(作谓语)

2 熙熙攘攘的N (闹市、世界、广场等)。

①过去的一个小村子，如今成了**熙熙攘攘**的闹市，这里的变化真大啊!

（作定语）

②在我们**熙熙攘攘**的世界中，生活的节奏越来越快，而人与人的关系更加冷漠。（作定语）

③站在**熙熙攘攘**的车站广场，望着这个陌生的城市，他有些不知所措。（作定语）

使用语境：用于形容人多喧闹。

近义：熙来攘往/人来人往

反义：门庭冷落/门可罗雀

喜出望外 xǐ chū wàng wài（be overjoyed; be delighted with one's unexpected good fortune）

望：希望、意料。遇到意想不到的喜事而感到非常高兴。

用法说明：谓词性；常作谓语，也作定语、状语（后加“地”）；可用于兼语句。

1. S喜出望外。（可独立作谓语）

①听说事情竟然已经解决了，他顿时**喜出望外**。（作谓语）

②听医生说他的病情有所好转，他和家人**喜出望外**。（作谓语）

③看到总书记来到自己的柜台前，营业员们个个**喜出望外**。（作谓语）

④他比赛经验不多，夺牌的希望不大，不料他竟超常发挥，夺得了第二名，这让教练和队友都**喜出望外**。（兼语句）

2. S喜出望外地V。

①听了这个惊人的好消息，大家都**喜出望外**地跳起来了。（作状语）

②他**喜出望外**地抓住老大哥的手，一时竟说不出话来。（作状语）

③不到一个月，我便收到了一封热情的回信。我**喜出望外**地手舞足蹈。（作状语）

3. 喜出望外的N（人、表情等）。

①看着**喜出望外**的他，我也跟着高兴起来。（作定语）

②有人来帮她了，她露出**喜出望外**的表情。（作定语）

使用语境：含褒义，用于指人因为遇到没有想到的好事而感到非常高兴。

近义：大喜过望

反义：大失所望

喜怒哀乐 xǐ nù āi lè（pleasure，anger，sorrow，joy—the passions）

高兴、愤怒、悲哀、快乐。泛指人的各种不同感情。

用法说明：名词性；多作宾语、主语。

1. S+V（反映、表现、表达等）喜怒哀乐。

①他面容清淡，没有一丝**喜怒哀乐**。（作宾语）

②他的作品中，大多是写普通人，表现了他们的**喜怒哀乐**。（作宾语）

③这部电影，真实地反映了新时期中学生的**喜怒哀乐**，很有教育意义。（作宾语）

2. S的喜怒哀乐V（表现、表露等）……

①一个人的**喜怒哀乐**最容易在神情上表露出来。（作主语）

②他不能克制自己的情感，他的**喜怒哀乐**全表现在外面。（作主语）

使用语境：用于指人内心的各种感情。

近义：悲欢离合

显而易见 xiǎn ér yì jiàn（obviously）

（事情、道理）非常明显，很容易看清楚。

用法说明：谓词性；常作谓语、定语，也作宾语、插入语；可用于是字句、是的句（多）。

1. S（道理、优点、不足、差距等）显而易见。

①这个道理**显而易见**，谁都能弄明白。（作谓语）

②相比西医，中医的短处和不足也**显而易见**。（作谓语）

③经过培训的下岗职工，求职成功率为80%，而没培训的成功率仅为20%，差距**显而易见**。（作谓语）

2. 显而易见的N（优点、好处、事实、问题等）。

①它最**显而易见**的优点就是减轻学生的经济负担。（作定语）

②中国经济在持续发展，这是**显而易见**的事实。(作定语)

③近年来中国取得了很大的成绩，但也存在着不少**显而易见**的问题。(作定语)

3. 显而易见，……

①**显而易见**，你这道题做错了。(作插入语)

②**显而易见**，这种问题是比较严重的。(作插入语)

4. S……是显而易见（的）。(用于判断句中)

①这是**显而易见**的，还用得着讨论吗？(是的句)

②这样的农药对身体有害，这是**显而易见**的。(是的句)

③当然，我更讨厌那些不孝之子，理由更是**显而易见**了！(是字句)

使用语境：用于口语和书面语；常用于以下两种情况：用于指道理、事情等很容易看清楚；作插入语，指后面的内容很容易看清楚。

近义：一目了然

反义：雾里看花

使用偏误：

➢“团结就是力量”，这是浅易而见（**显而易见**）的道理，却因大家的自私心理而搞砸了事情，这是不值得的。(形式错误。)

相辅相成 xiāng fǔ xiāng chéng (complement each other)

辅：辅助。成：促成。指两件事物相互辅助，相互促成，缺一不可。

用法说明：谓词性；常作谓语、宾语，也作定语；可独立作谓语；用于是的句（多）、兼语句。

1. A 与/和 B 相辅相成。

①中央和地方要相互促进，**相辅相成**。(作谓语)

②只有质量和特色**相辅相成**、相互促进，才能推进学报的健康发展。(作谓语)

③“汉潮”和“韩流”**相辅相成**，共同促进了中韩两国经济、文化的全面沟通和交流。(作谓语)

2. S（两者、二者、两个事物等）相辅相成。(S 不能是个体)

①这两个环节**相辅相成**，缺一不可。(作谓语)

②心静才能体松，体松才便于心静。两者互相作用，**相辅相成**。（作谓语）

3. 相辅相成的N（关系、作用、方面等）。

①每个基地与骑士都有着**相辅相成**的关系。（作定语）

②两者互相配合，可起到**相辅相成**的作用。（作定语）

4. S是相辅相成的。

①美育与体育也是**相辅相成**的，都不可或缺。（是的句）

②两者的关系不是对立的，而是**相辅相成**的。（是的句）

③经济稳定与经济增长是**相辅相成**的。（是的句）

5. 使……相辅相成。

①只有使两者**相辅相成**，才能达到最佳的效果。（兼语句）

②他要求把这两者结合起来，使之**相辅相成**。（兼语句）

使用语境：用于指两种事物相互依存，很少用于人，产生的结果常是积极的。

近义：相得益彰

使用偏误：

➤同样的，单位与单位之间，甚至地区与地区之间，应该抱着**相辅相成**（互相帮助）的态度。（搭配错误。）

➤在社会中，各个行业都是**相辅相成**（的），各个部门都是互相帮助的。（少“的”。）

相提并论 xiāng tí bìng lùn （be mentioned in the same breath with; be placed in the same category）

把不同的人或事不加区别地放在一起谈论或同等地看待。

用法说明：谓词性；多作谓语，常用于否定句和反问句，也可用于肯定句；可用于是的句。

1. 用于反问句。

①他们两人差别太大，怎么可以**相提并论**呢？（作谓语）

②我们和他们根本不同，怎么可以**相提并论**？（作谓语）

③你们是老夫老妻，人家是刚谈恋爱，怎么能**相提并论**？（作谓语）

2. S（不可/不能）与/和/跟……相提并论。

①那是一台旧式机器，和我们今天的计算机完全不可**相提并论**。（作谓语）

②他在家还很努力，自己学习，到了现在我学了这么多年的汉语还不能跟他**相提并论**。（作谓语）

③花生因其营养价值高，可与鸡蛋、肉类等**相提并论**。（作谓语）

3. S 不能/无法相提并论。（S 不能是个体）

①他们两人背景不同，所以不能**相提并论**。（作谓语）

②每个地区经济发展的条件不同，不能**相提并论**。（作谓语）

使用语境：常用于否定句和反问句中，指两种不同的人或事物不能放在一起谈论或者同等对待。

近义：等量齐观/同日而语

使用偏误：

➢他强调的权利和生存权不是一码事，（是）不能**相提并论**的。（少“是”。）

相依为命 xiāng yī wéi mìng（stick together and help each other in difficulties）

相依：相互依存。命：生活。意思是互相依靠着过日子，谁也离不开谁。

用法说明：谓词性；多作谓语、定语。

1. S 与/跟/和 sb 相依为命。

①父母意外身亡，她与奶奶**相依为命**。（作谓语）

②我与妈妈**相依为命**，照顾着店里的事。（作谓语）

③丈夫很多年前死了，她一直和两个孩子**相依为命**。（作谓语）

2. S 相依为命。（S 不能是个体）

①新中国成立前，她们母女二人**相依为命**，过着极其艰难的日子。（作谓语）

②爸爸入狱，妈妈气得离家出走，只留下我和奶奶，我们俩**相依为命**。（作谓语）

3. 相依为命的 N（两个人、娘俩、父女、哥哥、伙伴等）。

①失去**相依为命**的亲哥哥，他难过极了。（作定语）

②**相依为命**的娘儿俩家里很穷，卖了所有能卖的东西，凑来的钱还是仅够一个晚上的医疗费。（作定语）

使用语境：用于指人们或动物之间互相依靠，谁也离不开谁。

反义：势不两立

想方设法 xiǎng fāng shè fǎ（try by every means to，rack one's brains to find ways）

想尽种种办法。

用法说明：谓词性；多作谓语、状语（后"地"可加可不加）。

1. S（要/会）想方设法（地）V。

①我们一定要**想方设法**完成这项任务。（作状语）

②他把学生证丢了，正在**想方设法**寻找。（作状语）

③护士学校过去几十年**想方设法**地招收男生，收效微乎其微。（作状语）

④为了跟他们说话，每天回家后，我**想方设法**找一个共同的话题。（作状语）

⑤妈妈不开心时，我会**想方设法**地逗她笑；哥哥被爸妈责骂时，我会安慰他。（作状语）

2. S 想方设法，……

①请领导放心。我一定**想方设法**，把全村人的生活都搞好。（作谓语）

②为了争取节目获奖，我们**想方设法**，"编"出"花儿"，导出"彩儿"，演出"特色"。（作谓语）

③随着门诊量的上升，各医院挂号处的压力都增加了，为此各大医院**想方设法**，为患者提供更便捷的服务。（作谓语）

使用语境：含褒义，指为了达到目的或者解决问题想了很多办法。

近义：费尽心机

反义：一筹莫展

使用偏误：

➢他们**想**法（**方**）**设法**使用化肥和农药来提高食品的产量。（“法”误代“方”。）

➢然后他们三个和尚**想方设法**地（去掉“想方设法地”）想出一个好办法抬水。（“想方设法”和“想出一个好办法”语义重复。）

小心翼翼 xiǎo xīn yì yì（with the greatest care，very cautiously/discreetly）

翼翼：恭敬、慎重的样子。恭敬小心，一点不敢疏忽大意。现用来形容言行举动十分谨慎，一点儿也不敢疏忽大意。

用法说明：谓词性；常作状语（后加“地”），也作谓语、定语。

1. S 小心翼翼地 V。

①我**小心翼翼**地捧着心爱的东西，不让它掉下来。（作状语）

②我**小心翼翼**地走进屋里，结果还是被妈妈发现了。（作状语）

③她默默低着头，**小心翼翼**地夹菜。（作状语）

④她手里端着盛满汤水的黑碗，**小心翼翼**地来到她同学身边。（作状语）

2. S 小心翼翼。（可独立作谓语）

①在老师面前，你不必总是**小心翼翼**。（作谓语）

②他们**小心翼翼**，一小步一小步地走向空空荡荡的大街。（作谓语）

③他们对弟弟**小心翼翼**，连说话也不敢大声。（作谓语）

3. 小心翼翼的 N（人、心情、样子、模样等）。

①他是一个**小心翼翼**的人，做什么都很小心。（作定语）

②看到他那副**小心翼翼**的模样，我忍不住笑了。（作定语）

使用语境：含褒义，用于形容人的言行举动小心谨慎。

近义：小心谨慎

反义：粗心大意

心安理得 xīn ān lǐ dé（be at ease and justified）

得：合适。自以为自己做的事道理上过得去，心里很坦然。

用法说明：谓词性；常作谓语、状语（后加“地”），也作补语、定语。

1. S 心安理得。

①想到自己没什么过错，他便**心安理得**，不再去想此事。（作谓语）

②我为她做什么，她都**心安理得**，似乎这是天经地义的。（作谓语）

③现在是她对不起你，不是你对不起她，你应该**心安理得**。（作谓语）

2. S 心安理得地 V。

①父母用血汗换来的财富，你能**心安理得**地享用吗？（作状语）

②作业做完了，我可以**心安理得**地去睡觉了。（作状语）

③东西已经付过钱了，终于能**心安理得**地享用了。（作状语）

3. S+V 得心安理得。

①他凭劳力赚钱，活得**心安理得**。（作补语）

②这钱是我靠本事挣的，我花得**心安理得**。（作补语）

③别管他人怎么说，你只要干得**心安理得**即可。（作补语）

4. 心安理得的 N（事、样子、感觉等）。

①一个人做了**心安理得**的事，就是得到了最大的报酬。（作定语）

②我从没见过你这样的人，骗了别人，还一副**心安理得**的样子！（作定语）

使用语境：用于指人自信自己做的事有理，心里很坦然。

近义：问心无愧

反义：问心有愧

使用偏误：

➤凡事都应该凭着良心做事，做到**心安理**德（**得**）就可以了。（“德”误代“得”。）

心急如焚 xīn jí rú fén (be extremely upset and anxious)

焚：烧。心里急得像火烧的一样。形容非常着急。

用法说明：谓词性；常作谓语，也作状语、定语。

1. S 心急如焚。（前不能受程度副词修饰）

①爸爸很晚了都没回家，妈妈**心急如焚**。（作谓语）

②看着孩子成绩下降，我和爱人**心急如焚**。(作谓语)

③火灾发生后，孩子们的父母个个**心急如焚**，恨不得马上飞到子女身边。(作谓语)

2. S 心急如焚地 V。

①“他们的电话关机了。”他**心急如焚**地说。(作状语)

②男孩选择离家而去，父亲**心急如焚**地到处寻找他。(作状语)

③两个孩子坐在手术室前的长椅上，**心急如焚**地等待着。(作状语)

3. 心急如焚的 N（父亲、父母、样子等）。

①看到姐姐为他的事**心急如焚**的样子，他感动极了。(作定语)

②在警察的帮助下，前后不到 10 个小时，男孩就回到了**心急如焚**的父母身边。(作定语)

使用语境：用于形容心中因为某事异常着急。

近义：心急火燎

反义：不慌不忙/从容不迫

心灵手巧 xīn líng shǒu qiǎo（to be clever and deft; clever in mind and skillful in hand）

心思灵敏，手灵巧。形容人聪明能干。

用法说明：谓词性；常作谓语，也作定语、状语（后加“地”，用例少）。

1. S 心灵手巧。

①姐姐**心灵手巧**，什么东西一学就会。(作谓语)

②那时他还年轻，**心灵手巧**，不言不语就学会了一切。(作谓语)

③女朋友**心灵手巧**，会做衣服，李先生很喜欢她。(作谓语)

2. 心灵手巧的 N（人、姑娘等）。

①他的姐姐是一个**心灵手巧**的好姑娘。(作定语)

②他会修路，还会修理电视机，是个**心灵手巧**的人。(作定语)

3. S 心灵手巧地 V。

雪姑娘也非常善良，害怕小树和小草着凉，**心灵手巧**地织了一顶顶银色的帽子给他们戴上。(作状语)

使用语境：含褒义，多用于指女子聪明能干，手艺好。

反义：笨手笨脚

心想事成 xīn xiǎng shì chéng（get all you want；may all your wish come true）

心里想到的，都能成功。

用法说明：谓词性；多作谓语。

祝……**心想事成**。

①值此新年到来之际，我祝您万事如意，**心想事成**。（作谓语）

②教师节将到，祝您节日快乐，**心想事成**！（作谓语）

③爸爸、妈妈，祝您**心想事成**，万事如意。（作谓语）

使用语境：多用于祝福他人愿望能够实现。

使用偏误：

➢最重要的是，人人都**心想事成**（舒心）地过日子，包括怎么活，怎么死。（“心想事成”不作状语。）

欣欣向荣 xīn xīn xiàng róng（blossoming；flourishing）

欣欣：草木、生机旺盛的样子。荣：茂盛。形容草木长得十分茂盛，也比喻事业蓬勃发展，兴旺昌盛。

用法说明：谓词性；常作谓语、定语，也作状语；可用于兼语句。

1. S（草木、国家、社会、经济、事业、市场等）欣欣向荣。

①春天草木**欣欣向荣**，山野遍地新绿。（原义，作谓语）

②市场物价平稳，人民生活安定，整个社会**欣欣向荣**。（比喻义，作谓语）

③今天，我们的国家繁荣昌盛，各项事业**欣欣向荣**，人民生活幸福安康。（比喻义，作谓语）

④今天，我们伟大的祖国**欣欣向荣**，发展前景无比美好。（比喻义，作谓语）

⑤近年来中国人民的出国热，给世界各国带来了巨大的经济效益，令旅游业更**欣欣向荣**。(比喻义，兼语句)

2. 欣欣向荣的 N（景象）。

①春天到了，原野上到处是**欣欣向荣**的景象。(原义，作定语)

②改革开放以来，祖国到处呈现出**欣欣向荣**的景象。(比喻义，作定语)

3. S 欣欣向荣地 V。

①经过细心的栽培，刚移植的花卉有了生气，**欣欣向荣**地开出娇艳的花朵。(原义，作状语)

②随着科学的发展，人们的生活水平越来越高，经济也在**欣欣向荣**地发展。(比喻义，作状语)

使用语境：含褒义，常用于以下两种情况：指草木旺盛；指事业发展得好。

近义：蒸蒸日上

反义：江河日下

近义词辨析：欣欣向荣 VS 蒸蒸日上

		欣欣向荣	蒸蒸日上
相同点	都形容事物迅速发展，都可作谓语、定语。都含褒义。如： 这样，我们的国家将会更加充满活力，我们党的事业将会更加**欣欣向荣/蒸蒸日上**、兴旺发达。		
不同点	语义	着重表明说话人的强烈感受。如： 春天的原野到处是**欣欣向荣**的景象。 如今，中国经济**欣欣向荣**，日新月异。	着重表明事物发展的情况。如： 在我们的努力下，饭馆的生意**蒸蒸日上**，越发红火。
	适应范围	可以形容事业蓬勃发展，还可以用来形容草木景象的繁荣兴盛，适应范围更广	多指事业、声望、生产、生活等（能上升或提高的事物）的提高进步情况

新陈代谢 xīn chén dài xiè（the new supersedes the old）

注意：“谢”不要写成“射”。

陈：陈旧的。代：替换。谢：衰亡，凋谢。代谢更迭交替，指生物体不断以新物质替换旧物质的过程，泛指不断发生发展的新事物更替不断衰亡的旧事物。

用法说明：谓词性；常作宾语，也作谓语、主语。

1. S+V（促进、减缓、加速、进行、增强、调节等）新陈代谢。

①多做运动能促进**新陈代谢**，有益身体健康。（作宾语）

②生物除了在外界吸取养料，以维持其生存外，其机体内还不断地进行着**新陈代谢**。（作宾语）

2. S 新陈代谢。

①世界上总是以新的代替旧的，总是这样不停地**新陈代谢**，推陈出新。（作谓语）

②它们一样地呼吸空气，一样地**新陈代谢**，一样地出生、死亡。（作谓语）

3. 新陈代谢是……

①**新陈代谢**是普遍存在的自然规律。（作主语）

②**新陈代谢**是自然万物、人类社会的根本规律。新的事物不断出现，旧的事物逐渐衰亡。（作主语）

使用语境：常用于以下两种情况：指人体或自然界的新物质代替旧物质；指新事物代替旧事物。

近义：推陈出新

反义：陈陈相因

HSK 真题：

2018 听力文本和选项：为适应翅膀的快速拍打，蜂鸟的**新陈代谢**是所有动物中最快的，它的心跳可以达到每分钟 500 次。

使用偏误：

➢肺脏是给人体提供氧气的器官，人体通过肺脏传送的氧气来进行**新陈代**射（**谢**）。（“射”误代“谢”。）

➢大哭或大笑能使细胞陈新代谢（**新陈代谢**），使我们寿命增长。（词序错误。）

形形色色 xíng xíng sè sè（of great variety and diversity）

形形：原指形成这种形体。色色：原指生出这种颜色。现形容各种各样；种类很多。

用法说明：谓词性；多作谓语、定语。

1. 形形色色的N（人、东西等）。

①他走南闯北几十年，与**形形色色**的人都打过交道。（作定语）

②随着年龄的增长，我经历了**形形色色**的失误。（作定语）

③到了社会上，这些孩子们还是要与**形形色色**的人相处，要提早让他们接触较为真实的环境。（作定语）

2. S（人、方法、方式等）形形色色。

①社会上的人**形形色色**，什么人都有，是非常复杂的。（作谓语）

②骗子骗人的方法**形形色色**，大家一定要小心。（作谓语）

③男女之间相识的方式**形形色色**，各不相同。（作谓语）

使用语境：用于形容人或事物种类多。

近义：五花八门/各色各样

反义：一模一样/千篇一律

使用偏误：

➢商人用各种（去掉“各种”）**形形色色**的广告来吸引人。（“各种”和“形形色色”语义重复。）

形影不离 xíng yǐng bù lí（to be inseparable as body and shadow；inseparable；two peas in a pod）

形：身体。影：身体的影子。像形体和它的影子那样分不开，形容彼此关系密切，经常在一起。

用法说明：谓词性；常作谓语，也作定语、状语（后加“地”）、宾语；可用于是的句、是字句。

1. S（跟/和/与Sb）形影不离。

①她们两人是好朋友，总是**形影不离**。（作谓语）

②科学是我们生活中不可缺少的一部分，与我们**形影不离**。(作谓语)

③小明是我的好朋友，他和我总是**形影不离**，到哪里都能看到我们两在一起。(作谓语)

④从我懂事开始，我就一直跟着祖父，白天和他一起上街，一起看戏，晚上一起睡，**形影不离**。(作谓语)

2. S 形影不离地 V。

①他看来是爱上玛丽了，总是**形影不离**地跟随着她。(作状语)

②他对我很好，对市集也很熟，我们就**形影不离**地在市集上混了。(作状语)

③他已经是初三的孩子了，但是他的妈妈**形影不离**地跟着他。(作状语)

3. 形影不离的 N（身影、伙伴、好朋友等）。

①这两人虽然认识不久，但很快成了**形影不离**的朋友。(作定语)

②他和他的狗是**形影不离**的伙伴，他走到哪儿，它就跟到哪儿。（作定语)

③由于他们两人性格相近，很快就成了**形影不离**的好朋友。(作定语)

4. S……是形影不离（的）。(用于判断句中)

①处于热恋中的男女，不管做什么事情都是**形影不离**的。(是的句)

②他们俩不论在办公室还是在宿舍，都是**形影不离**。(是字句)

使用语境：用于形容两者关系亲密。

近义：如影相随/寸步不离

使用偏误：

➢这以后我们成为“双胞胎”，互相（去掉“互相”）**形影不离**，每天见面聊聊天儿。(“形影不离”有“互相”义。)

兴高采烈 xìng gāo cǎi liè（in high spirits)

注意：“兴”读“xìng”；“采”不要写成“彩”；“烈”不要写成“列”。

兴：兴致。采：精神。烈：旺盛。现在多形容兴奋欢快的样子。

用法说明：谓词性；常作状语（后加“地”）、谓语，也作定语、补语。

1. S兴高采烈地V。

①同学们正**兴高采烈**地讨论着毕业旅行的事。（作状语）

②大家围着饭桌吃饭，**兴高采烈**地谈起在学校里发生的“新闻”。（作状语）

③我们**兴高采烈**地出发，没有座位，都挤在车上席地而坐，一路上谈谈笑笑到达目的地。（作状语）

2. S兴高采烈。（可独立作谓语，前不受程度副词修饰）

①游客们登上山顶观看海上日出，个个**兴高采烈**。（作谓语）

②运动会上全校师生都**兴高采烈**，场面非常热闹。（作谓语）

③参加活动的小学生都获得了铅笔、小刀、橡皮等小奖品，个个**兴高采烈**。（作谓语）

3. 兴高采烈的N（样子、神情、神色等）。

①他过来了，又是跳，又是笑，一副**兴高采烈**的样子。（作定语）

②父亲望着我，不敢相信自己的眼睛，脸上露出**兴高采烈**的神色。（作定语）

4. S+V（讲、干、玩等）得兴高采烈。

①别人越是不敢干的事，他越是干得**兴高采烈**。（作补语）

②一看到台下的老师点头表示赞许，台上的他讲得更**兴高采烈**了。（作补语）

使用语境：含褒义，用于形容人很高兴、兴奋。

近义：兴致勃勃

反义：无精打采

近义词辨析：兴高采烈 VS 兴致勃勃

<table>
<tr><th colspan="2"></th><th>兴高采烈</th><th>兴致勃勃</th></tr>
<tr><td>相同点</td><td colspan="3">都形容人兴致很高，都可作谓语、定语、状语、补语，都含褒义。如：
学生们谈得兴高采烈/兴致勃勃，虽然觉得有点吵，但是老师也没有因此发怒。</td></tr>
<tr><td>不同点</td><td>语义</td><td>强调情绪热烈。如：
联欢会就要开始了，同学们兴高采烈地谈笑着。</td><td>强调兴趣浓厚。如
“让我看看。”老师兴致勃勃地提出要求。</td></tr>
</table>

使用偏误：

➢回想两个月前才**兴高采**列（**烈**）地迎接假期，现在又要依依不舍地回到我的书本里。（“烈”错写成“列”。）

➢最近我听到你们两位聚在一起**兴高**彩（**采**）**烈**地聊天的内容，我也很高兴。（“采”错写成“彩”。）

➢与在校同学们**兴高采烈**（地玩），日复一日。（“兴高采烈”不能当动词用，可以作状语。）

胸有成竹 xiōng yǒu chéng zhú（have had ready plansin one's mind；with complete confidence）

成：现成。原意是画竹子以前，心里已经有了竹子的形象。后用以比喻办事以前，已经有全面的设想和安排。也作：成竹在胸。

用法说明：谓词性；常作谓语、状语，也作定语、补语。

1. S（对……）胸有成竹。

①小明已经做好了准备，对这次比赛**胸有成竹**。（作谓语）

②期末考试前夕，好多人都**胸有成竹**，因为他们都做了充分准备。（作谓语）

③对于这场大战，我们**胸有成竹**，这一点不应该有任何疑问。（作谓语）

2. S 胸有成竹地 V（说、告诉、回答等）。

①班长**胸有成竹**地说：“同学们别着急，我自有办法把这件事办好！”。（作状语）

②我**胸有成竹**地告诉爸爸，完全不用担心费用问题。（作状语）

③他早就考虑过这个问题，马上**胸有成竹**地给出了答案。（作状语）

3. 胸有成竹的 N（样子、模样、神态等）。

①为了迷惑对手，他做出一副**胸有成竹**的样子。（作定语）

②他说话时，露出一种**胸有成竹**的神态。（作定语）

③我总是在表面上装出一副**胸有成竹**的样子，其实我的心理比你还脆弱。（作定语）

4. S+V（说、显等）得胸有成竹。

①他说得**胸有成竹**，非常肯定。（作补语）

②因为准备充分，李兵在比赛中显得**胸有成竹**。（作补语）

使用语境：含褒义，指做事前心里已经拿定主意或者做好准备。

近义：心中有数

反义：胸中无数

使用偏误：

➤我能把已克服的困难牢牢地记在心里，将来再遇到它，胸前有竹（**胸有成竹**），会知道怎么样面对它。（形式错误。）

袖手旁观 xiù shǒu páng guān（fold one's arms and look on；sit on one's hand）

袖手：把手揣在袖子里。把手笼在袖子里在一旁观看。比喻置身事外，不加过问的冷淡态度。

用法说明：谓词性；常作谓语，也作定语、状语。

1. S 袖手旁观。

①这是他们的家务事，别人只能**袖手旁观**。（作谓语）

②我们是同班同学，他家里有困难，我们怎能**袖手旁观**呢！（作谓语）

③他们不但**袖手旁观**，还站在那里嘻嘻哈哈地笑。（作谓语）

④打扫教室时，大多数同学嫌麻烦，不愿参加打扫，站在一边**袖手旁观**。（作谓语）

2. 袖手旁观的 N（人、态度、立场等）。

①在未弄清楚事情发生的缘由之前，我们暂且采取**袖手旁观**的态度。（作定语）

②为了看热闹而来的人们，此刻早已放弃了**袖手旁观**的立场，愤怒地大叫起来。（作定语）

③杀人犯固然可恶，但冷眼**袖手旁观**的人也不值得原谅。（作定语）

3. S 袖手旁观地 V（站、看等）。

①大家忙成一团，她却像个没事人似的，**袖手旁观**地站在那里。（作状语）

②我想帮忙，可又无能为力，**袖手旁观**地在一边坐着。（作状语）

使用语境：含贬义，多指看到别人有困难，不帮助别人。

近义：冷眼旁观/作壁上观/隔岸观火

反义：见义勇为

近义词辨析：袖手旁观 VS 冷眼旁观 VS 作壁上观 VS 隔岸观火

<table>
<tr><td colspan="2"></td><td>袖手旁观</td><td>冷眼旁观</td><td>作壁上观</td><td>隔岸观火</td></tr>
<tr><td>相同点</td><td colspan="5">都有置身事外、在一旁观看的意思。多作谓语，也作定语。都含贬义。如：
这是我弟弟，你要敢打他，我绝不会袖手旁观/冷眼旁观/作壁上观/隔岸观火。</td></tr>
<tr><td rowspan="3">不同点</td><td>语义</td><td>偏重于不过问，只在一旁看热闹，还含有该管不管的意思。如：
这是大家的事，谁也不能袖手旁观。</td><td>强调态度冷淡，坐视不管。如：
他一直冷眼旁观地等待着时机来临，打算好好地表现一番。</td><td>偏重于面对别人的危难而态度冷淡。如：
对于你们的争论，我们都插不上嘴，只能作壁上观。</td><td>偏重于不参与，不帮助。如：
朋友有难，我们怎能隔岸观火，置之不理呢？</td></tr>
<tr><td>语法功能</td><td>可作状语</td><td>可作状语</td><td>一般不作状语</td><td>一般不作状语</td></tr>
<tr><td>感情色彩</td><td>贬义词</td><td>贬义词</td><td>贬义词</td><td>中性词</td></tr>
</table>

雪上加霜 xuě shàng jiā shuāng（add insult to injury；one disaster after another）

在雪上加一层霜。比喻灾祸接连而至，损害更加严重。

用法说明：谓词性；常作谓语，也作宾语，可以构成的字短语。

1. S 给/使/让……雪上加霜。

①这种复杂的拼写系统更给他们的教育**雪上加霜**。（作谓语）

②他的女儿身患怪病，让这个清贫的家更加**雪上加霜**。（兼语句）

③另据报道，美国华盛顿互惠银行的倒闭使美国银行业**雪上加霜**。（兼语句）

2. 雪上加霜的是……

①他丢了工作，**雪上加霜**的是他太太也离开了他。（的字短语作主语）

②他死了，留下妻子和三个孩子。**雪上加霜**的是大女儿在广东突然精神失常。(的字短语作主语)

3. S……是雪上加霜。

①他心里本苦，又遭到这种意外的打击，真是**雪上加霜**。(是字句)

②水灾刚过，房子又被烧，这真是**雪上加霜**。(是字句)

使用语境：含贬义，常用于指在已有的灾难上又增加了灾难。

反义：锦上添花

使用偏误：

➢**雪上加霜**（的是），爸爸也失业了。(少“的是”)

循序渐进 xún xù jiàn jìn（advance gradually in due order；walk before one can run）

循：按照。序：次序。按照一定的顺序或步骤逐渐进步或提高。

用法说明：谓词性；常作谓语，也作状语（后加“地”）、定语；不能带宾语，可用于是的句。

1. S（学习、训练等）应/要/需/必须/应当循序渐进。

①学习知识应**循序渐进**，一步一个脚印。(作谓语)

②训练一定要**循序渐进**，一定要练好基本功。(作谓语)

③做任何事，都要**循序渐进**，不可急于求成！(作谓语)

2. 循序渐进的N（过程、方式、原则等）。

①学习是一个**循序渐进**的过程，我们一定要有耐心。(作定语)

②中国改革开放采取**循序渐进**的方式，适合中国的国情，这是最好的方法。(作定语)

③晨练要根据本人的实际情况选择适宜的锻炼方式和强度，遵守**循序渐进**的原则。(作定语)

3. S循序渐进地V（学习、进行、锻炼等）。

①锻炼要从小开始，**循序渐进**地进行。(作状语)

②做任何事都要**循序渐进**地进行，否则难免欲速则不达。(作状语)

③书写技能需要较长时期**循序渐进**地学习，短时间内很难一下子提高。(作状语)

4. S 是循序渐进的。

孩子的语言发育是**循序渐进**的，说话晚一些也没有什么关系。(是的句)

使用语境： 含褒义，表示做事情要按照一定的规律。多用于表示学习、训练等方面按照一定的顺序逐渐提高。

近义： 按部就班/由浅入深

反义： 拔苗助长

近义词辨析： 循序渐进 VS 按部就班

		循序渐进	按部就班
相同点	都有遵循一定程序的意思，都常作谓语、定语、状语，都含褒义。如： 时间却不允许他们**循序渐进/按部就班**，从从容容地学习。		
不同点	语义	强调逐渐深入或提高。如： 我们学习要**循序渐进**，急于求成是学不好的。	强调做事按一定的步骤、规矩。如： 暑假结束了，学校的教学及各项活动又**按部就班**地开展起来。
	适用范围	适用范围较窄，只用于学习、教学或工作方面	适用范围较宽，既用于工作、学习和生产方面，也用于工作方法的死板、教条
	感情色彩	多含褒义	中性词

使用偏误：

➢在众多相识的方式里面，我觉得从朋友开始，然后顺序渐进（**循序渐进**）的方式最自然，也最稳固。(形式错误。)

➢这种结交方式或许听起来很老土，也是浪漫的言情小说所不愿意写的相恋模式，但是其逐序渐进（**循序渐进**）的相恋过程正是我所向往的。(形式错误。)

鸦雀无声 yā què wú shēng（utterly quiet; not a sound could be heard; could hear a pin drop）

连乌鸦、麻雀的鸣叫都没有了。形容非常寂静。也作：鸦鹊无声。

用法说明： 谓词性；常作谓语，也作定语、状语（后加“地”）、补语、宾语；可用于是字句。

1. S（大厅、教室、会场、听众等）鸦雀无声。

①同学们都在上自习，教室里**鸦雀无声**。(作谓语)

②大家都在静静地听，整个大厅里**鸦雀无声**。(作谓语)

③当他发言时，全场**鸦雀无声**，代表们聚精会神地听着。(作谓语)

④在他 1 小时 20 分钟的讲演中，全场听众**鸦雀无声**。讲演结束时，全场响起了热烈的掌声。(作谓语)

2. S 鸦雀无声地 V（听、看等）。

①早自习课，各班都**鸦雀无声**地复习功课。(作状语)

②大家都安静下来，**鸦雀无声**地看着，看得入了迷。(作状语)

③学生们坐在礼堂的座位上，**鸦雀无声**地听着校长的讲话。(作状语)

3. 鸦雀无声的 N（听众、会议室等）。

①他瞪眼望着**鸦雀无声**的听众，然后朝着第一排听众走过去。(作定语)

②他的话音刚落，**鸦雀无声**的会议室里顿时响起了一阵雷鸣般的掌声。(作定语)

4. S+V（变、静等）得鸦雀无声。

①大家你看我我看你，全场静得**鸦雀无声**。(作补语)

②指挥把指挥棒举起，全场立即变得**鸦雀无声**，所有人都静静地等待着。(作补语)

5. S……是鸦雀无声。(用于判断句中)

大家听得入迷，真是**鸦雀无声**。(是字句)

使用语境：常用于指人们闭口不言或者人群聚集的地方很安静。

近义：万籁俱寂

反义：人声鼎沸

近义词辨析：鸦雀无声 VS 万籁俱寂

	鸦雀无声	万籁俱寂
相同点	都表示很安静。都可作谓语、定语。如： 他们都哈哈大笑起来，笑声在**鸦雀无声**/**万籁俱寂**的环境下传得很远很远。	

续表

		鸦雀无声	万籁俱寂
不同点	语义	偏重于表示人声消失或群众聚集的场所极安静，或人们闭口不言、默不作声。如： 她的演讲十分精彩，全场**鸦雀无声**。	偏重于表示没有任何声响，四周非常寂静，而不能表示鸦雀无声的上述意思，且语义较重。如： 在**万籁俱寂**的深夜，他的窗口还亮着灯光。

使用偏误：

➢顿时，课室里一片（去掉“一片”）**鸦雀无声**。（搭配错误。）

摇摇欲坠 yáo yáo yù zhuì（on the verge of collapse）

摇摇：动摇不稳的样子。坠：落下。摇摇晃晃，就要坠落了。形容极不稳固，就要落下来，或就要垮台。

用法说明：谓词性；常作谓语，也作定语、状语（后加“地”）。

1. S（政权、建筑等）摇摇欲坠。

①1948 年，国民党的政权**摇摇欲坠**，离垮台不远了。（作谓语）

②这老旧的建筑由于年久失修，已经**摇摇欲坠**。（作谓语）

③她闭上眼睛，身子**摇摇欲坠**。（作谓语）

2. 摇摇欲坠的 N（建筑、身体、政权等）。

①为了安全起见，这座**摇摇欲坠**的吊桥已经禁止通行。（作定语）

②他赶快走上前，扶住她看起来**摇摇欲坠**的身体。（作定语）

③经理第一个冲进了**摇摇欲坠**的办公室，把资料、笔记本电脑和电台抢救了出来。（作定语）

3. S 摇摇欲坠地 V。

她又试了几次，才站起来，**摇摇欲坠**地向他走来。（作状语）

使用语境：含贬义，常用于以下两种情况：指人或物快要掉下来；指政权的地位不稳固。

近义：岌岌可危/危如累卵

反义：稳如泰山/安如磐石

近义词辨析：摇摇欲坠 VS 岌岌可危

<table>
<tr><th colspan="2"></th><th>摇摇欲坠</th><th>岌岌可危</th></tr>
<tr><td>相同点</td><td colspan="3">都有政权即将崩溃或极其危险的意思，都可作谓语、定语、状语，都含贬义。如：
北宋末期，金军不断南进，北宋政权摇摇欲坠/岌岌可危。</td></tr>
<tr><td>不同点</td><td>语义</td><td>可以形容人或物即将坠落。如：
为了安全起见，这座摇摇欲坠的吊桥已经禁止通行。</td><td>一般指政权即将垮台，不能形容人或物即将坠落。如：
三大战役结束后，蒋家王朝的统治已是岌岌可危，不可终日。</td></tr>
</table>

夜以继日 yè yǐ jì rì（round the clock；day and night）

晚上连着白天。形容日夜不停地做某事。

用法说明：谓词性；常作状语（后加“地”）、谓语，也作定语。

1. S 夜以继日地 V。

①为了提前完工，人们**夜以继日**地战斗着。（作状语）

②他带领大家设计图纸，又蹲到工厂，**夜以继日**地同工人一起干。（作状语）

③他同大家一起，**夜以继日**地在病房里，在手术台上抢救病人。（作状语）

2. S 夜以继日。（可独立作谓语）

①她**夜以继日**，不停劳作，可是进展不快。（作谓语）

②时间很紧张，他们**夜以继日**，不停地干。（作谓语）

③在这 17 天里，他**夜以继日**，付出了巨大的心血。（作谓语）

3. 夜以继日的 N（研究、工作、劳动等）。

①经过几个月**夜以继日**的辛苦研究，他终于解决了那个难题。（作定语）

②经过短短几个月**夜以继日**的工作，全国工会组织取得空前的大发展。（作定语）

③艺术家们**夜以继日**的辛勤劳动终于获得了丰硕的成果。（作定语）

使用语境：多用于指加紧工作或学习。

一般来说 yī bān lái shuō（in general）

通常，大部分都这样。

用法说明：谓词性；作插入语。

①鸡蛋是高蛋白食品，**一般来说**，孩子和老人每天一个，青少年及成人每天两个比较适宜。（作插入语）

②农村青年结婚，**一般来说**，男方总要赠给女方黄金饰品做纪念，这已是一个传统。（作插入语）

③大城市的公共汽车**一般来说**都比较拥挤，特别是早晨和傍晚。（作插入语）

使用语境：中性词，用于指情况大部分是这样。

一长一短 yī cháng yī duǎn（talk incessantly about trifles）

形容说话絮叨，不停地谈说琐事。

用法说明：副词性；多作状语（后加"地"）。

S一长一短地V（问、闲谈等）。

①她站在窗前，向外和那些村婆儿**一长一短**地闲谈。（作状语）

②王夫人便**一长一短**地问他，今儿是哪位堂客在那里，戏文如何，酒席好歹等。（作状语）

使用语境：含贬义，用于指人说话唠叨，谈说事情各个方面的所有情况。

近义：婆婆妈妈

反义：三言两语

使用偏误：

➢城市生活和乡村生活都有**一长一短**（长处和短处）。（语义错误。）

➢任何一个东西都有**一长一短**（长处和短处）。（语义错误。）

一成不变 yī chéng bù biàn（invariable；unalterable）

成：形成。一经形成，不再改变。

用法说明：谓词性；多作谓语、定语；可用于是的句。

1. S 一成不变。

①在那里人们的衣服式样**一成不变**，冬装和夏装也不加区别。（作谓语）

②孩子爱吃什么，就总给孩子做什么，而且口味**一成不变**。（作谓语）

③你可以从现在开始改变，也可以**一成不变**。（作谓语）

④时间在变化，人在变化，没有什么能够**一成不变**。（作谓语）

2. 一成不变的 N（事物、日子、方法、模式等）。

①事物是变化着的，**一成不变**的事物是没有的。（作定语）

②如果你不想活在**一成不变**的日子里，那就改变。（作定语）

③世界上没有**一成不变**的事物，也没有**一成不变**的方法，只能依据变化了的情况确定不同的方法。（作定语）

3. S 是一成不变的。

①法律绝非**一成不变**的，相反地，法律也因情况和时运而变化。（是的句）

②他的生活似乎是**一成不变**的。再不找点乐趣，他就要疯掉了。（是的句）

使用语境：含贬义，常用于否定句，用于指事情形成以后永远不变。

近义：墨守成规

反义：千变万化/变幻莫测

使用偏误：

➢世界上没有任何东西（是）**一成不变**的。（少“是”。）

一筹莫展 yī chóu mò zhǎn（to have no idea about；can find no way out，be at one's wits' end）

筹：计策，办法。展：施展。一点计策也施展不出；一点办法也想不出来。

用法说明：谓词性；常作谓语，也作定语、补语、状语（后加“地”）；可用于兼语句、是字句。

1. S（叫人/让人/令人）一筹莫展。

①人们思来想去，**一筹莫展**，最后还是村主任拿出了主意。（作谓语）

②考试前，张小姐对着几道复习题**一筹莫展**，李先生给她耐心辅导。（作谓语）

③这个问题很复杂，真叫人**一筹莫展**。(兼语句)

④他就要上大学了，可上万元的学费，让一家人**一筹莫展**。(兼语句)

2. 一筹莫展的 N（时刻、神情、样子、境地等）。

①正当我们**一筹莫展**的时刻，一个包裹从天而降。(作定语)

② 30 万元的手术费用，又让他的父母陷入**一筹莫展**的境地。(作定语)

③望着录取通知书上列出的各项费用，他的母亲脸上露出了**一筹莫展**的神情。(作定语)

3. S 一筹莫展地 V。

①此时，我正**一筹莫展**地望着窗外的倾盆大雨。没带雨具，可怎么回去呢？(作状语)

②他们忘记了饥饿，忘记了睡眠，**一筹莫展**地坐在椅子上，不知该怎么办。(作状语)

4. S+V（愁、急、弄等）得一筹莫展。

①面对困难，他们俩愁得**一筹莫展**。(作补语)

②几个月没下雨了，农民浇不上地，喝不上水，急得**一筹莫展**。(作补语)

5. S……是一筹莫展。(用于判断句中)

我是个外行，对此是**一筹莫展**。(是字句)

使用语境：含贬义，用于指遇到问题后没有一点办法。多用于形容生命体的状态，不能用于形容容易产生什么行动（“一动不动生气”）和心情(我的心里是一动不动的)。

近义：束手无策/无计可施

反义：急中生智/胸有成竹

一动不动 yī dòng bù dòng（not move a muscle；stand still）

一点儿也不动。

用法说明：谓词性；常作谓语、状语，也作定语。

1. S 一动不动。

①捕食的时候，青蛙静静地趴在地上**一动不动**。(作谓语)

②吃完饭以后，到了收拾桌子洗盘子的时候，大家**一动不动**。(作谓语)

③我开车去郊区，从昨天凌晨四点堵到现在，**一动不动**！（作谓语）

2. S 一动不动地 V。

①小狗坐在我的拖鞋上，**一动不动**地看着我。（作状语）

②她坐在那儿**一动不动**地呆了一会，既不向左看，也没有向右瞧。（作状语）

③他们一直**一动不动**地坐在那儿，显然对眼前发生的事毫不关心。（作状语）

3. 一动不动的 N（身体、样子、神态等）。

①他睁开了眼，茫然地看着床上那**一动不动**的身体。（作定语）

②看他**一动不动**的样子，大家以为他已死了。（作定语）

③望着他那**一动不动**的神态，也只有我理解他此时此刻的心情。（作定语）

使用语境：多用于指人或动物静止不动。多用于形容生命体的状态，不能用于形容容易产生什么行动和心情。

近义：纹丝不动

使用偏误：

➢做父母的也要耐心地教孩子，不要**一动不动**（动不动）生气甚至动手，这会给孩子会带来很大的影响。（语义错误。）

➢以后这种强度的困难出现在我的身边时，我的心里是**一动不动**（平静的）。（语义错误。）

一帆风顺 yī fān fēng shùn（to proceed smoothly without a hitch; everything is going smoothly）

船挂满帆，顺风行驶。比喻十分顺利，毫无挫折或阻碍。

用法说明：谓词性；常作谓语、宾语、定语，也作状语（后加“地”）；可用于是字句、是的句（多）。

1. 愿/祝你……一帆风顺。

①愿你在人生的旅途中**一帆风顺**。（作谓语）

②你第一次出远门，路上要多加小心，多保重，祝你**一帆风顺**。（作谓语）

2. S不会/不可能一帆风顺。

①前进的道路有时是曲折的，不会总是**一帆风顺**。（作谓语）

②在生活中，人不可能**一帆风顺**，总会遇到困难和挫折。（作谓语）

3. S……是一帆风顺。

①赵师傅，这一次你们可真是**一帆风顺**哪！（是字句）

②可事情并非**一帆风顺**，中间还是出了一些问题。（是字句）

4. 一帆风顺的N（人、人生、道路、经历等）。

①**一帆风顺**的人，往往经受不住挫折。（作定语）

②历史上**一帆风顺**的成功者是没有的。（作定语）

③人生有高峰有低谷，根本没有**一帆风顺**的人生。（作定语）

5. S一帆风顺地V（到达、抵达、发展等）。

①船离开基隆港后，**一帆风顺**地抵达高雄港。（作状语）

②他几乎没有遇到什么困难，**一帆风顺**地到达了终点。（作状语）

6. S（不）是一帆风顺的。

①我国有这样悠久、丰富的传统，但我们在继承它时并不是**一帆风顺**的。（是的句）

②一个新鲜事物的成长，不会是**一帆风顺**的。（是的句）

③作为学者，他成长的道路可以说是**一帆风顺**的。（是的句）

使用语境：含褒义，可用于指工作、学习、生活顺利，也可用于祝福别人的事业、前途顺利。

近义：无往不利

反义：寸步难行

使用偏误：

➢可是世间事并不是**一帆风顺**（的），永远按着一定轨迹走下去的，而往往出人意料。（少“的”。）

➢我们的生活不可能是一航风顺（**一帆风顺**）的，所以面对人生的挫折，是生活中重要的一件大事。（“航”误代“帆”。）

➢但要达到目的并不是一件**一帆风顺**（的事）。（“一帆风顺”不能用作名词，后面要有中心语“的事”。）

一概而论 yī gài ér lùn (to treat different matters as the same)

一概：同一标准，一律。用同一标准来评论或看待。指处理事情、问题不分性质，不加区别，一律看待。也作：一概而言。

用法说明： 谓词性；常作谓语，也作状语（后加“地”，少）、宾语（少）；常用于否定句；可用于是字句、是的句。

1. S不能/不可/不要/不应/岂可/岂能一概而论。

①我们对具体问题要作具体分析，决不能**一概而论**。（作谓语）

②任何一种方法都有它的最佳适用范围，不能**一概而论**。（作谓语）

③各地情况不同，不应**一概而论**，但有几点是共同的。（作谓语）

2. S……是一概而论（的）。（用于判断句中）

①我不是**一概而论**，只是说很大一部分而已。（是字句）

②当然，这是不能**一概而论**的。（是的句）

3. S不能一概而论地V。

我们不能对这个问题**一概而论**地说什么。（作状语）

使用语境： 常用于否定句，前加“不能、不可、不要”等词，用以批评某人不按照具体情况来处理问题。

使用偏误：

➢要解决“代沟”问题并不是（“不是”改成“不能”）**一概而论**，千篇一律。（否定错误。）

➢我认为这个问题（不）是**一概而论**的。（“一概而论”常用于否定句。）

一干二净 yī gān èr jìng (completely; thoroughly)

形容十分彻底，一点儿也不剩。有时也形容十分干净。

用法说明： 谓词性；作补语。

S+V（忘、吃、推等）得一干二净。

①出了事故，你不能把责任推得**一干二净**。（作补语）

②考试前背得不亦乐乎，考试一过，忘得**一干二净**。（作状语）

③一路上，我们有说有笑，似乎把考试的事给忘得**一干二净**。(作补语)

④家中无人，那只馋猫竟把厨房里的菜吃得**一干二净**。(作补语)

使用语境：含贬义，多指一点也不剩，常带有不满、批评的意味。

近义：一尘不染

反义：乌七八糟

近义词辨析：一干二净 VS 一尘不染

<table>
<tr><td colspan="2"></td><td>一干二净</td><td>一尘不染</td></tr>
<tr><td>相同点</td><td colspan="3">都有干净、整齐、清洁的意思，都可作补语。如：
他每天回来都把地拖得锃亮，把家收拾得一干二净/一尘不染。</td></tr>
<tr><td rowspan="2">不同点</td><td>语义</td><td>意思为干净时，语义较轻；一点也不剩。如：
一把大火给烧得一干二净，什么都没有了。</td><td>意思为干净时，强调没有一点灰尘，语义较重。如：
那辆车很多年了，车里一尘不染，干干净净。</td></tr>
<tr><td>语法功能</td><td>一般不作谓语</td><td>可作谓语</td></tr>
</table>

一鼓作气 yī gǔ zuò qì (to finish something without let-up while their spirits are rising)

一鼓：第一次击鼓。作：振作。气：勇气。第一次击鼓时士气振奋。比喻趁劲头大的时候一下子把事情完成。

用法说明：谓词性；常作谓语、状语，也作定语（少）。

1. S 一鼓作气。(可独立作谓语)

①我们大家**一鼓作气**，把剩下的活儿干完。(作谓语)

②大家**一鼓作气**，一个小时就爬了近 10 千米。(作谓语)

③大家不顾一夜未眠的疲劳，**一鼓作气**，提前一天完成了任务。（作谓语)

2. S 一鼓作气地 V。

①为了能够早一点回家，我们**一鼓作气**地完成了任务。(作状语)

②他怕妈妈骂他，就**一鼓作气**地喝光碗中的药水。(作状语)

③凡是看准了的事，就要**一鼓作气**地干到底。(作状语)

3. 一鼓作气的N（精神）。

山高路窄，靠的就是登山者**一鼓作气**的精神。（作定语）

使用语境：含褒义，指一往直前地把事情做完。

近义：一气呵成/趁热打铁

反义：再衰三竭

一技之长 yī jì zhī cháng（a professional skill）

技：技能。长：长处。指某种技能或专长。

用法说明：名词性；多作宾语。

V（有、发挥、掌握等）一技之长。

①他感到，只有在这里才能充分发挥自己的**一技之长**。（作宾语）

②掌握**一技之长**，就能增加一个再就业的机遇。（作宾语）

③如果没有**一技之长**，年龄又偏大，想找到好工作也不容易。（作宾语）

使用语境：用于指某人所具有的能够谋生的一种技能。

近义：拿手好戏

反义：一无所长

一举一动 yī jǔ yī dòng（every movement）

指人的每一个动作。

用法说明：名词性；多作主语、宾语。

①他的一言一行，**一举一动**，都被公安人员看得清清楚楚。（作主语）

②虽然我们没有经常在一起，但你的**一举一动**我都很清楚。（作主语）

③当你认真地喜欢上一个人时，你会观察他的**一举一动**。（作宾语）

④父母对子女的影响非常大，为了培养好孩子，家长应该注意自己的**一举一动**。（作宾语）

使用语境：用于指人的行为；常跟“一言一行”连用。

近义：一言一行

使用偏误：

➢父母的每（去掉“每”）**一举一动**都会影响到孩子的兴趣爱好、思想观念、行为举止等各方面。（“每”和“一举一动”语义重复。）

一毛不拔 yī máo bù bá（to be very stingy and unwilling to give a hair; tight-fisted）

一根毛也不肯拔。比喻极其自私小气。

用法说明：谓词性；多作谓语、定语。

1. S 一毛不拔。

①公益事业捐款会上，那个商人**一毛不拔**。（作谓语）

②这个人是有名的铁公鸡，**一毛不拔**。（作谓语）

③救济困难群众时，没有钱的人肯出钱，有钱的人**一毛不拔**。（作谓语）

2. 一毛不拔的 N（人、铁公鸡等）。

①这种**一毛不拔**的人，谁会愿意跟他来往？（作定语）

②他非常小气，是**一毛不拔**的铁公鸡。（作定语）

使用语境：含贬义，常用于形容某人非常小气，连一分钱都不舍得花。

反义：一掷千金

一模一样 yī mú yī yàng（as like as two peas; exactly the same）

注意：“模”的发音是“mú”。

形容样子完全相同。

用法说明：谓词性；常作谓语，也作定语、补语。

1. S（跟/和/与……）一模一样。

①这姑娘性格温柔，跟她妈**一模一样**。（作谓语）

②猴子的某些表情与人**一模一样**。（作谓语）

③两幅画**一模一样**，我看不出有什么不同。（作谓语）

2. 一模一样的 N。

①我有一块跟妈妈**一模一样**的手表。（作定语）

②他们俩今天穿了**一模一样**的衣服，好像商量好了似的。（作定语）

③**一模一样**的东西他总喜欢买两个，我却不同，同样的东西只买一个。

(作定语)

3. S+V(长、布置、打扮等)得一模一样。

①这对双胞胎长得**一模一样**，分不清谁是哥哥谁是弟弟。(作补语)

②我一共9间房子，都布置得**一模一样**。(作补语)

③他俩打扮得**一模一样**，看起来很像双胞胎。(作补语)

使用语境：用于形容人或物的样子完全一样。

使用偏误：

➤和母亲在一起时间长了，我的性格也和母亲一样一样（**一模一样**）。(形式错误。)

一目了然 yī mù liǎo rán（be clear at a glance）

了然：明白。看一眼就完全明白。形容事物、事情原委很清晰，一看就知道是怎么回事。

用法说明：谓词性；常作谓语，也可作定语、宾语、状语；可用于是字句、是的句、兼语句（多）。

1. S让/使/叫/令……一目了然。

①这篇文章重点非常突出，让人**一目了然**。(兼语句)

②他把昨天所发生的事写得清楚、完整，使人**一目了然**。(兼语句)

③每章之前都有诗文，每节之前都有醒目的标题，令读者**一目了然**。(兼语句)

2. S一目了然。(可独立作谓语)

①有了这张表，每个人的工作量就**一目了然**。(作谓语)

②陈列室明亮宽敞，展品**一目了然**。(作谓语)

3. S对……一目了然。

①根据这近百万条要求，人们可以对父母存在的问题**一目了然**。(作谓语)

②这些都按照时间线排列，参观者能对伦敦气候变化的历程**一目了然**。(作谓语)

4. S……是一目了然（的）。(用于判断句中)

①你以为很复杂的事情，在你老婆那里就是**一目了然**。(是字句)

②这件事情到底做不做？好处和坏处是**一目了然**的。（是的句）

③现实生活中，一些是非问题并不是**一目了然**的。（是的句）

5. 一目了然的N（事情）。

谁是在为国家民族英勇牺牲，谁又是在图谋不轨，这不是**一目了然**的事情吗？（作定语）

6. 其他。

一目了然的便是十分显眼的财政厅大门。（的字短语作主语）

使用语境：含褒义，用于指事物或事情的始末很容易看清楚，不需要仔细研究。

近义：一览无余

反义：雾里看花

使用偏误：

➢首先选一些我们学力范围内的书籍，不要太枯燥，**一目了然**（通俗易懂）。（“一目了然”指一眼就看得很清楚，句子中的意思是“书的内容不要太枯燥，让我们容易看明白的意思”，不是指“书的内容看一眼就能够看得很清楚”。）

一年到头 yī nián dào tóu （all year round）

从年初到年底；整年。

用法说明：作状语。

①**一年到头**，他每天都在工作，不休息。（作状语）

②妈妈是一位女强人，所以**一年到头**都在她的工作岗位上忙。（作状语）

③**一年到头**，我平均一星期挣一镑左右，因为冬天干不了多少活。（作状语）

④胖叔的饭店**一年到头**也赚不了几个钱，这十几枚银币差不多就是他将近一半的积蓄了。（作状语）

⑤很多人一年下来除了自己的吃喝以外，**一年到头**攒不到几千块钱。（作状语）

使用语境：一般用来指长年累月的事情。

一如既往 yī rú jì wǎng（as always；as before）

一：都，完全。如：像。既往：从前。完全跟从前一样。

用法说明：谓词性；多作状语（后加“地”）、谓语。

1. S 一如既往地 V。

①无论你在哪里，我**一如既往**地关心着你。（作状语）

②改革开放这么多年，这个小乡村还是**一如既往**地贫穷落后。（作状语）

③都三十岁了，他还是**一如既往**地丢三落四，手机又落家里了。（作状语）

2. S 一如既往。

①我对你的真情**一如既往**，丝毫不变。（作谓语）

②生活**一如既往**，但老王的梦想却越来越渺茫。（作谓语）

③他长大之后，妈妈还是**一如既往**，不断地替他做事情。（作谓语）

使用语境：含褒义，多指态度或者现状跟以前没有变化。

近义：始终如一

反义：一反常态/改弦易辙

一声不吭 yī shēng bù kēng（not say a word；without a murmur）

指一直沉默不语，一句话也没有说过。

用法说明：谓词性；常作谓语、状语（后加“地”），也作定语。

1. S 一声不吭。

①老师在课堂上问小明问题，他站起来却**一声不吭**。（作谓语）

②女孩愣住了，她站在那儿**一声不吭**、一动不动。（作谓语）

③只要我一有动静，他就坐起来看着我，**一声不吭**。（作谓语）

2. S 一声不吭地 V。

①她轻手轻脚，**一声不吭**地站在更衣室里。（作状语）

②阿姨把饭碗递到我手里，**一声不吭**地出去了。（作状语）

③他还在生着气，刚才**一声不吭**地出去了。（作状语）

3. 一声不吭的N。

①**一声不吭**的狗咬人最狠毒。（作定语）

②对于这件事，他始终保持着**一声不吭**的态度。（作定语）

使用语境：多用于指人一句话也不说。

近义：一声不响/默不作声

反义：侃侃而谈/口若悬河

一事无成 yī shì wú chéng（accomplish nothing）

什么事情都做不成。

用法说明：谓词性；常作谓语，也作定语、状语（后加“地”）。

1. S一事无成。

①年轻时要好好努力，免得到老时**一事无成**，后悔莫及。（作谓语）

②我们做事必须善始善终，否则会**一事无成**。（作谓语）

③如果每个人都不为自己负责的话，终将**一事无成**。（作谓语）

④一年又过去了，还是**一事无成**，钱没赚到，老婆没娶到。（作谓语）

2. 一事无成的N（人、家伙等）。

①不要等明天，总是等到明天的人，将是**一事无成**的人。（作定语）

②我就是个经常喊苦喊累，最后**一事无成**的家伙。（作定语）

3. S一事无成地V（过去、回到等）。

①今年就这样**一事无成**地过去了。（作状语）

②美好的大学四年过去了，我**一事无成**地回到了家乡的中学任教。（作状语）

使用语境：指毫无成就。常用于感叹上了年纪的人事业上没有成就。

近义：一无所长

反义：功成名就

使用偏误：

➢不然人多了反而**一事无成**（什么事也干不成），那是多么遗憾啊！（语义错误。）

一塌糊涂 yī tā hú tú（in a great mess; in an awful state）

注意："塌"不能读作"tà"。

乱到不可收拾；糟到不可收拾；形容程度很深。

用法说明：谓词性；常作补语，也作谓语、定语。

1. S+V（输、堵、弄、考等）得一塌糊涂。

①我们要加紧训练，不然在比赛中会输得**一塌糊涂**。（作补语）

②现在正是下班高峰期，路上堵得**一塌糊涂**。（作补语）

③爸爸妈妈不在家，小弟弟把屋里弄得**一塌糊涂**。（作补语）

2. S一塌糊涂。（可独立作谓语）

①我的学业成绩**一塌糊涂**，许多人都认为我注定是考不上大学。（作谓语）

②自己网站的英文都**一塌糊涂**，又怎么能给你翻译好东西呢？（作谓语）

③你的数学**一塌糊涂**，如果你能考及格，就没有不及格的了。（作谓语）

3. 一塌糊涂的N（成绩、样子等）。

①看着孩子**一塌糊涂**的成绩单，他气得说不出话来。（作定语）

②他用**一塌糊涂**的英文说："等一下，一会儿……"（作定语）

使用语境：含贬义，常用于两种情况：作谓语、定语时，多用于指成绩、水平等很差；作补语时，多用于指乱的、糟的程度高。

近义：乱七八糟

反义：井然有序

一天到晚 yī tiān dào wǎn（all day long; all day）

整天；成天。

用法说明：作状语，后面常加"就、总是、只是"等词。

①想到孩子**一天到晚**没事干，我心里就感到烦得很。（作状语）

②为了大家的事，他**一天到晚**忙碌着。（作状语）

③他真是个书迷，**一天到晚**就知道买书、看书！（作状语）

④他总是爱操劳，**一天到晚**总是有忙不完的工作。（作状语）

⑤我爸爸非常爱吸烟，**一天到晚**他的嘴上总有一支烟。（作状语）

使用语境：中性词，常用于指整天只做一件事或者整天都这样。

一无所有 yī wú suǒ yǒu（have nothing at all）

一：都，全。什么都没有，多形容非常贫穷。

用法说明：谓词性；常作谓语，也作定语；可用于是字句。

1. S 一无所有。

①他家很穷，几乎**一无所有**。（作谓语）

②肚子虽能吃饱，但家里**一无所有**，还有一万多元的债。（作谓语）

③我结婚时，我与妻子**一无所有**，不敢梦想有一个房子。（作谓语）

2. 一无所有的 N（人、境地等）。

①他从小过着富裕的生活，万万没想到如今会落到**一无所有**的境地。（作定语）

②没有人会想到他初到香港时，只是个**一无所有**的人。（作定语）

③除了身上穿的这身破衣服，我成了**一无所有**的人。（作定语）

3. S……是一无所有。

年轻时除了几件破衣服以外，他几乎是**一无所有**。（是字句）

使用语境：常用于指钱财方面少，非常穷。

近义：一贫如洗

反义：无所不有

使用偏误：

➢吸烟对人的健康的好处**一无所有**（吸烟对人的健康没有好处），特别是年轻人。（语义错误。）

一无所知 yī wú suǒ zhī（know nothing at all）

什么也不知道。

用法说明：谓词性；常作谓语，也作定语、宾语；可用于是字句。

1. S（对……）一无所知。

①对这件事我**一无所知**，你再问也没有用。（作谓语）

②以前我刚到中国的时候，对学校的情况**一无所知**。（作谓语）

③当时我对中国**一无所知**，只怀着一种好奇的心情踏上了中国的土地。（作谓语）

④你不能怪他，因为事前没人告诉他，他确实**一无所知**。（作谓语）

2. 一无所知的N（样子、孩子、事情等）。

①看他**一无所知**的样子，我真的有点生气。（作定语）

②父亲的死使他在一夜之间再也不是从前那个**一无所知**的小孩子了，他一下子长大了。（作定语）

③现在她将要经历一件**一无所知**的事情，而且竟然没有人能教她。（作定语）

3. S……是一无所知。

①出身食品专业的他，对电器行业确实是**一无所知**。（是字句）

②来人对他十分了解，自己对这个人却是**一无所知**。（是字句）

使用语境：用于指某人对某事物不了解、不清楚。

近义：一窍不通

反义：无所不知

使用偏误：

➢原来出生的时候，我们（对）什么都**一无所知**。（少“对”。）

一心一意 yī xīn yī yì（whole-heartedly）

形容做事专心，一门心思地只做一件事。

用法说明：谓词性；多作状语（后“地”可加可不加）、谓语。

1. S一心一意（地）V。

①姐姐从小到大**一心一意**只想当画家，努力多年后，终于在今天开办个人画展。（作状语）

②他这会儿正**一心一意**地吃饭，还一点儿不知道人家正在议论他呢。（作状语）

③女人在家里料理家务，照看孩子，这样丈夫就能**一心一意**地在自己的工作岗位上工作。(作状语)

2. S（要/得/应该）一心一意。

①我们学习要**一心一意**，不能三心二意。(作谓语)

②群众让我们干，我们就得**一心一意**，不可三心二意。(作谓语)

③因为是好朋友，所以我对你**一心一意**，对你非常坦诚。(作谓语)

使用语境：含褒义，用于指人只专心做一件事。

近义：全心全意

反义：三心二意

近义词辨析：一心一意 VS 全心全意（见全心全意）

一言不发 yī yán bù fā（not say a word）

一句话也不说。

用法说明：谓词性；多作谓语、状语（后加“地”）。

1. S 一言不发。

①好长时间，他**一言不发**，一直闭着眼睛。(作谓语)

②他**一言不发**，心里似乎在想着其他事。(作谓语)

③妈妈问谁愿意帮她的忙时，大家**一言不发**。(作谓语)

2. S 一言不发地 V。

①他**一言不发**地坐在椅子上，发呆，一坐就是半天。(作状语)

②下车的时候，我帮她拎包，她**一言不发**地丢下我就走。(作状语)

③他气得浑身发抖，**一言不发**地离开了朋友的住处。(作状语)

使用语境：指什么话也不说，有时用于暗示有自己的想法或见解。

近义：闭口无言

反义：滔滔不绝

一言一行 yī yán yī xíng（every word and action）

每句话，每个行动。

用法说明：名词性；作主语、宾语。

①新老师的**一言一行**，给我留下了深刻印象。（作主语）

②他的**一言一行**，一举一动，都被公安人员看得清清楚楚。（作主语）

③父母的**一言一行**，一举一动，对事的处理和判断，都对我们有很大的影响。（作主语）

④孩子模仿力强，所以父母要注意自己的一举一动，**一言一行**。（作宾语）

⑤人们将会忘记你的**一言一行**，但不会忘记你给他们带来的感受。（作宾语）

使用语境：用于指人的言行，常与“一举一动”连用。

近义：一举一动

使用偏误：

➢一个人在一生中会因为受到（去掉“受到”）别人的**一言一行**而影响到他的一生。（“受到”后加动词，而“一言一行”是名词。）

一应俱全 yī yīng jù quán（from soup to nuts；well stocked with all kinds of things）

注意：“应”的发音是“yīng”。

一应：一切。俱：都。一切齐全，应有尽有。

用法说明：谓词性；作谓语，可用于是字句。

1. S（东西）一应俱全。

①文具盒里的东西**一应俱全**，你要用什么就用什么。（作谓语）

②图书室里各类工具书**一应俱全**，使用起来很方便。（作谓语）

③房子非常干净，新刷了油漆，家具**一应俱全**。（作谓语）

2. S……是一应俱全。

这个小吃部虽然门面不大，但各种菜却是**一应俱全**。（是字句）

使用语境：书面语，用于指东西齐全，不少什么。

近义：应有尽有

反义：一无所有

近义词辨析：一应俱全 VS 应有尽有

		一应俱全	应有尽有
相同点	都有全都齐备的意思。都常作谓语。如： 小楼里边装饰豪华，彩电、冰箱、录像机、空调**一应俱全/应有尽有**。		
不同点	语义	着眼于“全不全”，强调一切齐备。如： 想不到这样小的书店，各类书竟然**一应俱全**。	着眼于“有没有”，强调（对东西物件等的）领有，应该有的都有。如： 那家商店卖的衣服有大号的、小号的、中号的，**应有尽有**。

衣食住行 yī shí zhù xíng（food，clothing shelter and transportation—basic necessities of life）

穿衣、吃饭、居住、行路，指生活上的基本需要。

用法说明：名词性；常作主语、宾语，也作定语。

①**衣食住行**是人生的四件大事，一件都不能缺少。(作主语)

②**衣食住行**在人们的生活中是不可缺少的。(作主语)

③为了生存，为了自己和子孙后代的**衣食住行**，人类和大自然不断进行斗争。(作宾语)

④在**衣食住行**中，对人来说最重要的是食，这是大家公认的。(作宾语)

⑤金钱有助于解决**衣食住行**问题。(作定语)

使用语境：用于指生活上的基本需要。

依依不舍 yī yī bù shě（be reluctant to part，cannot bear to part）

依依：依恋的样子。舍：放弃。形容非常留恋，舍不得离开。

用法说明：谓词性；常作状语（后加“地”），也作定语、谓语。

1. S 依依不舍地 V。

①直到天渐渐暗了下来，我们才**依依不舍**地回到宿舍。(作状语)

②小明要去千里之外上大学，他父母**依依不舍**地送他上了火车。(作谓语)

③妈妈亲自送他们到门口，看他们上了车，**依依不舍**地挥着手。（作状语)

2. 依依不舍的N（眼泪、心情、样子等）。

①离别时，我们哭了，大家都留下了**依依不舍**的眼泪。（作定语）

②我玩了一整天也不愿离开，最后我还拍了很多照片才带着**依依不舍**的心情离开。（作定语）

3. S依依不舍。

①那对新婚夫妇在村口分手后，**依依不舍**，十步九回头。（作谓语）

②当他们告辞时，我**依依不舍**，非要送出门不可。（作谓语）

使用语境：常用于指因为感情深而舍不得离开某人或某地。

近义：恋恋不舍

反义：拂袖而去

使用偏误：

➢我和她白天一起工作，晚上则形影不离，直到深夜才**依依不舍**（地）回去。（少“地”。）

怡然自得 yí rán zì dé（be happy and pleased with oneself）

怡然：安适愉快的样子。形容高兴而满足的样子。

用法说明：谓词性；常作谓语，也作定语、状语（后加“地”）、补语。

1. S怡然自得。

①道路两旁的大树下，人们坐在一起谈笑风生，**怡然自得**。（作谓语）

②我的生活虽然看似平淡无奇，可也**怡然自得**。（作谓语）

③老人们在公园里读书下棋，谈心聊天，**怡然自得**。（作谓语）

2. S怡然自得地V。

①他们可以**怡然自得**地生活在这个自由的国度。（作状语）

②鱼缸里十七八条热带小鱼**怡然自得**地游来游去。（作状语）

③上海市场供应充足，老百姓**怡然自得**地购物，享受着假日消费的乐趣。（作状语）

3. 怡然自得的N（样子、神情等）。

①爷爷退休后生活安逸，总是一副**怡然自得**的样子。（作定语）

②看看窗外人来车往的街景，她一副**怡然自得**的神情。（作定语）

4. S+V（过、变等）得怡然自得。

①喝了点酒后，他变得**怡然自得**。(作补语)

②农民们养鸡养猪，种植蔬菜，日子过得**怡然自得**。(作补语)

使用语境：含褒义，用于指人对自己的生活很满足，心情很愉悦。

近义：悠然自得/洋洋自得

反义：怅然若失

近义词辨析：怡然自得 VS 悠然自得 VS 洋洋自得

<table>
<tr><th colspan="2"></th><th>怡然自得</th><th>悠然自得</th><th>洋洋自得</th></tr>
<tr><td colspan="2">相同点</td><td colspan="3">都指很满足的样子。都可作谓语、定语、状语、补语。如：
一些人家的屋顶上和空地里的蓝孔雀信步悠悠，怡然自得/悠然自得/洋洋自得，不时展开绚丽缤纷的彩屏。</td></tr>
<tr><td rowspan="2">不同点</td><td>语义</td><td>偏重于指精神上的愉悦。如：
游客们悠闲地逛着，老人们怡然自得地在窗前晒着太阳。</td><td>偏重于指生活上的悠闲。如：
生活在安静的乡下，每天闭目晒太阳，悠然自得。</td><td>偏重于指外表上得意的样子。如：
老人洋洋自得地说，他家日子过得挺滋润、痛快。以前吃的高粱米、红薯面早换成了大米、白面。</td></tr>
<tr><td>感情色彩</td><td>褒义词</td><td>褒义词</td><td>中性词</td></tr>
</table>

以身作则 yǐ shēn zuò zé（set an example by one's own action）

则：准则，表率。用自己的行动给人做出榜样。

用法说明：谓词性；常作谓语，也作定语、状语（后加“地”）。

1. S（要/应该/必须）以身作则。

①班干部要**以身作则**，为同学们树立爱学习、守纪律的榜样。(作谓语)

②父母应为子女做个好榜样，什么都要**以身作则**。(作谓语)

③父母本身就是一面镜子，所以要**以身作则**。(作谓语)

④经理应该**以身作则**，不怕苦不怕累，成为每个员工的榜样。(作谓语)

2. 以身作则的N（领导、父母等）。

①一个**以身作则**的领导者，才能得到属下的敬佩和爱戴。(作定语)

②他是一个严格要求自己的人，是一个真正**以身作则**的父亲。(作定语)

3. S以身作则地V。

①日子虽然苦，但妈妈**以身作则**地教导我们五个要做坚强的人。（作状语）

②家长们要注意培养孩子的多种兴趣，并要**以身作则**地为孩子营造一个良好的家庭气氛。(作状语)

使用语境：含褒义，常用于指地位高的人或者长辈做出榜样。

使用偏误：

➢应该**以身作则**（设身处地）去为他们着想，如果是自己遇到的呢？(语义错误。)

➢既然他们是世界上最爱我们的人，（应该）**以身作则**，为我们做最好的榜样。(少能愿动词“应该”。)

➢在我们的现代社会，如果不想让这种现象产生的话，每个人就（必须/应该）**以身作则**，要有起码的责任感和道德意识。（少能愿动词“必须/应该”。)

异口同声 yì kǒu tóng shēng（all with one voice）

意思是不同的人同时说同样的话。形容意见一致。

用法说明：谓词性；常作状语（后加“地”），也作谓语。

1. S异口同声地V（说、赞成等）。

①大家**异口同声**地赞成老师的提议。(作状语)

②大家**异口同声**地说好，然后彼此笑笑。(作状语)

③等我同屋回来，看见房间已经打扫了，她们**异口同声**地说“谢谢!”(作状语)

2. S异口同声。

①当问起老人觉得一生过得怎么样时，几位老人**异口同声**：“我这一生满足!”(作谓语)

②“什么?!”夫妇两人**异口同声**，同时从椅子上跳起来。(作谓语)

③“妈，你没事吧！好点没?”两个孩子几乎**异口同声**。(作谓语)

使用语境：用于指大家意见一致，同时说出一样的话。

近义：众口一词

反义：众说纷纭

使用偏误：

➢每个人志向互不相同，对生活中面对的种种选择，也并非**异口同声**（意见一致）。（句子的意思只是人们意见一致，并没有同时说出同样的话的意思，不用“异口同声”。）

➢他们听到这些话后，**异口同声**地（一同）跑去山下。（语义错误。）

➢吃绿色食品的人们异口众同（**异口同声**）地说：“我们吃绿色食品，都是为了我们的健康。”（形式错误。）

异想天开 yì xiǎng tiān kāi（flight of fancy；ask for the moon）

异：奇特。天开：凭空的、根本没有的事情。比喻想法离奇而不切实际。

用法说明：谓词性；常作谓语，也作定语、状语（后加“地”）、宾语（少）；可用于是字句。

1. S 异想天开。

①我们要脚踏实地地工作，不要老是**异想天开**。（作谓语）

②这个家伙真能**异想天开**，不知从哪儿冒出来的灵感。（作谓语）

③也许这个想法有些**异想天开**，也许目前的技术条件并不支持，但希望银行能早日有类似服务。（作谓语）

2. 异想天开的 N（事、故事、愿望等）。

①任何理性的人都不会相信这样**异想天开**的故事。（作定语）

②最近，他们干了一件**异想天开**的事，没花一分钱收购了一家企业。（作定语）

3. S 异想天开地 V（想、打算等）。

①他经常**异想天开**地想拥有一双翅膀。（作状语）

②秦始皇统一天下之后，觉得日子过得很不错，就**异想天开**地打算永远活下去。（作状语）

③我家很穷，我妹妹却**异想天开**地想买一架钢琴。（作状语）

4. S……是异想天开。

①平时不学习，只想在考前突击成功，简直就是**异想天开**。(是字句)

②他想自己拥有一架飞机，真是**异想天开**。(是字句)

使用语境：中性词，用于指人的想法不一般，含讽刺意味。

近义：想入非非

反义：脚踏实地

近义词辨析：异想天开 VS 想入非非

		异想天开	想入非非
相同点	都比喻想法不切实际，都可作谓语、定语、状语。如： 这个美国人还**异想天开/想入非非**地想利用他去欺骗中方企业，从中获取巨额暴利。		
不同点	语义	偏重于指想法奇特，不一般。如： 他觉得他上辈子一定是个皇帝，大家都觉得他是**异想天开**。	偏重于指想法虚幻缥缈，不能实现。如： 自从那晚以后，我经常白天就**想入非非**。
	感情色彩	中性词	含贬义

抑扬顿挫 yì yáng dùn cuò（speak in measured tones）

抑：降低。扬：升高。顿：停顿。挫：转折。指声音高低曲折，十分和谐。多用以形容悦耳的声音。

用法说明：谓词性；常作谓语，也作定语、状语（后加“地”）、补语。

1. S（声音、语调等）抑扬顿挫。

①他朗读课文**抑扬顿挫**，很有感情。(作谓语)

②他普通话标准，语调**抑扬顿挫**，中气十足。(作谓语)

③他的声音**抑扬顿挫**，优美悦耳。(作谓语)

2. 抑扬顿挫的N（声音、语调等）。

①光有**抑扬顿挫**的声音是不够的，我们还需要很好的表演天赋。（作定语）

②他用**抑扬顿挫**的语调，把这句表达自己内心思想的诗句，读了好几遍。

（作定语）

3. S 抑扬顿挫地 V（读、念等）。

①他**抑扬顿挫**地读着报纸上关于奥运会的报道，我们津津有味地听着。（作状语）

②他口齿清晰，**抑扬顿挫**地念了一遍，足足念了一个钟头又二十分钟。（作状语）

4. S+V（读、哼等）得抑扬顿挫。

①他把那时常哼的调调哼出了声，哼得**抑扬顿挫**。（作补语）

②他用了那么多我们听都没听过的高级词语，读得那么**抑扬顿挫**。（作补语）

使用语境：含褒义，多用于指声音悦耳。

近义：沉郁顿挫

反义：平铺直叙

意料之外 yì liào zhī wài（unexpected; contrary to expectation）

没有想到的。

用法说明：名词性；多作宾语、定语。

1. S+V（出乎、大出等）意料之外。

①他只学了半年，这结果真的出乎我的**意料之外**。（作宾语）

②这结果出乎大家的**意料之外**，个个大惊失色。（作宾语）

③真是没想到会如此热闹，那气氛真是在我**意料之外**。（作宾语）

2. 意料之外的 N（结果、事件、收获等）。

①经过一系列实验后，出现了**意料之外**的结果，大家都大吃一惊。（作定语）

②**意料之外**的事件，能让我们学得更多。（作定语）

③他能取得金牌是**意料之外**的收获，大家都惊喜不已。（作定语）

使用语境：用于指发生的事情或出现的结果是人们所没想到的，事情可好可坏。

意想不到 yì xiǎng bù dào（unexpected；unimaginable；unforseen）

意想：预料，想象。没有料到。形容十分意外。

用法说明：谓词性；常作谓语、定语，也作宾语（少），并可构成的字短语；可用于兼语句（多）、是字句。

1. S（令/使/让/叫……）意想不到。

①他竟然做出这种事，真是让我**意想不到**。（兼语句）

②结果真叫人**意想不到**，我竟然赢了。（兼语句）

③这种药的效果特别好，我们谁都**意想不到**。（作谓语）

2. 意想不到的 N（效果、变化、事情等）。

①他在参加长跑一定时间后，收到了**意想不到**的效果。（作定语）

②第三次科技革命的到来，给人类带来许多**意想不到**的变化。（作定语）

③体育比赛总会有许多**意想不到**的事情发生，这就是体育的魅力。（作定语）

3. 其他。

①令人**意想不到**的是，身材瘦小的他竟然获得了 1 000 米冠军！（的字短语作主语）

②他竟然输了，真是**意想不到**啊！（是字句）

使用语境：用于指发生了意外的事，可以是好事，也可以是坏事。

使用偏误：

➢我们经常在生活当中遇到各种各样的没意想到（**意想不到**）的事情。（形式错误。）

因人而异 yīn rén ér yì（it differs from man to man）

因人不同而采取不同的态度或方式对待。

用法说明：谓词性；多作谓语、定语；可用于是的句。

1. S（要）因人而异。（可独立作谓语）

①每个人对幸福都有自己的理解，幸福的意义**因人而异**。（作谓语）

②教学中，老师要**因人而异**，采取不同的教学方法。（作谓语）

③我想人生有没有意义，**因人而异**。（作谓语）

2. 因人而异的N（方法、服务等）。

①一把钥匙开一把锁，教师应采取**因人而异**的方法对待每一个学生。（作定语）

②为了给不同的客户提供**因人而异**的服务，酒店给每位客户建立了数据库。（作定语）

③我们应该找出一种**因人而异**的减肥方法，在身体保持健康的基础上达到减肥效果。（作定语）

3. S是因人而异的。

有人喜欢吃榴莲，有人不喜欢吃，这些都是**因人而异**的。（是的句）

使用语境：用于指对不同的人采取不同的方式或态度。

反义：千篇一律

使用偏误：

➢我认为，怎样去进行有效阅读是**因人而异**（的），而我本身是非常同意有效阅读的。（少“的”。）

引经据典 yǐn jīng jù diǎn（quote the classics）

引：引用。据：依据。引用经典中的话作为立论的根据。

用法说明：谓词性；常作谓语，也作状语（后加“地”）、宾语、定语。

1. S（不/会）引经据典。

①他在文章中**引经据典**，有力地证明了自己的观点。（作谓语）

②她很会**引经据典**，分析事物有条有理。（作谓语）

③他很少复述别人讲过的话，自己能说明的问题，不**引经据典**。（作谓语）

2. S引经据典地V（说、做文章等）。

①尽管他**引经据典**地说了许多，大家仍旧不支持他的看法。（作状语）

②他现在不当教授了，也不需要**引经据典**地做文章了。（作状语）

3. S+V（爱、喜欢、善于等）引经据典。

①他写文章的长处是善于**引经据典**，道理论述得明白。(作宾语)

②知识分子因为有点文化，事事总爱**引经据典**。(作宾语)

4. 引经据典的N（谈话、文章等）。

这个年轻的学生听不懂文人们**引经据典**的谈话。(作定语)

使用语境：用于指谈话与写作时引用经典。

近义：旁征博引

近义词辨析：引经据典 VS 旁征博引

		引经据典	旁征博引
相同点	都指引用别人或者别处的话，都可作谓语、状语。如： 他喜好读书，在和人辩论的时候，也常常**引经据典/旁征博引**。		
不同点	语义	强调引用的权威性。如： 他很少用套话和生涩的字句，更不喜欢**引经据典**。	强调引用的广博性。如： 他**旁征博引**了古今中外许多学者、文人的精辟见解。
	语法功能	后不可加宾语	后可加宾语

使用偏误：

➢先父会引书据典（**引经据典**）地给我讲解简易的中国历史故事或人物，会告诉我读书有多大好处和乐趣。(形式错误。)

引人入胜 yǐn rén rù shèng（to lead one into wonderland; enchanting; fascinating）

胜：胜地，胜境。引人进入美妙的境地。后多指山水风景或文学艺术等特别吸引人。

用法说明：谓词性；常作谓语、定语，也作状语（后加“地”，少）、宾语；可用于是字句。

1. S（情节、故事等）十分/非常引人入胜。(可受程度副词修饰)

①这篇小说情节曲折，十分**引人入胜**。(作谓语)

②这部电影的主角性格突出，情节也非常**引人入胜**。(作谓语)

③海岛风光**引人入胜**，每年吸引许多游客前来参观游玩。(作谓语)

2. 引人入胜的N（小说、山水、故事、情节等）。

①**引人入胜**的桂林山水，让人百看不厌。（作定语）

②这部新小说是一部**引人入胜**的爱情小说。（作定语）

③影片通过男女主人公的生活经历和情感磨难，讲述了一个**引人入胜**的爱情故事。（作定语）

3. S+V（写、讲、描写等）得引人入胜。

①这篇文章写得**引人入胜**，真是佳作啊！（作补语）

②他把故事描写得**引人入胜**，我读得入迷。（作补语）

4. S引人入胜地V。

这本书**引人入胜**地介绍了世界各地的茶的故事、茶叶历史、茶具等。（作状语）

5. S……是引人入胜。

黄果山大瀑布的景色真是**引人入胜**啊！（是字句）

使用语境：含褒义，多用于指山水风景和文学作品吸引人。

反义：平淡无奇

引人注目 yǐn rén zhù mù（attract someone's attention）

注目：注视，注意。形容人或事物很具有特色，引起人们的注意。也作：引人瞩目。

用法说明：谓词性；常作谓语、定语，也作补语（少），并可构成的字短语（多）；不能用于兼语句。

1. S（十分、非常、最等）引人注目。（前可受程度副词修饰）

①宴会上，姐姐一身红色的旗袍十分**引人注目**。（作谓语）

②近年来中国经济的发展非常**引人注目**，中国的一举一动都被其他国家关注。（作谓语）

③人群之中，三位少年的身影十分**引人注目**，他们是千百万受“希望工程”资助的代表。（作谓语）

2. 引人注目的N（事例、成绩、学生、人物、消息等）。

①这位少年连手都不举一下，是一个真正的不**引人注目**的学生。（作

定语）

②因为长得漂亮，舞也跳得好，她成为学校里非常**引人注目**的学生。（作定语）

③这些著名的语言学家在研究汉语方面做出了**引人注目**的成绩。（作定语）

3. 最引人注目的是……

①动物园里，**最引人注目的**是那只高大的长颈鹿。（的字短语作主语）

②近年来消费类电子产品发展迅猛，其中**最引人注目的**是彩色电视机。（的字短语作主语）

③比赛第一天将决出9枚金牌，其中**最引人注目的**是短道速滑4项冠军的争夺。（的字短语作主语）

4. S是引人注目的。

①穿着那套新设计的校服，走在街上是格外**引人注目**的。（是的句）

②“安乐死”的问题在世界上是**引人注目**的。（是的句）

使用语境：用于指有特色的人或者事物引起他人的注意。

反义：鲜为人知

使用偏误：

➢绿色食品使人们（去掉“使人们”）很**引人注目**。（“引人注目”不能用于兼语句。）

应有尽有 yīng yǒu jìn yǒu（have everything one could imagine）

应该有的全都有了，表示一切齐备。

用法说明：谓词性；多作谓语；可用于是字句。

1. S应有尽有。

①商业城里从吃的到用的，从穿的到玩的，**应有尽有**。（作谓语）

②这是世界上最大的图书馆，各种书籍**应有尽有**。（作谓语）

③以前没有什么洗衣机、空调、电视，可现在是电器时代，**应有尽有**。（作谓语）

2. S……是应有尽有。

①超市里的商品五花八门，真是**应有尽有**。(是字句)

②这些新品种采用各式各样的面包，面包中所夹的鱼、肉、菜更是**应有尽有**，适合不同口味。(是字句)

使用语境：常用在列举事物之后，有总括作用，形容物品很齐全。

近义：一应俱全

反义：一无所有

近义词辨析：应有尽有 VS 包罗万象

		应有尽有	包罗万象
相同点	都表示事物多。都可作谓语。如： 该公司拥有数千艘各型船舰。大到货柜轮、油轮、大中小型豪华邮轮，小到各式快艇、游艇，**包罗万象/应有尽有**。		
不同点	语义	有无所不有之意，偏重于内容的齐全完备，而且常用在列举事物之后，有总括作用。如： 店里的酒全部拿出来了，啤酒、红酒、洋酒、白酒、鸡尾酒，**应有尽有**。	有无所不包之意，偏重于内容的丰富繁杂。如： 自动声讯服务台一天 24 小时提供服务，内容**包罗万象**。

使用偏误：

➤所以我们自己的义务不能推给别人，**应有尽有**（应该自己承担起来）。(语义错误。)

勇往直前 yǒng wǎng zhí qián（advance bravely）

不怕艰险，奋勇地一直往前进。

用法说明：谓词性；常作谓语、定语，也作状语（后加“地”）、宾语(少)；可用于兼语句。

1. S（要）勇往直前。

①我们要**勇往直前**，即使遇到再大的困难也不退缩。(作谓语)

②有了这样的精神，才会克服困难，**勇往直前**。(作谓语)

③只要是党和人民的需要，他都**勇往直前**，所向无敌！（作谓语）

④大家的鼓励和期望让他**勇往直前**，无所畏惧。（兼语句）

2. 勇往直前的N（人、勇气、精神等）。

①她**勇往直前**的勇气，值得敬佩。（作定语）

②我是个**勇往直前**的人，这点困难不算什么。（作定语）

③目前我感觉自己心中没底，无论考虑问题还是采取行动，都缺少必要的**勇往直前**的精神。（作定语）

3. S勇往直前地V。

①我们要**勇往直前**地走社会主义道路。（作状语）

②请不要放弃你们的个性和理想，**勇往直前**地向前冲吧！（作状语）

4. S+V勇往直前。

我们年轻人，要敢于**勇往直前**，而不能畏首畏尾。（作宾语）

使用语境：含褒义，用于指人在困难、危险前有勇气，不退缩。

近义：一往无前

反义：畏缩不前

犹豫不决 yóu yù bù jué（on the fence；in hesitation）

犹豫：迟疑。拿不定主意。也作：犹豫未决。

用法说明：谓词性；常作谓语、定语，也作状语（后加“地”）。

1. S（有点儿/有些）犹豫不决。（可独立作谓语，前可受“有点儿/有些”修饰）

①在首饰柜台前，她**犹豫不决**，挑来选去不知买哪件好。（作谓语）

②她想问一句什么话，但有点**犹豫不决**。（作谓语）

③他站在那儿，**犹豫不决**，不知如何是好。（作谓语）

④我妈**犹豫不决**，不知当时该把我叫醒告诉我，还是等我睡到天明。（作谓语）

2. 犹豫不决的N（样子、神色、态度等）。

①看到妻子**犹豫不决**的样子，我亲自把食物送到了她的嘴边。（作定语）

②母亲一见女儿**犹豫不决**的样子，更加生气了。（作定语）

③听了大家的话，他的脸上露出了**犹豫不决**的神色。(作定语)

3. S 犹豫不决地 V。

①到底要不要答应对方的要求？他**犹豫不决**地在屋子里走来走去。(作状语)

②他没有坐下，又不想走开，而是**犹豫不决**地站在她的面前。(作状语)

③我往前走了几步，但他**犹豫不决**地站着，没有跟上来。(作状语)

使用语境：含贬义，用于指人处理问题时不果断。

近义：优柔寡断

反义：当机立断

有的放矢 yǒu dì fàng shǐ（have a definite object in view）

注意：“的”的发音是“dì”。

的：箭靶子。矢：箭。对准靶子射箭。比喻说话或做事有明确的目的，有针对性。

用法说明：谓词性；常作谓语、状语（后加“地”），也作定语、宾语；可用于是字句。

1. S（要/能等）有的放矢。

①王老师讲课，总能抓住重点，**有的放矢**，受到同学们的欢迎。（作谓语）

②“有效阅读”要**有的放矢**，用很少的时间获得相当的效益。(作谓语)

③写文章要**有的放矢**，我想看看网友们真需要什么再开始写。(作谓语)

④要了解大家在想什么，在做什么。只有这样，我们的工作才能**有的放矢**。(作谓语)

2. S 有的放矢地 V。

①**有的放矢**地行动，你就会得到你想要的生活。(作状语)

②我们必须重视这些问题，**有的放矢**地加强工作，加快建设。(作状语)

③贫困山区的中小学校推行素质教育，应根据具体情况，**有的放矢**地进行。(作状语)

3. 有的放矢的 N。

①通过**有的放矢**的提问，从对方的回答中发现一切重要材料。(作定语)

②通过**有的放矢**的学习，大家提高了政治水平，增长了法律知识。（作定语）

4. S+V（是/做到等）有的放矢。

①他有方向，有目的，他是**有的放矢**。（是字句）

②我们要考虑到所有可能，事情执行起来才能做到**有的放矢**。（作宾语）

使用语境：含褒义，用于指说话做事目标明确。

近义：对症下药

反义：无的放矢

近义词辨析：有的放矢 VS 对症下药

		有的放矢	对症下药
相同点	都指办事有针对性。都用作褒义；都常作谓语、定语、状语。如： 要联系本地实际，针对存在的问题，**有的放矢/对症下药**地开展宣传，从而增强广大干部群众的环境和法制观念。		
不同点	语义	偏重于言行目的明确，有针对性。如： 只有在大的方向确定后，城市规划才能做到**有的放矢**。	偏重于采取的方法措施有针对性，且多指治病或消除不良现象。如： 引起宝宝腹泻的原因很多，妈妈要找出原因，**对症下药**。

有口无心 yǒu kǒu wú xīn（be sharp-tongued but not malicious; say what one does not really mean）

嘴上爱说，心里不存什么。指不是有心说的。也可以是随口说说，毫不放在心上。

用法说明：谓词性；多作谓语、定语、状语（后加“地”）；可用于是的句。

1. S 有口无心。（可独立作谓语）

①小孩子**有口无心**，你不要往心里去。（作谓语）

②“我**有口无心**，你不必把我的话当真啊！”他急着解释。（作谓语）

③他是个孩子，**有口无心**，你别和他生气。（作谓语）

2. S 有口无心地 V（答应、应道等）。

①顾着干活的他**有口无心**地应道：“嗯，是啊。”（作状语）

②他跟我约好下次见，我**有口无心**地答应了。(作状语)

3. 有口无心的N（人、话等）。

①他是个**有口无心**的人，说完就没事了，你不必生气。(作定语)

②有时候，你的一句**有口无心**的话，就可能让身边的人坐卧不安。（作定语)

4. S是有口无心的。

她这人说话从来都是**有口无心**的，了解她的人自然都不会和她计较。(是的句)

使用语境：常用于指不小心说了让别人不高兴的话而请求对方原谅。

近义：心直口快

有声有色 yǒu shēng yǒu sè（to be vivid and dramatic; very impressive)

有声音，有色彩。形容说话、写作或表演等生动、精彩。

用法说明：谓词性；常作补语，也作定语、谓语、状语（后加“地”）。

1. S+V（说、讲、演、搞、办、开展等）得有声有色。

①这个小品演得**有声有色**，让人捧腹大笑。(作补语)

②他讲得**有声有色**，不但父亲听得津津有味，就连弟弟也感到非常有趣。(作补语)

③招待会开得**有声有色**，从下午3时开到5时，记者们仍兴趣不减，笑声不断。(作补语)

2. 有声有色的N（活动、生活、讲述等）。

①各级工会组织开动脑筋，举办丰富多彩、**有声有色**的活动。(作定语)

②我要用文字再现出那么**有声有色**的生活，写出真正的美的生活来。(作定语)

③从她那**有声有色**的讲述中，全家人了解了她在这一年中经受的风风雨雨。(作定语)

3. S有声有色地V（描绘、开展等）。

①他**有声有色**地描绘了当时的情景，大家听得津津有味。(作状语)

②经过努力，本市中小学校的爱国主义教育**有声有色**地开展起来，并且越来越受到广大青少年学生的欢迎。(作状语)

4. S（生活、活动等）有声有色。

①我们大学生的生活**有声有色**，丰富多彩。(作谓语)

②学校组织的演讲比赛、征文活动、科技教育活动**有声有色**，吸引了很多学生参加。(作谓语)

使用语境：含褒义，多用于指某人说话、写作、表演等生动、精彩。

近义：绘声绘色

反义：枯燥无味

近义词辨析：有声有色 VS 绘声绘色（见绘声绘色）

有朝一日 yǒu zhāo yī rì (some day in the future; one day)

朝：日，天。指将来有那么一天。

用法说明：谓词性；作状语。

(希望、若、想) 有朝一日 S……

①他相信**有朝一日**自己一定能成为一个伟大的科学家。(作状语)

②凭借坚强的毅力，**有朝一日**我们一定会成功。(作状语)

③从幼儿园到中学，我对华文最感兴趣，所以从小就想**有朝一日**，我一定要到祖国走一趟。(作状语)

使用语境：常用于说将来的美好愿望。

使用偏误：

➢若在（去掉“在”）**有朝一日**，地球的大气层被破坏而不能再传播声音时，我们的人类世界将会变成“无声的静音世界”。(“在”与“有朝一日”搭配错误。)

愚公移山 yú gōng yí shān (the foolish old man removed the mountains; describing a man of fortitude who is not afraid of difficulties; where there is a will, there is a way)

比喻做事有毅力，有恒心，不怕困难。

用法说明：谓词性；常作定语，也作谓语。

1.（发挥、发扬等）愚公移山的 N（精神）。

①十大建设会成功，就是因为全民发挥了**愚公移山**的精神。（作定语）

②我们要做的是发扬**愚公移山**的精神，下决心战胜困难。（作定语）

2. S 愚公移山。

开发民智是长期的事，让我们共同努力，**愚公移山**。（作谓语）

使用语境：含褒义，用于指做事有恒心、不怕困难。

近义：精卫填海

反义：知难而退

使用偏误：

➢我们没水喝，虽然那个距离不怎么近，但是咱们团结起来吧，“**愚公移山**”（一起去抬水喝）吧。（语义错误。）

与日俱增 yǔ rì jù zēng（grow day by day；increase steadily）

与：跟，和。随着时间的推移，一天天地不断增长。形容不断增长或增长得很快。

用法说明：谓词性；多作谓语、定语。

1. S（产量、数量、消费量、感情等）与日俱增。

①这么多天过去了，我对妈妈的思念不但没有消减，反而**与日俱增**。（作谓语）

②随着人民群众生活水平的提高，黄金饰品的消费量**与日俱增**。（作谓语）

③随着时间的推移，他俩的感情**与日俱增**。（作谓语）

2. 与日俱增的 N（需求、人口、白发等）。

①现在我们面临着**与日俱增**的需求，这对我们来说是一个巨大的挑战。（作定语）

②面对**与日俱增**的人口，人口过剩和生活资料不足的矛盾将长期存在。（作定语）

使用语境：多用于指数量或人的思想感情，随着时间的推移而不断增长。

近义：蒸蒸日上/日增月异

反义： 每况愈下

使用偏误：

➤在非洲很多（去掉“很多”）因饥饿死亡的人**与日俱增**。（“很多”多余。）

与时俱进 yǔ shí jù jìn（keep pace with the times；move with the times）

时：时间。俱：一起。进：前进。与时间一起前进。随着时代的发展而不断发展、前进。

用法说明： 谓词性；多作谓语、定语。

1. S（不/必须）与时俱进。

①时代不同了，我们一定要坚持学习锻炼，**与时俱进**。（作谓语）

②在前进的道路上，不**与时俱进**，不改革创新，就没有出路。（作谓语）

③世界科技日新月异，仅凭原有的知识、技能、经验已经远远不够，必须**与时俱进**，抓紧学习。（作谓语）

2. 与时俱进的N（思想、过程、精神等）。

①每一个成功的人都有着**与时俱进**的思想，总是走在别人的前面。（作定语）

②中国共产党的建设是一个长期发展、**与时俱进**的过程。（作定语）

③我们还要发扬**与时俱进**的精神，在中国共产党的领导下，不断研究新情况，解决新问题。（作定语）

使用语境： 含褒义，常用于指人不断进取，永不停止。

与众不同 yǔ zhòng bù tóng（be different from the common run；be out of the ordinary）

跟大家不一样。

用法说明： 谓词性；常作谓语、定语，也作补语，可构成的字短语；可用于是字句、是的句。

1. S（有些/非常等）与众不同。（前可受程度副词修饰）

①一直以来，他都有些**与众不同**。（作谓语）

②他自己不喜欢的就不卖，非常**与众不同**。(作谓语)

③由于长相**与众不同**，这只可怜的小鸭子常常受到其他同伴的捉弄。(作谓语)

2. 与众不同的N（服装、地方、看法等)。

①时髦的女孩喜欢穿**与众不同**的服装。(作定语)

②细细研究这家公司，发现它确实有许多**与众不同**的地方。(作定语)

③他善于动脑，总是能提出**与众不同**的看法。(作定语)

3. S+V得与众不同。

①主持人很有想法，节目做得**与众不同**。(作补语)

②这个除夕过得**与众不同**，奶奶高兴，我也觉得很快乐。(作补语)

4. ……与众不同的是……

①但是我父母**与众不同**的是他们的要求全都是我的生活或者精神方面的。(的字短语)

②钱先生讲课**与众不同**的是他的英国音，因为别的英文教师说话都是美国音。(的字短语)

5. S……是与众不同（的)。(用于判断句中)

①他用这种方式来寻求答案，真是**与众不同**啊！(是字句)

②我非常喜欢你，你是**与众不同**的。(是的句)

使用语境：中性词，用于指某方面跟其他人不一样。

近义：异乎寻常/独具匠心

使用偏误：

➢爸妈，你们生了6个女孩，这实在是**与众不同**的（去掉“的”）。(多“的”。)

➢虽然每个人的想法都是**与众不同**（的)，但是这个并不重要。（少“的”。)

➢如果是让我选择一种结交的方式，我一定会选择跟别人（去掉“跟别人”）**与众不同**的方式。(“跟别人”和“与众不同”语义重复。)

愈演愈烈 yù yǎn yù liè (become increasingly intense)

(坏的事情、情况）变得越来越严重。

用法说明：谓词性；多作谓语、定语。

1. S（问题、矛盾、风气等）愈演愈烈。

①随着我们生活水平的提高，这种矛盾**愈演愈烈**。（作谓语）

②当今中国已是年出书近 10 万种的出版大国，图书市场的竞争**愈演愈烈**。（作谓语）

③择校之风**愈演愈烈**，社会各界的反响也愈来愈大。（作谓语）

④2002 年调整医疗价格后，看病贵看病难的现象**愈演愈烈**。（作谓语）

2. 愈演愈烈的 N（趋势、大战、安全问题等）。

①不少办公大楼“宾馆化”“星级化”现象越来越突出，而且有**愈演愈烈**的趋势。（作定语。）

②对于**愈演愈烈**的价格大战，消费者一定要有清醒的认识。（作定语）

③专家认为，只有加强法治，才可以从根本上解决**愈演愈烈**的食品安全问题。（作定语）

使用语境：含贬义，多用于指坏的事情、情况越来越严重。

原汁原味 yuán zhī yuán wèi（original taste and flavour）

食物原有的汤汁和味道，比喻事物本来的、没有受到外来影响的风格、特性等。

用法说明：名词性；多作宾语、状语（后加“地”）、定语。

1. S+V（留住、讲究、保持等）原汁原味。

①这样既可以留住食物的**原汁原味**，又能保持饮食的清淡低脂。（本义，作宾语）

②家乡菜讲究**原汁原味**，很少使用味精等调味品。（本义，作宾语）

③姥姥做的土豆菜，保持了土豆的**原汁原味**，有种特殊的香甜劲儿。（本义，作宾语）

2. 原汁原味的 N（家乡菜、农村生活、家乡话等）。

①不到一会儿工夫，十几个**原汁原味**的家乡菜端上了桌。（本义，作定语）

②他选择了一户村民家，感受**原汁原味**的农村生活。（比喻义，作定语）

③小时候我们在自己家乡，说着**原汁原味**的家乡话。(比喻义，作定语)

3. S 原汁原味地 V（呈现、表现、展现、介绍等）。

①我们有责任把悠久的中国文化**原汁原味**地呈现在世界人民面前，使其得到应有的理解和尊重。(比喻义，作状语)

②虽然舞台条件不好，但是他们仍把民族风情**原汁原味**地表现了出来。(比喻义，作状语)

③书店致力于将世界上最新的思想与名家著作**原汁原味**地介绍给国内读者。(比喻义，作状语)

使用语境：常用于以下两种情况：一是指食物保持原来的滋味；二是指事物保持原来的风格。

源源不断 yuán yuán bù duàn （a steady flow of）

源源：水流不断的样子。形容接连不断。也作：源源不绝。

用法说明：谓词性；多作状语（后加“地”）、定语、谓语。

1. S 源源不断地 V（流、输送等）。

①我的眼睛里一直**源源不断**地流出眼泪，像是被人按下了启动眼泪的开关。(作状语)

②只要工业部门投资和扩大生产，农村就可以**源源不断**地输送劳动力。(作状语)

③这些蔬菜**源源不断**地运往北京、广州、香港等地，丰富了当地人民的菜篮子。(作状语)

2. 源源不断的 N。

①山上的积雪融化了，**源源不断**的雪水灌溉着山脚下的田地。(作定语)

②海洋水量十分丰富，人类可从中提取**源源不断**的淡水。(作定语)

③无论是国家的发展还是企业的进步，都需要**源源不断**的人才队伍。(作定语)

3. S 源源不断。(可独立作谓语)

①心中的感觉就像有股清泉在流淌，**源源不断**，幸福无边。(作谓语)

②灾情发生后，来自不同国家捐赠的物资**源源不断**。(作谓语)

③菜市场的蔬菜、水果、鲜肉、鸡蛋等商品摆满货架，前来购物的顾客**源源不断**。(作谓语)

使用语境：用于指物资的供应、运输，人的到来等像水流一样接连不断。

近义：连绵不断

近义词辨析：源源不断 VS 连绵不断

		源源不断	连绵不断
相同点	都有接连不断的意思，都常作谓语、定语，也作状语。如： 心中的感觉就像有股清泉在流淌，**源源不断/连绵不断**，幸福无边。		
不同点	语义	偏重于继续，没完没了；多指事物继续不断的连续状态。如： 当北京居民正为菜篮子发愁时，怀来的西红柿，阳原的柿椒，涿鹿的芹菜、圆白菜**源源不断**地运往京城。	偏重于连续，不中止；多指事物的连续状态。如： 东侧有**连绵不断**的山头，西侧则分布着多个小山包。 七月的雨，时疾时缓，**连绵不断**。
	适用范围	一般指能动的具体事物，可用于人	多用于山脉、河流、雨雪等方面；也用于抽象事物，形容斗争、起义或运动一个接一个连续不断。如： 罗马不断地向外扩张。先是统一意大利，后来是向地中海四周发展，大小战争**连绵不断**。

远近闻名 yuǎn jìn wén míng (to be known far and wide)

无论是远处还是近处都听过这个名字，形容很有名。

用法说明：谓词性；多作定语、谓语；可用于是的句。

1. 远近闻名的 N。

①她医德高尚，医术高明，是**远近闻名**的女医生。(作定语)

②从此，我更爱看书了，成了一个**远近闻名**的小书虫。(作定语)

③这所学校是**远近闻名**的好学校，这里曾经考出来过很多优秀学生。(作定语)

2. S 远近闻名。(可独立作谓语)

①这家店的包子味道鲜美，**远近闻名**。(作谓语)

②西湖的龙井绿茶**远近闻名**，已成茶中绝品。(作谓语)

③我的故乡是一个盛产水果的地方，又甜又大的桃子**远近闻名**。(作谓语)

3. S 是远近闻名的。

他爱读书、会读书是**远近闻名**的。(是的句)

使用语境：中性词，用于形容人或事物很有名。

约定俗成 yuē dìng sú chéng（established by usage；established by the people through long social practice）

指某种事物的名称或社会习惯，经过长期的社会实践而被公认，并为大家遵守和沿用。

用法说明：谓词性；常作定语、谓语，也作状语（后加“地”）、宾语；可用于是字句、是的句。

1. 约定俗成的 N（习惯、规矩、规则、做法等）。

①“三”在古汉语中表示“多次”，是**约定俗成**的用法。(作定语)

②这儿有一个**约定俗成**的规矩，那就是行人一旦踏上斑马线，过往车辆便会主动停下来。(作定语)

③在大学学习期间，我们全班要进行一次外出活动，这是**约定俗成**的习惯。(作定语)

2. S 约定俗成。

①此事在此地已经**约定俗成**，难以更改。(作谓语)

②表演的剧目，虽然没有明文规定，但已**约定俗成**，必定是传统剧目。(作谓语)

③逢双日，要求车主将车停放在马路的右边。这一规定**约定俗成**，人人知晓。(作谓语)

3. S 约定俗成地 V。

①在日常生活中，男左女右，好像**约定俗成**地渗透到了社会生活的各个方面。(作状语)

②在现实生活中，人们的活动和行为往往会**约定俗成**地形成某些惯例。

（作状语）

4. S是约定俗成（的）。（用于判断句中）

①中国汉字简化的方针是**约定俗成**。（是字句）

②其实，事物叫什么名称，完全是**约定俗成**的。（是的句）

使用语境：含褒义，用于指大家共同遵守的社会习惯和沿用的事物名称等是经过长时间的社会实践而形成的。

杂乱无章 zá luàn wú zhāng（be out of order; all in a mess）

章：条理，章法。又多又乱，没有条理。

用法说明：谓词性；常作谓语、定语，也作状语（后加“地”）、补语。

1. S杂乱无章。（可独立作谓语）

①这篇文章层次不清，**杂乱无章**，叫人看不出中心。（作谓语）

②她心里**杂乱无章**，一时拿不定主意。（作谓语）

③屋里**杂乱无章**，墙上贴满了孩子的照片。（作谓语）

2. 杂乱无章的N。

①我们生活在一个**杂乱无章**的世界。（作定语）

②他真能干，没用多少时间就把**杂乱无章**的书籍整理得井然有序。（作定语）

③箱中根本没有货物，只有一堆**杂乱无章**的生活用品。（作定语）

3. S杂乱无章地V（堆、放等）。

①他的书桌上**杂乱无章**地堆着很多书。（作状语）

②经理室里各种公文、表格**杂乱无章**地堆满了办公桌。（作状语）

③那些书刊，看似**杂乱无章**地放着，但他要什么书，随手可得。（作状语）

4. S+V（说、写等）得杂乱无章。

①这篇文章写得**杂乱无章**，让人理不清头绪。（作补语）

②尽管他说得**杂乱无章**，但表达的意思却一清二楚。（作补语）

使用语境：含贬义，多指说话或写文章没有条理，也指事物多而乱。

近义：乱七八糟

反义：井井有条

近义词辨析：杂乱无章 VS 横七竖八（见横七竖八）

赞不绝口 zàn bù jué kǒu（be full of praise；speak highly of）

赞：称赞。绝：停。赞美的话说个不停，形容对人或事物十分赞赏。

用法说明：谓词性；多作谓语、状语（后加“地”），可用于是字句、兼语句。

1. S（对……）赞不绝口。

①观众对艺术家的精彩表演**赞不绝口**。(作谓语)

②品尝着烹饪大师做出的精美菜肴，大家**赞不绝口**。(作谓语)

③不但在公司里他是个好榜样，甚至在其他的国家，许多商界人士都对他**赞不绝口**。(作谓语)

④那朵花那么鲜艳，那么香，让人**赞不绝口**。(兼语句)

2. S 赞不绝口地 V（说、夸奖、称赞等）。

①看着眼前的美景，大家**赞不绝口**地说：“简直太美了！”(作状语)

②大家**赞不绝口**地夸奖着这艘船的优越性，所有的人一起向我讲述。(作状语)

3. S……是赞不绝口。(用于判断句中)

①提起护理人员的工作作风和服务态度，病人们也是**赞不绝口**。（是字句)

②他对这个儿子极其不满，对这个儿媳却是**赞不绝口**。(是字句)

使用语境：含褒义，指人们对诗文、言论、行为或他人或物很赞赏。

近义：拍案叫绝

反义：嗤之以鼻

近义词辨析：赞不绝口 VS 拍案叫绝

	赞不绝口	拍案叫绝
相同点	都表示很称赞的意思，都可作谓语，都可用于兼语句，都含褒义。如： 他对大学生的那一番讲话，令人**赞不绝口/拍案叫绝**。	

续表

		赞不绝口	拍案叫绝
不同点	语义	语义范围较广，可形容诗文、言论、行为，也可用于人或物。如： 他三年如一日地捡狗屎，大家都对他**赞不绝口**。	语义范围较窄，多形容诗文、言论或人的做法。如： 这样独特的设计，绝对让人**拍案叫绝**。

使用偏误：

➤这五年的业绩，老板也是赞无绝口（**赞不绝口**）。（“无”误代“不”。）

赞叹不已 zàn tàn bù yǐ（praise sb. greatly；sing sb. 's praises without ceasing）

已：止，完。连声赞赏不止。

用法说明：谓词性；常作谓语，也作定语、状语（少，后加“地”）；可用于兼语句。

1. S（对……）赞叹不已。

①许多从日本归来的中国人对日本人的教学方法**赞叹不已**。（作谓语）

②游客们看到这伟大的工程，都**赞叹不已**。（作谓语）

③他那高超的技艺，令人**赞叹不已**。（兼语句）

2. 赞叹不已的 N（声音、表情等）。

①看到众人羡慕、惊叹的目光，听到他们**赞叹不已**的声音，我的心中乐开了花。（作定语）

②她才品尝一口，就马上露出**赞叹不已**的表情，接着就以惊人的速度将食物一扫而空。（作定语）

3. S 赞叹不已地 V（说）。

他**赞叹不已**地说：“我生平第一次参加这样的会，实在太好了！”（作状语）

使用语境：含褒义，用于指夸赞时带有惊讶、感叹。

近义：赞不绝口

近义词辨析： 赞叹不已 VS 赞不绝口

		赞叹不已	赞不绝口
相同点	都表示非常欣赏，都可作谓语、状语，都可用于兼语句，都含褒义。如： 少年毛泽东记忆力强，理解力也强，作文很好，令毛宇居**赞叹不已/赞不绝口**。		
不同点	语义	不但包含着赞赏，还有惊讶，感叹的意思。如： 两个人配合默契，动作优美，使得全场的人**赞叹不已**。	仅包含了赞赏、欣赏的意思。如： 妻子的心情特别好，对我做的菜**赞不绝口**。

斩草除根 zhǎn cǎo chú gēn（to cut the weeds and dig up the roots；to remove out the source of the trouble）

斩：砍。除：除掉。意思是除草时要连根除掉，使草不能再长。比喻除去祸根，不留后患。

用法说明： 谓词性；常作谓语，也作宾语。

1. S（应/必须）斩草除根。

①对身上所有的坏习惯我们应**斩草除根**。（作谓语）

②对于王家的人，我今天必须**斩草除根**，一个不留。（作谓语）

③这些地图集刚好能帮助卫生部门搞清楚问题地区所在，然后将虫子**斩草除根**。（作谓语）

2. S+V（是、决定等）斩草除根。

蝗虫是一种极其危害人类生活的昆虫，最佳消灭方法是**斩草除根**。（作宾语）

使用语境： 中性词，用于指人做事彻底，不留后患。

近义： 斩尽杀绝

反义： 放虎归山

近义词辨析： 斩草除根 VS 斩尽杀绝

		斩草除根	斩尽杀绝
相同点	都有扫除干净、彻底消灭的意思，都可作谓语、宾语。如： 我不必担心法律，我的任务是把反动分子**斩草除根/斩尽杀绝**。		
不同点	语义	强调深，表示彻底根除；也强调做事不留后患。如： 对身上所有的坏习惯我们应**斩草除根**。	强调广，表示一个也不留；强调对人做事不留余地。如： 他失去了耐心，今天居然出动马队，要对村民们**斩尽杀绝**。

张灯结彩 zhāng dēng jié cǎi（hang up lanterns and put up decorations）

张，悬挂。结：扎，系。彩：彩绸。意思是挂上灯笼，系上彩绸。形容节日或有喜庆的事的热闹、喜庆的景象。也作：张灯挂彩。

用法说明：谓词性；常作谓语，也作定语、状语（少）。

1. S（地方）张灯结彩。

①春节就要到了，家家户户**张灯结彩**，非常热闹。（作谓语）

②学校的礼堂里**张灯结彩**，迎接国庆的到来。（作谓语）

③今年的春节格外热闹，到处**张灯结彩**、喜气洋洋。（作谓语）

2. 张灯结彩的N（地方、景象、场面等）。

①大家在**张灯结彩**的村里看千年古民居，到农家串门，体验当地特有的过年文化。（作定语）

②这一天是国庆节，北京市仿佛穿上了一件新衣裳，到处都是**张灯结彩**的景象。（作定语）

3. S张灯结彩地V。

春节到了，人们**张灯结彩**地相庆，美酒盈杯地相贺。（作状语）

使用语境：含褒义，常用于指节日或有喜事时非常热闹、喜庆。

朝气蓬勃 zhāo qì péng bó（vigorous and energetic; full of vigour and vitality）

朝：早上。蓬勃：旺盛的样子。形容人充满了生气和活力的样子。

用法说明：谓词性；常作谓语、定语，也作状语（后加“地”）；可用于兼语句。

1. S朝气蓬勃。

①青年人**朝气蓬勃**，正像早晨八九点钟的太阳。（作谓语）

②青年人富有理想，**朝气蓬勃**，是祖国的未来。（作谓语）

③他勤奋努力，**朝气蓬勃**，特别重视锻炼身体。（作谓语）

④体育运动能改善青少年的精神状态，使他们**朝气蓬勃**，充满生机。(兼语句)

2. 朝气蓬勃的N（人、新气象、精神面貌等）。

①游行时，一群**朝气蓬勃**的年轻人走在队伍的最前列。(作定语)

②运动员们加强团结，互相关心，刻苦训练，出现了**朝气蓬勃**的新气象。(作定语)

③作为一名教师，我们应具有积极稳定的情绪状态和**朝气蓬勃**的精神面貌。(作定语)

3. S朝气蓬勃地V。

①年轻人应**朝气蓬勃**地迎接未来的每一天。(作状语)

②在游行队伍中，广大师生手捧一本书，**朝气蓬勃**地走在大路上。(作状语)

使用语境：含褒义，常用于形容年轻人青春有活力，充满希望。

近义：生气勃勃

反义：暮气沉沉

使用偏误：

➢经常听古典歌曲使我们的生活（去掉“的生活”）**朝气蓬勃**。(搭配不当。)

朝三暮四 zhāo sān mù sì（change one's mind frequently）

原比喻聪明人善于使用手段，愚笨的人不善于辨别事情。后来比喻反复无常。

用法说明：谓词性；常作谓语，也作定语、状语（后加“地”，少）。

1. S朝三暮四。

①她在感情上**朝三暮四**，会受到道德惩罚的。(作谓语)

②他肯定会真心对你好，绝不会**朝三暮四**，喜新厌旧。(作谓语)

③你一会儿学英文，一会儿又改学钢琴，这样**朝三暮四**，很可能一样也学不好。(作谓语)

2. 朝三暮四的N（人）。

①我知道你不是**朝三暮四**的人，你一定会按照你说的办的。(作定语)

②爱一个人就要专心，不要做**朝三暮四**的男人。(作定语)

3. S 朝三暮四地 V。

他老是**朝三暮四**地换工作，怎会有成就？(作状语)

使用语境：含贬义，用于比喻反复无常的人，常用于批评那些在爱情或婚姻中不忠、多变的男人或者女人。

近义：朝秦暮楚/反复无常

反义：矢志不渝/始终不渝

朝夕相处 zhāo xī xiāng chǔ（be together morning and night）

朝：早晨。夕：晚上。从早到晚都在一起。形容常生活在一起，关系密切。

用法说明：谓词性；常作谓语，也作定语、主语。

1. S（与/和/跟……）朝夕相处。

①孩子与父母**朝夕相处**，方方面面无不受父母的影响。(作谓语)

②在这不寻常的六年里，我和孩子们**朝夕相处**。(作谓语)

③那时我和小英同住一间房，**朝夕相处**，亲如姐妹。(作谓语)

④因为他们**朝夕相处**，在一起的时间比较长，于是慢慢地发展成男女朋友。(作谓语)

2. 朝夕相处的 N（时光、日子、朋友等）。

①我永远忘不了我们之间的情谊，更忘不了我们**朝夕相处**的时光。(作定语)

②许多男性把主要精力都投入工作中，而真正和家人**朝夕相处**的日子非常少。(作定语)

③北京有他们的家，还有他们**朝夕相处**的朋友，更有他们的事业。(作定语)

3. （几年的、几天的等）朝夕相处使……

①六年的**朝夕相处**使同学们早已建立起了深厚的友谊。(作主语)

②几天的**朝夕相处**，使两岸青年的心贴得更近。(作主语)

使用语境：用于指两人或多人天天生活在一起，关系密切。

近义：形影不离

反义：天各一方

针锋相对 zhēn fēng xiāng duì（measure for measure；give as good as you get）

针锋：针尖。针尖对针尖。比喻义 1：比喻双方意见、观点等尖锐对立。比喻义 2：比喻在斗争中对准对方的言论行动采取相应的有力措施。

用法说明：谓词性；常作谓语，也作定语、状语；可用于是的句。

1. S（跟/和/与……）针锋相对。

①正方观点和反方观点**针锋相对**，不相上下。（比喻义 1，作谓语）

②辩论双方**针锋相对**，互不相让。（比喻义 1，作谓语）

③辩论开始后，同学们积极发言，你一言，我一语，**针锋相对**，不留情面。（比喻义 1，作谓语）

2. S 针锋相对地 V。

①对这样的攻击，我们应该**针锋相对**地予以还击。（比喻义 2，作状语）

②孩子发脾气的时候大人可以先走开，千万不要**针锋相对**地发火。（比喻义 2，作状语）

③他是个老实人，让他与对方**针锋相对**地讨价还价实在是太难了。（比喻义 1，作状语）

3. 针锋相对的 N（斗争、观点等）。

①我们要同破坏公物的行为做**针锋相对**的斗争。（比喻义 2，作定语）

②西方如果坚持这种片面的观点的话，东方会提出**针锋相对**的观点。（比喻义 1，作定语）

4. S（看法、观点等）是针锋相对的。

他们的看法也是互不相同，有时甚至是**针锋相对**的。（比喻义 1，是的句）

使用语境：常用于以下两种情况：辩论、斗争时双方意见、观点等尖锐对立；在斗争中针对对方的言行采取有力的措施。

近义：唇枪舌剑

反义：水乳交融

近义词辨析：针锋相对 VS 唇枪舌剑

		针锋相对	唇枪舌剑
相同点	都表示争论时言辞激烈犀利，都可作谓语、定语、状语。如： 中美两国交恶 20 多年，真刀真枪地打过，**针锋相对/唇枪舌剑**地骂过。		
不同点	语义	主要强调互相攻击对方观点。如： 他们的理念不同，在会议上总是**针锋相对**，互不相让。	主要强调言辞的犀利。如： 辩论场上，两方正在**唇枪舌剑**。

争分夺秒 zhēng fēn duó miǎo（make full use of every minute；work against the clock）

不放过一分一秒，形容对时间抓得很紧。也作：分秒必争。

用法说明：谓词性；常作谓语、状语，也作定语。

1. S 争分夺秒。

①建设现代化的社会主义强国，必须**争分夺秒**。（作谓语）

②他们**争分夺秒**，努力地工作，全部工期仅花了 10 个月零 25 天。（作谓语）

③为尽快抢修好这段路，他们正**争分夺秒**，日夜苦干。（作谓语）

2. S 争分夺秒地 V（学习、工作等）。

①期末考试快到了，全班同学正**争分夺秒**地学习。（作状语）

②为了考上大学，他**争分夺秒**地利用休息时间补习文化课。（作状语）

③一种强烈的危机感和责任感，促使我们必须**争分夺秒**地抓这个问题。（作状语）

3. 争分夺秒的 N（速度、竞赛等）。

①现在正在展开的是一场**争分夺秒**的竞赛。（作定语）

②我们准时起床，以**争分夺秒**的速度穿衣、洗脸，然后去赶校车。（作定语）

使用语境：含褒义，用于指充分利用时间学习、工作等。

争先恐后 zhēng xiān kǒng hòu (strive to be the first; rush to the fore)

争着向前，怕落后。

用法说明：谓词性；多作状语（后多加“地”）、谓语；多用于肯定句中；可用于是字句。

1. S 争先恐后地 V。

①课堂上，同学们**争先恐后**地回答老师提出的问题。(作状语)

②明星一出现，记者们就**争先恐后**地提出各种问题，要他回答。（作状语)

③那时我们都兴奋极了，**争先恐后**地往山顶跑，看谁是第一名。（作状语)

2. S 争先恐后。(可独立作谓语)

①惊慌的旅客**争先恐后**，想挤进救生艇。(作谓语)

②植树的时候人人**争先恐后**，都想为绿化祖国多贡献一份力量。（作谓语)

3. 其他。

①大家你一言、我一语，真是士气高昂，**争先恐后**！(是字句)

②它们**争先恐后**的模样，更逗得我们很开心。(作定语)

使用语境：用于指某些人争着抢着做某件事。

近义：力争上游

反义：畏缩不前/踌躇不前

使用偏误：

➢开始两个人一起住的时候，我们俩**争先恐后**主动（去掉“主动”）地去做。(“争先恐后”和“主动”语义重复。)

指手画脚 zhǐ shǒu huà jiǎo (make indiscreet remarks or criticisms)

形容一边说话一边比画。也形容乱加批评或随意发号施令。

用法说明：谓词性；常作谓语，也作状语（后加“地”）。

1. S（对……）指手画脚。

①他什么都不懂，还在这里**指手画脚**。（作谓语）

②如果不懂，就不要对别人的工作**指手画脚**。（作谓语）

③国家之间要相互尊重对方的选择，对别国的事情不应该随便**指手画脚**。（作谓语）

2. S 指手画脚地 V。

①不了解情况就不要在一旁**指手画脚**地乱发议论。（作状语）

②我在写作文时，哥哥**指手画脚**地说应该这样写、不应该那样写。（作状语）

使用语境：含贬义，有批评、不满的意思，常用于指人对其他人或事乱加评论和指挥。

近义：发号施令/颐指气使

反义：谨言慎行

近义词辨析：指手画脚 VS 发号施令 VS 颐指气使

		指手画脚	发号施令	颐指气使
相同点	都有居高临下指挥别人的意思，都可作谓语、状语。如： 有的干部总是坐在办公室里**指手画脚/发号施令/颐指气使**，把群众路线的优良传统也丢掉了。			
不同点	语义	着眼于具体的动作、言辞。如： 与其对别人的作品**指手画脚**，不如静下心来做自己的事情。	着眼于书面或口头的命令、指示。如： 作为干部，要带头劳动，不能只坐在办公室里**发号施令**。	着眼于傲慢无礼的神气、态度。如： 他对人总是吆五喝六，**颐指气使**，人们都讨厌他。
	感情色彩	贬义词	中性词	贬义词

至关重要 zhì guān zhòng yào（of vital importance）

（某事物）相当重要，要紧关头是不可缺少的。

用法说明：谓词性；常作谓语、定语，也作补语；可用于是的句（多）。

1. S 至关重要。(可独立作谓语)

①这也许对你来说是无关紧要的，但对我却**至关重要**。(作谓语)

②父母作为孩子的第一任老师，对孩子的影响**至关重要**。(作谓语)

③高速公路上行驶时，汽车的技术状态**至关重要**。(作谓语)

2. 至关重要的 N（作用、因素、问题等）。

①在这些企业的长期发展中，企业文化起到了**至关重要**的作用。（作定语)

②在班集体中，学生处于什么样的位置，是一个**至关重要**的问题。（作定语)

③要发展教育，教师又是一个**至关重要**的因素。(作定语)

3. S+V（看、变、显等）得至关重要。

①这些中国知识分子，历来把“知己”看得**至关重要**。(作补语)

②一旦赛场出现这种情况，我们的教练员和运动员如何对待就显得**至关重要**了。(作补语)

4. S 是至关重要的。

①作为主教练，组建合理的教练队伍是**至关重要**的。(是的句)

②当今已进入信息社会，信息对商家来说是**至关重要**的。(是的句)

使用语境：用于指某因素是非常重要的。

使用偏误：

➢一个孩子的成长环境是**至关重要**（的），一个孩子长大后能在社会上扮演什么角色是从家庭开始塑造的。(少“的”。)

➢众所周知，上大学的时候，专业（是）至关重要的。(少“是”。)

众所周知 zhòng suǒ zhōu zhī（as is known to everyone；as everyone knows）

众：许多人。周：普遍，全。许多人都知道。

用法说明：谓词性；常作定语、插入语；多用于是的句，也可用于是字句。

1. 众所周知，……

①**众所周知**，人的大脑由左、右两个半球构成。(作插入语)

②**众所周知**，人民群众是历史的创造者。(作插入语)

③**众所周知**，在中国，即使是名牌大学毕业生，找工作也并不容易。(作插入语)

2. 众所周知的 N（原因、道理、事实等）。

①只因**众所周知**的原因，她们才未能去莫斯科参赛。(作定语)

②老年人应定期体检，发现疾病及早治疗，这是**众所周知**的道理。(作定语)

③名牌商品更容易开拓和占领市场，这是**众所周知**的事实。(作定语)

3. S……是众所周知（的）。(用于判断句中)

①吸烟会导致肺癌，已是**众所周知**。(是字句)

②计算机能进行计算，这是**众所周知**的。(是的句)

③药物能够防治疾病，这是**众所周知**的。(是的句)

使用语境：常作插入语，用于引出议论性的话语。

近义：家喻户晓

反义：鲜为人知

HSK 真题：

2018 听力文本：**众所周知**，压力会对身心健康造成严重危害。

使用偏误：

➢周所众知（**众所周知**），现在我们的身边有各种各样的声音，不胜枚举。(词序错误。)

➢“吸烟给人的身体、人的健康带来不好的影响”，这是周所众知（**众所周知**）的事。(词序错误。)

➢噪声对人体健康的危害已为（去掉“为”）**众所周知**，但静音对人体健康产生的危害远远超过噪声。(“众所周知”不能作“为”的宾语。)

众志成城 zhòng zhì chéng chéng（unity is strength）

大家同心协力，就像城墙一样的牢固。比喻大家团结一致，就能克服困难，得到成功。

用法说明：谓词性；常作谓语，也作定语、状语（后加“地”）。

1. S 众志成城。

①只要大家同心协力，**众志成城**，必能克服眼前的困难。(作谓语)

②在全国人民的支持下，灾区人民一定能够**众志成城**，战胜洪水。（作谓语)

③在挑战和考验面前，中国人民**众志成城**，空前团结。(作谓语)

2. 众志成城的 N（精神、斗志等）。

①拔河比赛靠的就是**众志成城**的精神，有此精神，则能克敌制胜。（作定语)

②此次面对病毒，中国人民再次发扬了**众志成城**的民族精神。(作定语)

③凭借**众志成城**的斗志和顽强的拼搏精神，中国女队获得了冠军。（作定语)

3. S 众志成城地 V。

①几十年来，全国人民**众志成城**地搞经济建设，中国经济得到了飞速发展。(作状语)

②看到电视上全国人民万众一心、**众志成城**地抗击病毒的动人画面，我的心再也不能平静。(作状语)

使用语境：含褒义，用于指面对困难和敌人时，大家团结一致。

近义：万众一心

反义：独木难支/孤掌难鸣

使用偏误：

➢所以，一定要有**众志成**诚（**城**）、齐心协力（的精神）。（“诚”误代“城”；“众志成城”不用作宾语，可作定语，后要加中心语。)

诸如此类 zhū rú cǐ lèi（and so on；and so forth)

诸：众多。此：这，这样。与此相似的许多事物。

用法说明：名词性；多作分句、定语。

1. 诸如此类的 N（事、话、商品等）。

①我们经营电视机、收音机以及**诸如此类**的商品。(作定语)

②**诸如此类**的事，报纸、电视台已报道不少，不必大惊小怪。(作定语)

③不要用“我没时间”“我很忙”**诸如此类**的话来拒绝对方。(作定语)

2. 作分句。

①他夸你水平高，能力强，办事漂亮，**诸如此类**。(作分句)

②**诸如此类**，他们可以举出一大堆。(作分句)

③利用现代科技，可以定时还款、自动备份数据、定时提醒，**诸如此类**。(作分句)

使用语境：用于指与此相似的种种事物有不少，不一一列举。

近义：诸如此例

使用偏误：

➢男女之间，身材、想法、能力诸此之类等（**诸如此类**）（去掉“等”），有很多不同。(“诸如此类”和“等”语义重复。)

自力更生 zì lì gēng shēng (self-reliance; make one's way in life by one's own efforts)

注意：“更”应读“gēng”，“力”不要写成“立”和“利”。

更生：重新获得生命。不依赖外力，靠自己的力量把事情办起来。

用法说明：谓词性；常作定语、状语（后加“地”）、谓语，也作宾语、主语。

1. 自力更生的N（精神、道路、能力、方针等）。

①工人们发扬**自力更生**的革命精神，边学边干。(作定语)

②我们必须依靠自己的力量，走**自力更生**的道路。(作定语)

③在对外开放的同时，我们必须坚持**自力更生**的方针。(作定语)

2. S自力更生地V（建设、研制、发展等）。

①我们要独立自主、**自力更生**地建设和巩固国防。(作状语)

②我国从20世纪50年代末开始独立自主、**自力更生**地研制和发展核武器。(作状语)

③我们要**自力更生**地进行农业建设，发展农业生产。(作状语)

3. S（能/能够/可以/不能/必须等）自力更生。

①这样的人一定不能在社会上站住脚，不能**自力更生**。(作谓语)

②每个人都必须在所有人生阶段**自力更生**，不断进取。（作谓语）

③父母们都期望自己的儿女们能够**自力更生**，所以从小就培养他们独立的精神。（作谓语）

4. 其他。

①“**自力更生**”是宝贵的精神财富。（作主语）

②人要学会**自力更生**，自己的事情自己做。（作宾语）

使用语境：含褒义，使用对象是国家、组织和个人，用于指靠自己的力量养活自己或实现国家、组织的发展。

近义：自食其力/自给自足

反义：寄人篱下/仰人鼻息

使用偏误：

➢但是一旦有了依赖，人自立更生（**自力更生**）的本能就会渐渐消失。（“立”误代“力”）

自强不息 zì qiáng bù xī（constantly strive to become stronger; make unremitting efforts to improve oneself）

息：停止。指自己努力向上，永远不放松。

用法说明：谓词性；常作谓语、定语，也作状语（后加“地”）。

1. S（要）自强不息。（可独立作谓语）

①他虽然长期处于困境，但始终**自强不息**。（作谓语）

②女人要**自强不息**，不要把自己的幸福依附在别人或者男人身上。（作谓语）

③面对国际化的市场竞争，工人们**自强不息**，为创建民族品牌付出了艰辛的努力。（作谓语）

2. 自强不息的 N（人、精神、奋斗等）。

①几十年来，**自强不息**的中国人创造了一个又一个世界奇迹。（作定语）

②一个国家要想强盛，必须要有**自强不息**的精神。（作定语）

③人生就是挑战，就是拼搏，就是**自强不息**的奋斗。（作定语）

3. S 自强不息地 V。

①工程师们**自强不息**地向大自然挑战，终于完成修筑这条公路的艰险工

程。(作状语)

②我国政府支持残疾人的组织建设，激励残疾人**自强不息**地奋斗。(作状语)

使用语境：含褒义，用于指一种积极向上的人生态度。

自然而然 zì rán ér rán (naturally; automatically; spontaneously)

不经外力作用而如此。

用法说明：谓词性；多作状语（后多加“地”）、定语；可用于是的句。

1. S 自然而然地 V。

①一说起西安，人们**自然而然**地会想到秦兵马俑。(作状语)

②吸烟的人一减少，环境**自然而然**地就会得到改善。(作状语)

③从小一起长大的玩伴，随着年龄的增长，**自然而然**地走在一起，是一件很幸福的事。(作状语)

2. 自然而然的 N（事、事情、结果等)。

①我希望儿子永远都不要长大，永远都不要把看别人的脸色当成**自然而然**的事。(作定语)

②她说自己单身不是一种选择，而是**自然而然**的结果。(作定语)

③有了孩子，长辈们的爱转移到孩子身上，是**自然而然**的事情。(作定语)

3. S 是自然而然的。

①你应该做是因为你不能不做，对你来说，这是**自然而然**的。(是的句)

②训练水平达到了，好的比赛成绩是**自然而然**的。(是的句)

使用语境：常指不受外力影响，自然发展得到的结果。

使用偏误：

➢**自然而然**（地），我们俩都养成了好习惯。(少“地”。)

➢那就**自然而然**地农作物的价格（农作物的价格就自然而然地）会上升，穷人就买不起。(语序错误。)

自始至终 zì shǐ zhì zhōng（all the way；from beginning to end；from first to last）

至：到。从开始到结束，表示始终如一。

用法说明：谓词性；常作状语，也作定语。

1. S 自始至终 V。（自始至终可用于主语前后）

①请你相信，我**自始至终**都支持你。（作状语）

②现在想起来，**自始至终**，我留给他的都只有一个背影。（作状语）

③他满面通红，神情严肃，**自始至终**一动不动地端坐在那里。（作状语）

2. 自始至终的 N（支持、鼓励等）。

没有你们**自始至终**的支持，我是不可能成功的。（作定语）

使用语境：用于指某人的言行或者某个情况一直没有变化、始终如一。

近义：始终如一/有头有尾

反义：有始无终/有头无尾

自私自利 zì sī zì lì（egoistic；egoistical；self-serving）

只为自己打算，为自己谋利益，不顾别人和集体。

用法说明：谓词性；多作定语、谓语；可用于是字句、是的句。

1. 自私自利的 N（人、坏习惯、心态等）。

①你必须改掉**自私自利**的坏习惯。（作定语）

②现今的社会里，**自私自利**的人不少。（作定语）

③这个故事反映了人们**自私自利**、只顾自己而不顾别人的心态。（作定语）

2. S（不能/不应该）自私自利。

①办任何事情都要出以公心，不能**自私自利**。（作谓语）

②人们不应该**自私自利**，只为自己着想。（作谓语）

③他一向**自私自利**，不肯为他人着想。（作谓语）

3. S……是自私自利（的）。（用于判断句中）

①他们的动机很快就能看出，完全是**自私自利**。（是字句）

②在一切热情当中，爱情是最**自私自利**的。(是的句)

使用语境：含贬义，用于指某人只考虑自己的利益，不为别人着想。

近义：损人利己/假公济私

反义：大公无私/克己奉公

使用偏误：

➢我认为人本身是**自私自利**（的）。(少“的”。)

➢我们是孩子的模范，如果为了自己做自利自私（**自私自利**）的事，一定会影响到孩子的人性。(词序错误。)

➢只要他们不要（去掉“要”）**自私自利**，少为自己打算，有许多事都可以商量。(多“要”。)

自相矛盾 zì xiāng máo dùn (argue against oneself; self-contradiction)

矛：长矛。盾：盾牌。后用“自相矛盾”比喻说话做事前后不一致或互相抵触。

用法说明：谓词性；多作谓语、定语，可用于是字句和是的句。

1. S 自相矛盾。(可独立作谓语)

①他刚才说的话**自相矛盾**，肯定是在说谎。(作谓语)

②他刚才的言论**自相矛盾**，不能自圆其说。(作谓语)

③他对这个问题的回答前后不同，而且**自相矛盾**。(作谓语)

2. 自相矛盾的 N（地方、评论、说法等）。

①仔细看了遍那本书，其实文内**自相矛盾**的地方就已很多。(作定语)

②他发表的那些**自相矛盾**的评论令他臭名远扬。(作定语)

③对同一事物既肯定，又否定，显然是**自相矛盾**的说法。(作定语)

3. S 是自相矛盾（的）。(用于判断句中)

①你方才说他是好人，此刻又说他坏透了，岂不是**自相矛盾**？(是字句)

②既说他是凡人又说他不可能有错误，这是**自相矛盾**的。(是的句)

使用语境：含贬义，用于指一个人说的话、做的事前后不一致。不能用于两方以上，只能用于单方自我抵触。

反义：言行一致/自圆其说

自言自语 zì yán zì yǔ（to talkto oneself；to saysth. to oneself；to think aloud）

言、语：说。自己对自己说话。

用法说明：谓词性；多作谓语、状语（后加“地”）。

1. S 自言自语。（可独立作谓语）

①他这个人挺古怪，经常**自言自语**，却很少和别人说话。（作谓语）

②爷爷年纪大了，总是**自言自语**，看上去很孤单。（作谓语）

③他坐在床上，一个人**自言自语**。（作谓语）

2. S 自言自语地 V（说）。

①小军**自言自语**地说着什么，我听不见，但他还是不停地说。（作状语）

②他一边走路，一边**自言自语**地说：“妈、麻、马、骂。”（作状语）

使用语境：用于指自己对自己说话。

使用偏误：

➢这种情况下，都是自语自言（**自言自语**）地说：“没办法。”（词序错误。）

➢走出该公司的大门时，我**自言自语**地问（自己），“学汉语有什么用处?”（缺“自己”。）

自以为是 zì yǐ wéi shì（It refers to someone who always believes his/her views and behaviors are correct and does not accept others' opinions）

是：对的。认为自己的看法和做法都正确，不接受别人的意见。现多指主观、不虚心。

用法说明：谓词性；常作谓语、定语，也作状语（后加“地”）。

1. S（很/非常/有些）自以为是。（前可受程度副词修饰）

①小明一直很**自以为是**，觉得任何人都比不上他。（作谓语）

②他们以为他们说的都对，**自以为是**。（作谓语）

③他自己的生活情况也不错，比较**自以为是**。（作谓语）

④你不要太**自以为是**了。（作谓语）

2. 自以为是的N（人、口气、样子等）。

①**自以为是**的人，不会进步。（作定语）

②他总是喜欢用**自以为是**的口气说话，很讨人厌。（作定语）

③她总是一副**自以为是**的样子，我不太喜欢她。（作定语）

3. S自以为是地V。

①他们总**自以为是**地觉得自己知道一切问题的答案。（作状语）

②小学生不要轻率地以自己有限的经验，**自以为是**地"解决"问题，要多请教老师和家长。（作状语）

③我们真没必要**自以为是**地为他人引路护航，因为那永远是他自己的人生。（作状语）

使用语境：含贬义，用于批评那些不虚心的人。

近义：自命不凡

反义：虚怀若谷

自由自在 zì yóu zì zài（at ease；take one's ease）

形容没有约束，十分安闲随意。

用法说明：谓词性；常作谓语、状语（后加"地"），也作定语、补语；可用于是的句。

1. S自由自在。（可独立作谓语）

①山脚下的湖中，鱼儿**自由自在**。（作谓语）

②这里的动物**自由自在**，大部分没有关在笼子里。（作谓语）

③我还不如在家里睡觉，**自由自在**。（作谓语）

2. S自由自在地V。

①小哥哥在水里**自由自在**地游泳，就像小鱼一样。（作状语）

②我非常想能够早一天独立，能够**自由自在**地去逛商店，去歌舞厅。（作状语）

③我想学习游泳，这样我就可以在水中**自由自在**地玩耍了。（作状语）

3. 自由自在的 N（生活、日子、感觉、样子等）。

①人人都向往**自由自在**的生活。（作定语）

②我非常想念以前**自由自在**的日子，好想回到从前。（作定语）

③自己开车有很高的灵活度，我喜欢这种**自由自在**的感觉。（作定语）

4. S+V（活、生活、过等）得自由自在。

①动物们在新家都生活得**自由自在**，就像在自己非洲老家一样。（作补语）

②我饭吃得香，觉睡得好，活得**自由自在**。（作补语）

5. S 是自由自在的。

云是**自由自在**的，鸟也是**自由自在**的。（是的句）

使用语境：含褒义，用于指人或动物不受拘束。

近义：逍遥自在/无拘无束

反义：身不由己

近义词辨析：自由自在 VS 逍遥自在

<table>
<tr><th colspan="2"></th><th>自由自在</th><th>逍遥自在</th></tr>
<tr><td>相同点</td><td colspan="3">都含有无拘无束、很安闲的意思，都可作谓语、定语、状语、补语。如：
这类男人，因为有自己的自主权，活得自由自在/逍遥自在。</td></tr>
<tr><td rowspan="2">不同点</td><td>语义</td><td>偏重于“自由”，无拘无束。如：
这里的动物自由自在，大部分没有关在笼子里。</td><td>偏重于“逍遥”，安闲自得。如：
跟朋友们出去吃个饭喝个酒，该是多么地逍遥自在啊！</td></tr>
<tr><td>适用范围</td><td>用于人或动物</td><td>一般用于人</td></tr>
</table>

使用偏误：

➢每个人都应该有**自由自在**（自由），所以对他们的生命也应该可以做出决定，不应该由法律来管。（“自由自在”不能作“有”的宾语。）

➢上次我的中国朋友来到首尔的时候，我跟他**自由自在**（地）聊天儿。（少“地”。）

总而言之 zǒng ér yán zhī（all in all；in summary；in short；in a word）

注意：“之”不要写成“知”。

总：总括。把各方面的情况总括起来说。

用法说明：谓词性；作插入语。

①所有这些不足之处，**总而言之**，就是两条。(作插入语)

②制造纸的原料无论是破布、木材还是竹子，**总而言之**，都是纤维素。(作插入语)

③这些年，孩子吃过很多苦，受过很多罪。**总而言之**，我不是个合格的父亲啊！(作插入语)

使用语境：作插入语，在文章中或谈话时用于总结陈词。

近义：一言蔽之

近义词辨析：总而言之 VS 一言蔽之

		总而言之	一言蔽之
相同点	都表示总括，都作插入语。如： 同族企业应该注意的要点和非同族企业不同。**总而言之/一言蔽之**，就是“家族的态度”。		
不同点	语义	不限一句话。如： 以上说了那么多，**总而言之**就是：百年大计，教育为本。我们要把教育放在非常重要的位置。	只宜用一句话来总结。如： 前面谈了那么多，**一言蔽之**，就是要继续发扬光大。
	语体色彩	口语	书面语

使用偏误：

➢总之而言（**总而言之**），人的健康生活与声音，肯定是离不开的。(词序错误。)

➢总括而言（**总而言之**），两代人之间存在的“代沟”问题是可以用不断的爱和照顾解决的。(形式错误。)

纵横交错 zòng héng jiāo cuò (arranged in a crisscross pattern)

纵：南北方向。横：东西方向。交错：交叉；错杂。横的竖的交叉在一起。形容事物或情况十分复杂；交叉点很多。

用法说明：谓词性；多作谓语、定语。

1. S（道路、公路、铁路、河流等）纵横交错。

①东部地区交通发达，公路铁路**纵横交错**。（作谓语）

②城市道路**纵横交错**，宽广平整，市内交通四通八达。（作谓语）

③那儿大江小河**纵横交错**，居民吃雨水，用河水，即使大旱也不会有缺水的恐慌。（作谓语）

2. 纵横交错的 N（铁路、公路、河流、网络等）。

①这座城市里有**纵横交错**的铁路、公路。（作定语）

②城区内有大大小小、**纵横交错**的 9 条河流，所以自古以来形成了多桥的城市特色。（作定语）

③他们要在全国甚至国外，建立起**纵横交错**的市场网络。（作定语）

使用语境：多指铁路、公路、河流、网络等交叉点很多。

近义：犬牙交错/错综复杂

反义：井井有条/井然有序

近义词辨析：纵横交错 VS 犬牙交错

		纵横交错	犬牙交错
相同点	都指交叉在一起。都可作谓语、定语。如： 长期以来，城市内工厂区与居民区**纵横交错/犬牙交错**，造成市区人口密集、交通拥挤、环境污染。		
不同点	语义	偏重指复杂而交叉点多，多用于具体事物。如： 河里的水草**纵横交错**，看不清河底到底有什么。	偏重指互有长短或界线不整齐。如： 时间长、规模大的第二次世界大战，是军事、政治、经济等多方面**犬牙交错**的战争。

走投无路 zǒu tóu wú lù（be driven desperate；have no way out；be in a hopeless dilemma）

投：投奔。无路可走，无亲友可投奔。比喻处境极端困难，找不到解决问题的办法。

用法说明：谓词性；多作谓语、补语、定语。

1. S 走投无路。（可独立作谓语）

①他**走投无路**，只好求助家人。（作谓语）

②受害者**走投无路**，三次自杀，幸而都被人救活。（作谓语）

③当时我们真的**走投无路**，身上一分钱都没有了，能借的全都借遍了。（作谓语）

2. 走投无路的 N（人、境地、地步等）。

①老人无家可归，顿时陷入**走投无路**的境地。（作定语）

②能想的办法都想了，还是不能解决问题，**走投无路**的她决定求助政府。（作定语）

③这是你爹给你留下的，能别卖就别卖了，咱也没到**走投无路**的地步。（作定语）

3. S+V（逼、急、追等）得走投无路。

①敌人被逼得**走投无路**，只好投降。（作补语）

②我急得**走投无路**，白天吃不下饭，晚上睡不着觉。（作补语）

③他被坏人追得**走投无路**，最后跳下了山崖。（作补语）

使用语境：含贬义，用于指人陷入绝境。

近义：穷途末路

反义：绝处逢生

足智多谋 zú zhì duō móu（be wise and full of strategems；resourceful）

足：充实，足够。智：聪明、智慧。谋：计谋。智谋很多，形容善于料事和用计。

用法说明：谓词性；多作谓语，也作定语、宾语。

1. S 足智多谋。（可独立作谓语）

①他**足智多谋**，总能想出解决问题的办法。（作谓语）

②我**足智多谋**，这点儿小事是不足道的。（作谓语）

③他**足智多谋**，英勇善战，给我们留下了深刻的印象。（作谓语）

2. 足智多谋的 N（人、他、青年等）。

①向来**足智多谋**的他，现在也没主意了。（作定语）

②他是个很有天赋且**足智多谋**的青年，我们十分地信任他。（作定语）

③我知道你是一个**足智多谋**的人，无论遇着什么事情，你都不会觉得困

难的。(作定语)

3. 其他。

①她在我们姊妹之中，最是**足智多谋**，我还想听听她的意见。(是字句)

②草船借箭的故事体现出诸葛亮的**足智多谋**。(作宾语)

使用语境：含褒义，用于指人很有智慧，善于动脑子出主意。

近义：老谋深算

反义：一筹莫展

罪魁祸首 zuì kuí huò shǒu (the head of criminals or trouble-makers; chief criminal)

罪：犯罪。魁：为首的。首：头目。作恶犯罪的头子或灾祸的主要原因。

用法说明：名词性；常作主语、宾语（多）；常用于是字句。

①大家都以为这件事是他干的，殊不知，他的妻子才是**罪魁祸首**。(作宾语)

②所有的事都是由他而起，他才是**罪魁祸首**。(作宾语)

③我们不会伤害你的，**罪魁祸首**是他。(作主语)

④造成这种悲惨现象的**罪魁祸首**究竟是谁呢？大家都认为是一些国家的石油公司。(作主语)

使用语境：含贬义，用于指犯罪的头目或灾祸的主要原因。

近义：始作俑者

近义词辨析：罪魁祸首 VS 始作俑者

		罪魁祸首	始作俑者
相同点	都指做坏事的人，都可作主语、宾语。如： 他们承认，自己是这次事件的**罪魁祸首/始作俑者**，对造成的后果负有责任。		
不同点	语义	指做坏事的主谋、首恶。如： 他是这伙人的头，也是这次事件的**罪魁祸首**。	指第一个做坏事的人。如： 他最先发表文章鼓吹外国文化，真可以说是**始作俑者**。

左顾右盼 zuǒ gù yòu pàn（to look around）

顾、盼：看。左看看，右看看。形容志得意满的样子。也指四处观察或顾虑太多，犹豫不决的样子或心中不安的样子。

用法说明：谓词性；常作谓语，也作状语（后加“地”）、定语。

1. S（不要/不能）左顾右盼。（可独立作谓语）

①上课要认真听讲，不要**左顾右盼**。（作谓语）

②他**左顾右盼**，焦急地等待着。（作谓语）

③哥哥不断**左顾右盼**，似乎难以下定决心。（作谓语）

2. S 左顾右盼地 V。

①初到繁华的纽约，他**左顾右盼**地竟不知从何处逛起！（作状语）

②妈妈呢？她**左顾右盼**地寻找着，就是不见人影。（作状语）

③绿灯亮了，他们牵着父母的手，**左顾右盼**地穿过马路。（作状语）

3. 左顾右盼的 N（样子、模样等）。

①你看他**左顾右盼**、洋洋自得的样子，也太骄傲了。（作定语）

②她**左顾右盼**的模样，好像是乡下大嫂第一次进城。（作定语）

使用语境：含贬义，可用于形容人志得意满或者犹豫不决的样子或心中不安的样子。

近义：东张西望

反义：目不斜视